때로는 사냥감을 향해 거침없이
돌진하는 용맹한 늑대처럼,

때로는 발톱을 숨긴 채 먹이를
낚아 채는 약삭빠른 여우처럼,

험난한 인생의 항로를 헤쳐 나가며
덕을 쌓고 실행하는 인간으로서,

그리하여 마침내
진정한 승자의 자리를 차지하게 될
당신에게 이 책을 바친다.

늘대의 도

여우의 도

인간의 도

늑대의 도, 여우의 도, 인간의 도

2014년 3월 17일 초판 1쇄 발행

지은이 · 궁페이쉬안 | 옮긴이 · 류방승

펴낸이 · 박시형
책임편집 · 정상태

마케팅 · 권금숙, 김석원, 김명래, 최민화, 정영훈
경영지원 · 김상현, 이연정, 이윤하
펴낸곳 · (주)쌤앤파커스 | 출판신고 · 2006년 9월 25일 제406-2012-000063호
주소 · 경기도 파주시 회동길 174 파주출판도시
전화 · 031-960-4800 | 팩스 · 031-960-4806 | 이메일 · info@smpk.kr

ⓒ 궁페이쉬안 (저작권자와 맺은 특약에 따라 검인을 생략합니다)
ISBN 978-89-6570-194-1 (03320)

쌤앤파커스(Sam&Parkers)는 독자 여러분의 책에 관한 아이디어와 원고 투고를 설레는 마음으로 기다리고
있습니다. 책으로 엮기를 원하는 아이디어가 있으신 분은 이메일 book@smpk.kr로 간단한 개요와 취지,
연락처 등을 보내주세요. 머뭇거리지 말고 문을 두드리세요. 길이 열립니다.

늑대의 도
여우의 도

이 셋을 가진 자, 세상을 움직인다

인간의 도

궁페이쉬안 지음 | **류방승** 옮김

쌤앤
파커스

차례

상편

늑대의 도 | 언제라도 이길 수 있는
강인한 정신과 패기를 갖춰라

중편

여우의 도 | 힘 들이지 않고 승자가 되는
극한의 처세술을 발휘하라

하편

인간의 도 | 진정한 성공은 스스로 덕행을 쌓고 실천할 때 온다

'인생 정글'의
세 가지 생존 법칙

사람은 누구나 알몸으로, 그리고 온갖 문제와 난관에 봉착할 운명을 짊어진 채 태어난다. 아이의 걸음마를 방해하는 돌부리처럼 인생의 굽이굽이 모퉁이마다 끊임없이 나타나는 시련과 역경을 어떻게 하면 좀 더 쉽게 극복할 것인가, 어떻게 하면 타인이나 세상에 상처받거나 상처 주지 않은 채 원만한 관계를 유지하며 살 수 있을까, 어떻게 하면 힘 좀 덜 들이고 원하는 바를 성취할 수 있을까. 그 해답을 찾기 위해 사람들은 오늘도 새로운 성공법과 처세술을 찾아 헤맨다.

옛사람과 인생선배들은 우리에게 수많은 고귀한 삶의 경험을 남겨주었다. 오래된 지혜들은 우리 자신의 모습을 제대로 바라보고, 외부 환경과 좋은 관계를 맺고, 성공하는 데 중요한 밑거름이 된다. 시대가 어수선하고 복잡해질수록 사람들이 '고전'과 '인문'에 천착하는 이유가 달리 있는 것이 아니다. 그러나 어디 이뿐이랴. 조금만 더 시야를 넓히면 이 넓은 세상 전체가 학교요, 만물이 스승이다.

동물의 세계에도 우리가 배우고 본받을 만한 수많은 지혜들이 존재한다. 동물 중에서도 늑대는 인내심이 강하고 강인하며 과감한 숲속의 사냥꾼이다. 여우는 민첩하며 영리한 재주꾼이다. 늑대의 두려움을 모르는 불굴의 정신과 여우의 임기응변에 능한 영리함은 경쟁이 치열한 숲속에서 생존의 보증수표가 되었다.

인류사회 역시 적자생존의 경쟁으로 치열한 밀림과 다를 바 있겠는가. 위험이 꼬리에 꼬리를 물고 나타나는 사회에서 생존하려면, 더 나아가 단 한 번뿐인 인생을 좀 더 여유 있게 살아가려면, 인류와 동물의 생존법칙을 널리 받아들이고 일상생활에서 충분히 활용할 수 있어야 한다.

이 책은 복잡다단하고 위험천만한 정글과도 같은 이 세상을 살아가는 데 도움이 되는 길을 '늑대의 도', '여우의 도', '인간의 도' 세 가지로 나누어 제시한다.

늑대는 탁월한 야심가다. 늑대는 현재에 안주하지 않고 끊임없이 더 높은 곳을 지향한다. 늑대는 언제나 목표에 집중하며 전투태세를 갖추고 있다. 늑대의 사전에 포기란 단어는 없다. 또한 강한 단결력과 무리의 규율에 철저히 따르는 습성은 열세를 우세로 전환한다. 거침없는 카리스마와 물러설 줄 모르는 용기, 절대 굴하지 않는 의지, 나 아니면 누구도 못 해낸다는 자신감, 모든 것을 다 바치는 충성심, 패배를 용납하지 않는 집념. 우리는 이런 늑대의 기질을 배울 것이다.

자연도태와 적자생존의 논리가 날것 그대로 적용되는 사회에서 늑대의 강인한 정신과 분투하는 열정으로 어려움을 극복하고 목표를 추구한다면 꿈을 현실로 바꾸고 승자의 자리를 차지할 수 있다.

여우는 지혜의 상징이다. 기민함과 예리함뿐만 아니라 약삭빠름과 기이함의 상징인 여우는 끊임없이 낡은 전통과 관습을 전복시키는 상징으로 여겨져 왔다. 여우는 상대방의 마음속에 있는 음험함을 꿰뚫어보는 혜안, 강자들이 득실대는 야생에서 살아남는 법을 알고 있다. 치열한 경쟁 속에서 멈춰야 할 때와 나아가야 할 때를 아는 것, 적시에 융통성을 발휘하는 일 처리 능력, 복잡한 관계 속에서 좋은 인상을 남길 수 있는 법. 이런 것들이 우리가 여우로부터 배우게 될 것들이다. 또한 여우는 성동격서聲東擊西(동쪽에서 소리를 내고 서쪽에서 적을 친다는 뜻으로, 적을 유인하여 이쪽을 공격하는 체하다가 그 반대쪽을 치는 전술을 이르는 말)나 허점을 노려 공격하는 것처럼 생존의 지혜가 충만한 법칙을 적재적소에 활용할 줄 안다. 약육강식의 사회에서 강한 이빨과 발톱을 지닌 사자나 호랑이가 될 수 없다면, 적어도 세상 물정에 밝은 여우라도 닮아야 하지 않겠는가.

인간의 도란 우리가 세상을 살아가면서 추구하고 따라야 할 도덕관념, 인간관계에서 실행해야 할 관용과 조화 등을 가리킨다. 인간의 도는 우리에게 확고한 목표와 신념뿐만 아니라 온전한 인간 존재로서 살기 위한 가치 기준을 제시한다. 끊임없는 성찰과 자기 반성을 통해 조금씩 성장해 나갈 때 우리는 물직적인 성공뿐 아니라 자기 자신과의 싸움에서도 승리하고 성공적인 인생을 살 수 있다. 선과 악을 구별하고 정의가 반드시 승리한다는 사실을 믿는 것이야말로 인간과 동물의 근본적인 차이점이 아니겠는가?

'늑대의 도', '여우의 도', '인간의 도', 이 세 가지는 상호보완적이다. '늑대의 도'가 없으면 두려움에 패배하고, '여우의 도'가 없으면 민첩성이 떨어지며, '인간의 도'가 없으면 덕행을 상실한다. 세 가지 도가 잘 조화를 이루면 일에 임해서는 용감하고 시원스러우며, 처세는 둥글둥글하고 기민하며, 됨됨이가 진실하고 선량한 사람으로 거듭날 수 있다. 당신이 어떤 위치에 있든 이 세 가지 도가 당신 안에서 하나로 어우러질 때, 모든 일이 상상 이상으로 술술 풀린다는 사실을 깨닫게 될 것이다.

이 책을 펼쳐 든 당신이 날로 치열해지는 경쟁에서 불패의 위치에 서는 데 도움이 되길 바란다.

건투를 빈다.

늑대의 도

언제라도 이길 수 있는
강인한 정신과 패기를 갖춰라

주변의 일거수일투족에 조금도 경계심을 늦
추지 않고 상대방의 영혼을 빨아들일 듯한 푸른 눈이 포악함과 고독
을 동시에 드러낸다. 육지 먹이사슬의 맨 꼭대기에 자리한 동물 중
하나인 늑대. 늑대는 연약한 동물들에겐 흉포한 적이지만 한편으론
동물의 진화를 촉진한 일등공신이나 다름없다.

　대자연은 경쟁력을 잃은 생물을 도태시킨다. 늑대는 그 사명 중 일
부를 부여받았다. 늑대는 타고난 강자다. 사자나 호랑이처럼 적을 위
협할 정도로 크거나 사냥감을 향해 질주하는 치타처럼 빠르지 않지
만 타고난 냉혹함과 집념을 지니고 있다. 포기를 모르는 강인한 집념
은 목표가 된 먹잇감의 간담을 서늘하게 만든다. 집단 사냥에서 보여
주는 질서와 기율은 늑대의 이런 기질을 유감없이 보여준다. 늑대는
이렇게 자신의 우월함을 세상에 과시한다.

　타고난 전사인 늑대는 절대로 패배를 인정하지 않는다. 구차하게
삶을 도모하지 않고 불요불굴의 정신으로 마지막 순간까지 저항한다.
열악한 환경 속에서도 무리의 생존 공간을 만들고, 막강한 단결력을
발휘해 전투력이 충만한 적에 대항할 수 있는 조직을 결속한다. 강자

의 반열에서 끊임없이 경쟁하고 승리하는 지혜다. 이처럼 늑대는 인간에 비견될 천부적인 재능과 지혜, 때로는 인간을 뛰어넘는 충성심과 단결력, 강인함, 박애정신, 죽음이 닥쳐도 굴하지 않는 도도함을 지니고 있다. 이런 뛰어난 품성 덕분에 수조獸祖이자 종사宗師, 전신戰神의 상징이 될 수 있었다.

약육강식은 대자연의 순리이자 절대불변의 법칙이다. 이는 인간 세상에도 똑같이 적용된다. 냉혹한 경쟁사회에서 늑대처럼 살아남는 법을 익힐 텐가? 아니면 가만히 앉아서 죽음을 기다리는 양이 될 텐가? 우리는 먼저 용맹과 충성, 질서와 단결, 남다른 카리스마로 똘똘 뭉친 늑대의 기질을 하나씩 습득하게 될 것이다. 잔혹한 경쟁에서 살아남아 주인공으로 우뚝 서기 위한 첫 번째 과제다.

장군이 되려 하지 않는 자는 훌륭한 병사가 아니다

굳건한 의지가 성공의 기적을 만들어낸다

강인한 의지는 자부심을 일깨우고 능력을 키워준다. 굳건한 의지가 있다는 것은 두 발에 날개를 달고 하늘을 종횡무진 누비는 것과 같다. 의지는 기적을 창조하는 능력이다.

───── 늑대의 개체 수는 갈수록 줄어드는 추세다. 그럼에도 늑대는 광활한 초원, 습한 열대우림, 건조한 사막, 추운 북극 등 세상 곳곳에서 서식한다. 어떤 동물과도 비교할 수 없는 늑대만의 장점이다.

겨울잠을 자지 않는 늑대는 다른 동물처럼 서식지에 충분한 음식을 저장해두지 않는다. 길고 추운 겨울이 닥쳐도 매일 사방으로 먹을 것을 찾아 나선다. 대자연의 열악한 조건과 싸우며 끊임없이 생존을 도모해야 하는 늑대의 강철 같은 의지는 자연스럽게 본능이 되었다.

늑대가 오래도록 생존할 수 있었던 까닭은 일찍이 왕좌의 자리에 올랐기 때문이 아니다. 바로 그 생존을 향한 굳은 의지 때문이었다.

현대인도 치열한 생존환경 속에서 극히 쟁취하기 힘든 먹잇감, 즉 성공이라는 열매를 찾아 헤매고 있다. 늑대와 같은 강인한 의지를 가지고 어떤 난관도 헤쳐 나가겠다는 도전 정신을 잃지 않는다면 성공은 곧 눈앞에 모습을 드러낼 것이다.

일에 몰두하지 못하고 허황된 꿈으로 시간을 날려 보내는 사람, 과음이 건강에 해롭다는 사실을 알면서도 술의 유혹을 못 이기는 사람. 이런 사람들에게서는 명확한 삶의 목표가 보이지 않는다. 고통을 인내하고 어려움에 대처하고 유혹을 이기겠다는 의지가 없다면 성공은커녕 삶의 목표마저도 상실할 수밖에 없다.

수많은 역경 속에서 강직한 품성을 내팽개치고 두려움만 가지고 있었다면 늑대는 진작 자연에서 도태되고 말았을 것이다. 우리도 늑대와 마찬가지로 자신만의 자부심을 찾아 본연의 존엄을 지키고 감춰진 능력을 끌어올리는 데 적극적으로 활용해야 한다. 그래야만 굳건한 의지로 어떤 실패에도 굴하지 않고 스스로 정한 인생 목표를 성공적으로 실현할 수 있다.

흘러가는 삶에 안주하지 말고 매일 투쟁하라

아무리 거세고 사나운 파도가 몰아쳐도, 아무리 낯설고 불확실한 운명이 앞을 가로막아도 두려움을 떨쳐버리고 용감하게 맞서라. 그 어떤 곤경도 완벽히 정복할 수 있을 것이다.

───── 1950년 12월 어느 눈 오는 밤, 북한 장진호 부근의 고지는 쥐 죽은 듯 고요한 정적이 흘렀다. 이때 시체더미 속에서 한 중국 군인이 깨어났다. 그는 수류탄 파편에 왼편 얼굴과 눈을 크게 다쳤고, 고지를 향하던 미군의 총검에 배를 찔려 피를 많이 흘린 상태였다. 기절했다 깨어난 그의 머릿속에는 오직 포로로 잡혀서는 안 된다는 생각뿐이었다. 그는 안간힘을 다해 북쪽의 가파른 벼랑을 기어올랐다. 부상을 당한 탓에 여러 차례 굴러 떨어지다가 가까스로 벼랑을 넘었다. 눈을 씹어 먹으며 허기를 달랬다. 얇은 군복 바지는 다 찢어져 무릎이 훤히 드러났고, 군화와 발은 얼어붙어 떨어지지도 않았다. 뼛속까지 스며드는 혹한은 극심한 고통마저 마비시킬 정도였다. 그는 사력을 다한 끝에 겨우 전장을 빠져나와 어느 강기슭에 다다랐다. 하지만 이제는 기어갈 힘조차 남아 있지 않았다.

하늘은 스스로 돕는 자를 돕는다 했던가. 이제 죽었구나 싶었던 중국 군인은 마침 근방을 지나던 북한군 정찰병에게 발견되었다. 그들은 간단히 응급처치를 한 후 중국 군인을 등에 업고 진지로 데려가 상처를 치료하고 먹을 것도 나눠주었다. 하지만 그의 손발은 심각한 동상으로 인해 거의 쓸 수 없는 지경이 되어 있었다. 얼마 후 그는 중국 군병원으로 호송되었다. 이곳에서 93일간 혼절해 있는 동안 무려 47차례나 수술을 받고 양손과 양발을 절단한 뒤 기적적으로 목숨을 구했다. 그의 이름은 주옌푸였다.

1958년에 주옌푸는 혼자서 거뜬히 생활하는 게 가능해졌고, 결혼도 해 귀여운 딸을 낳았다. 일가족은 행복한 나날을 보냈지만 평범한 삶을 원치 않았던 그는 상이연금을 털어 가정 도서관을 설립했다. 그의 집은 날마다 사람들로 넘쳐났고, 얼마 후 그는 마을 사람들의 지지에 힘입어 마을 서기에 당선되었다.

마을 서기가 된 후 그는 몇 가지 대대적인 사업을 벌였다. 먼저 산을 정비하고 숲을 조성했으며 과수를 심어 뽕밭, 후추밭, 사과밭을 가꾸었다. 다음으로 경작지를 개량하고 수로를 확장했으며 원활한 전기 공급을 위해 전신주를 설치했다. 그렇게 25년 동안 모든 노력을 기울여 부지런하고 성실하게 일했다. 그는 정상인도 극복하기 힘든 어려움을 이겨내고 이 마을을 중국에서 손꼽히는 부자 마을로 만들었다.

주옌푸는 퇴임 후에도 노년을 편안하게 보내길 거부했다. 이번에는 40년에 걸친 자신의 인생역정을 책으로 엮기 위해 불편한 몸으로 글쓰기에 도전했다. 방 안에 틀어박혀 꼬박 7년간 글쓰기 연습에 몰두했다. 처음에는 입으로 펜을 물고 글을 썼는데 눈과 종이 간의 거리가 너무 가까워 시간이 지날수록 머리가 어질어질해 글을 쓰기 어려웠다. 그래서 잘린 팔로 글을 써보기로 계획을 수정했다. 시작할 때는 팔이 마음먹은 대로 움직이지 않아 글씨가 괴발개발이었지만 꾸준한 연습을 통해 점점 일정한 형태를 갖추면서 마침내 일반인처럼 글을 쓸 수 있게 되었다. 이번에도 굳은 의지로 지루하고 힘든 과정을 거뜬히 이겨낸 것이다.

1996년 출간되자마자 중국에 커다란 반향을 불러일으킨 그의 자전 소설에는 생사의 기로에서 살아남기 위한 그의 처절한 투쟁과 팔다리가 없는 불편한 몸을 딛고 일어선 인간 승리의 역정이 상세히 기록되어 있다.

물론 우리가 주옌푸처럼 극한 상황에 처하게 되는 일은 드물 것이다. 그렇다고 우리의 미래가 마냥 밝다고만 할 수도 없는 일이다. 주옌푸는 늑대였다. 생명을 위협하는 온갖 고난과 시련을 이겨내고 자기만의 생존법을 온몸에 새겼다. 처음에는 살아남는 것 자체가 목표였지만 기저저으로 목숨을 구한 뒤에도 그는 흘러가는 삶에 안주하기를 거부했다. 평안한 삶에 정착하지 않고 매일을 진짜로 살기 위해 투쟁했다. 성공은 그렇게 온다.

더 멀리 내다볼 줄 아는 안목을 연마하라

지금 어떤 목표를 향해 노력하고 있는가? 현재 목표를 이룬다면, 그 다음 목표는 무엇인가? 우리는 일생동안 정해진 목표를 향해 달려가고 있다. 하지만 당장 앞만 봐서는 곤란하다. 목표 실현의 무게중심을 더 멀리 두어야 할 필요가 있다. 이상이 제아무리 높아도 멀리 내다보는 식견이 없다면 잠깐 나타났다 사라지는 무지개에 불과하다.

───── 늑대가 몽골 초원에서 마멋marmot(다람쥣과 동물)을 사냥한다. 비교적 잡기 쉬운 사냥감이지만 결코 씨를 말릴 정도로 다 잡지는 않

는다. 마멋 일부를 살려두어야 다음해에도 풍부한 먹잇감을 얻을 수 있기 때문이다.

안목의 수준이 사유의 방식을 결정하고, 사유의 방식은 개인의 일 처리 방식에 깊은 영향을 미친다.

기업 경영자를 예로 들어 보자. 기업의 발전은 하루아침에 이루어지지 않는다. 강자들이 즐비한 경쟁시장에서 살아남으려면 기업의 장기적인 이익에 초점을 맞춰 전략을 짜고 발전 방향을 세워야 한다. 미래학이 각광받는 학문으로 자리 잡은 데에도 그럴 만한 이유가 있다. 자손들에게 더 나은 미래를 물려줘야 한다는 인식이 작용했기 때문이다.

경영자들은 미래학에 좀 더 관심을 가질 필요가 있다. 그들은 정책 결정에 깊이 관여하는 사람들이라 일단 결정에 오류가 발생하면 막심한 피해가 따르게 된다. 정확한 관찰력과 사고력은 효과적인 정책 결정의 전제조건이다. 올바른 미래관을 수립하고 실질적인 것부터 하나하나 꼼꼼히 챙기며 문제를 해결하기 위해 노력한다면 최고의 경영자로 성장할 수 있다.

미래에 대해 한 번이라도 더 고민하는 경영자가 회사의 방향을 명확히 설정하고 비즈니스 기회를 움켜쥘 수 있다. 경영자가 조직을 승리의 항해로 이끌기 위한 관건은 남보다 앞서 시장의 발전 추세를 간파하고, 무엇이 이익이 되고 해가 되는지를 판단해 기회를 선점함으로써 경쟁 주도권을 장악하는 데 달려 있다. 이를 실천하는 경영자라면 장막 안에서 천리 밖의 전쟁을 계획했다는 장량張良(중국 한나라의 책사策士)의 경지에 이를 수도 있다.

아시아 최고의 갑부인 리카싱李嘉誠은 미래를 내다보는 안목으로 사업을 추진해 여러 차례 기적을 창조했다. 1967년에 홍콩 사회가 불안해지면서 투자자들이 하나둘씩 빠져나가고 부동산 가격이 끝을 모르고 폭락했다. 그러나 리카싱은 반드시 경제가 살아날 것이라는 확신을 가지고 있었다. 이에 그는 부동산 가격이 떨어진 틈을 타 새로 지은 빌딩은 물론 버려진 건물까지 죄다 사들였다. 그의 예측대로 1970년대에 경제가 다시 활기를 띠자 건물 수요가 급격히 늘어나 큰 돈을 벌게 되었다.

또한 청쿵長江 그룹과 허치슨 왐포아Hutchison Whampoa 그룹의 회장이었던 리카싱은 1999년 10월에 자회사인 허치슨 텔레콤의 지분 44.8%를 독일의 이동통신업체인 만네스만에 매각했다. 그 대가로 만네스만은 220억 홍콩달러에 상당하는 현금과 220억 홍콩달러 가치의 3년 만기 회사채, 만네스만의 신주 1,184만 주를 지불했다. 미래를 내다본 합작 거래에 대해 리카싱 자신도 최고 걸작이라 평했다. 이 거래로 허치슨은 만네스만의 주식 10.2%를 소유하여 단일 최대 주주로 부상했고, 덤으로 440억 홍콩달러의 현금을 손에 쥐었기 때문이다. 더욱 중요한 것은 허치슨과 만네스만의 합병이 실현되면 시가총액 7,000억 홍콩달러 가치를 지닌 만네스만을 간접적으로 통제할 수 있게 된다는 점이었다. 허치슨은 텔레콤 지분을 만네스만에 매각하면서 아무런 비용도 들이지 않고 1,100억 홍콩달러의 순이익을 얻었다. 이 거래는 세계적인 화제를 불러일으켰고, 리카싱은 비즈니스

계의 슈퍼맨으로까지 불렸다. 멀리 내다볼 줄 아는 경영자의 안목이 기업에 얼마나 큰 영향을 미치는지 잘 보여주는 사례다.

이런 안목은 기업가뿐만 아니라 일반인도 반드시 갖춰야 할 중요한 덕목이다. 그래야만 성공의 방향을 정확히 예측하고 거리낌 없이 목표를 향해 돌진할 수 있다. 멀리 내다볼 줄 아는 능력, 이것이야말로 강자가 반드시 갖춰야 할 능력이자 성공에 필수불가결한 열쇠가 아니겠는가?

장군이 되려 하지 않는 자는 훌륭한 병사가 아니다

야심을 가져라. 야심을 가진 사람이 조직의 리더에게 위협이 되고 결국 눈 밖에 나게 된다는 생각을 가졌다면, 그 생각을 당장 버려라. 오히려 정반대다. 야심은 당신을 더욱 강인하고 굳세게 만들어줄 것이다. 야심은 자신의 능력을 한 단계 더 발전시키기 위한 기본적이고도 강력한 동력으로 작용한다. 탁월한 리더는 당신의 야심을 눈여겨 볼 것이다.

───── 무리 중에 서열이 낮은 늑대는 가혹한 조건 속에서 살아야 한다. 먹이도 다른 늑대들이 먹다 남긴 것을 먹어야 한다. 다른 늑대가 남긴 것만 먹는 늑대는 사냥하는 기술도 잊어버린다. 반대로 다른 늑대보다 앞장서서 달려들고 사냥감을 잡는 데 성공하여 자기 능력을 증명한다면 무리의 인정을 받는 늑대가 되어 자신의 집단을 거느릴

수 있다. 아무리 서열이 낮은 늑대라도 야심을 가지고 자기 능력을 충분히 발휘한다면 목표를 이룰 수 있다.

예로부터 큰일을 이룬 사람 중에 일찌감치 목표를 정하지 않은 사람은 없었다. 야심을 가지고 끊임없이 자신을 채찍질하는 사람만이 기회를 움켜쥐고 성공을 향해 달려갈 수 있다.

야심은 피라미드의 밑바닥에 있는 사람을 순식간에 꼭대기로 올려놓는 힘을 가지고 있다.

대다수의 사람은 열악한 환경에 처하면 마치 악마가 몸을 휘감은 듯 두려움을 느낀다. 하지만 야심을 품은 사람에게는 이런 두려움이 없다. 가난이나 고통도 그의 확고한 신념과 야심을 꺾지 못한다. 자기가 처한 환경에 끌려다니지 않고 오히려 자기에게 유리한 방향으로 환경을 전환시킬 줄 아는 능력도 야심이 없다면 불가능하다.

절망과 끝까지 싸울 때 비로소 자기 안에 잠재된 힘을 발휘할 수 있다. 환경과 투쟁하지 않는 사람은 자신의 진정한 능력과 강점을 발견할 수 없다. 만약 링컨이 대농장주의 아들로 태어나 순탄하게 대학에 진학했다면 미국의 대통령이 돼 역사에 이름을 남기지 못했을 것이다. 익숙한 환경에 안주해 안일하고 편안하게만 살고자 하는 사람은 최선의 노력을 쏟아 붓거나 목표를 향해 분투할 일이 거의 없다. 링컨이 위대한 인물이 된 이유는 모진 환경과 맞서 싸우려는 굳은 의지와 성취욕을 지녔기 때문이다.

사람들은 '늑대의 야심'이라고 폄하해 말하길 좋아한다. 그러나 이를 다르게 해석하면 늑대의 기질이 원대하고 기백이 넘치며 성취욕이 강함을 뜻한다. 야심은 늑대가 먹잇감을 취하는 강력한 무기이자 다음 목표를 향해 조금도 지치지 않고 달려가는 동력으로 작용한다. 야심은 성공을 간절히 원하는 사람이 반드시 갖춰야 할 마음가짐이다. 마음속 깊은 곳에 감춰진 성공 욕망을 밖으로 분출한다면 거칠 것이 없어지고 무엇이든 다 이룰 수 있다.

신념을 가진 1명이 관심만 가진 99명보다 세다

성공은 두려움에 떨며 움츠리기만 하는 사람에게 결코 모습을 드러내 보이지 않는다. 그들은 성공을 소유할 자격이 없기 때문이다. 반드시 이기고야 말겠다는 신념을 가진 사람만이 성공으로 가는 길목에 놓인 가시덤불을 헤치고 나아갈 수 있다. 신념은 때때로 우리가 상상조차 하기 힘든 위대한 힘을 부여한다. 당신의 잠재력에 대해 자신감을 가져라.

——— 메이요 클리닉Mayo Clinic으로 유명한 미국의 메이요 형제(윌리엄 메이요William J. Mayo, 찰스 메이요Charles H. Mayo)는 세상의 절반 이상의 병상에 정신병을 앓는 환자가 누워 있다고 말했다. 물론 최신 현대 의학 기술로 환자의 신경을 검사해 보면 대부분 건강하다는 결과가 나온다. 그들이 앓고 있는 '정신질환'은 신경 자체에 이상이 있는 것이 아니라 비관, 초조, 불안, 공포, 좌절, 위축 같은 감정에서 기인한다. 초조와 불안에 떠는 사람들 대부분은 현실 세계에 적응하지

못해 주위 환경과 모든 관계를 차단하고 자신만의 세계에 빠져 문제를 해결하려고 한다. 플라톤은 이렇게 말했다.

"의사들이 저지르는 가장 큰 잘못은 환자의 몸을 치료할 뿐, 정신을 치료하지 않는다는 것이다. 이런 환자들은 정도의 차이는 있지만 대부분 실패를 맛본 경험을 가지고 있다. 이런 경험들이 공포, 불안, 좌절 등 부정적인 정신 상태에 큰 영향을 미친다."

이런 심리 문제에 대응하는 좋은 방법 중 하나가 늑대의 정신을 배우는 것이다. 늑대는 냉혹함과 사나움, 강인함 등을 바탕으로 한 필승의 기백과 신념을 가지고 있다. 의기소침이나 불안, 초조는 늑대의 정신에 어떤 영향도 미치지 못한다. 하지만 늑대와 같이 굳은 신념을 갖지 못한 현대인들은 쉽게 실패를 자인하고 괴로워한다.

신념은 일종의 원칙이자 신앙으로 인생의 의미와 방향을 명료하게 해준다. 신념은 또한 대뇌의 중추신경처럼 우리가 믿는 바대로 사물을 보도록 지휘한다.

존 스튜어트 밀John Stuart Mill은 "신념을 가진 한 사람이 발휘하는 힘은 단지 관심만 가진 99명의 힘보다 낫다."라고 말했다. 이 말은 신념이 왜 성공의 열쇠가 되는지 잘 설명하고 있다.

신념을 완벽하게 자기 것으로 만든 사람은 무한한 힘을 발휘해 아름다운 미래를 창조할 수 있다. 신념은 모든 기적이 시작되는 출발점이다. 어떤 경우라도 이를 버려서는 안 된다. 만약 당신이 스스로 매우 평범한 사람이라고 생각한다면 행동도 딱 거기에 맞춰 하게 된다. 또한 자기 자신을 존중하지 않는다면 얼굴에 그 모습이 그대로 드러나며 남보다 열등하다고 여기면 자신감을 상실하고 만다.

이런 인식이나 행동에도 불구하고 아무런 노력조차 하지 않는다면 당신 자신에게 과연 무엇을 기대할 수 있겠는가?

현대사회에서 성공의 가장 무서운 천적은 바로 의심이다. 의심은 성공에 대한 자신감을 상실케 하고 머뭇거리다가 숱한 기회를 놓치게 만든다. 진정으로 성공을 원하는가? 그렇다면 먼저 마음속에 가득 차 있는 의심을 걷어버려라. 그런 다음 필승을 향한 신념으로 자신감을 확립해야 한다.

신념은 성공의 주춧돌이다. 마르크스의 배우자이자 동반자였던 예니 마르크스Jenny Marx는 청년들에게 "어떤 일이 있어도 절망에 빠지지 말라."라고 충고했다. 실패를 두려워하지 않는 호기와 용기를 가지고 있다면 성공은 영원히 당신 곁을 떠나지 않는다.

제2장 승부의 도

한번 정한 먹잇감은
절대 놓아주지 않는다

용기를 잃으면 전부를 잃는 것이다

경쟁에서 살아남아 최후의 1인이 되고자 한다면 어떤 고난과 역경 속에서도 변함없는 인격을 유지하고 용기를 지녀야 한다. 당신이 생각하고 있는 것을 행동으로 옮길 때 용기는 두려움을 물리치는 유용한 도구가 된다. 성공 확률이 높아지는 것 또한 당연하다.

――― 늑대는 신의 총애를 받지 못한 동물 같다. 신은 늑대에게 치타의 빠른 발, 사자의 큰 발톱, 코뿔소의 우람하고 단단한 체격을 주지 않았으니까. 다른 포식동물에 비해 열악한 조건에 놓여 있음에도 늑대는 이런 어려움을 이겨내고 초원의 강자 중 하나로 우뚝 섰다. 좌절과 역경 앞에서 무기력하거나 굴복하는 모습을 보이지 않고 당당하게 맞서는 용기를 지녔기 때문이다.

좌절과 실패는 결코 두려운 것이 아니다. 정작 두려워해야 할 것은 실패 그 자체가 아니라 그로 인해 투지가 꺾이고 자신감과 용기를 잃는 것이다. 어려움에 직면했을 때 평상심을 유지하고 용기를 북돋운다면 모진 풍파가 닥쳐도 지긋이 웃을 수 있다.

2차 세계대전 종전 기념식이 벌어지던 날, 가르보 부인은 전보 한 통을 받았다. 가장 사랑하는 조카가 전쟁터에서 사망했다는 소식이었다. 그녀는 이 사실을 결코 받아들일 수 없어 직장도 포기하고 고향을 멀리 떠나 영원히 외로움과 눈물 속에서 살기로 결심했다. 그런데 짐을 정리하던 중 우연히 예전에 받았던 편지 한 통을 발견했다. 그것은 그녀의 언니가 세상을 떠났을 때 조카가 보낸 편지였다. 편지에는 이렇게 적혀 있었다.

"전 이모가 이겨낼 수 있을 것이라고 믿어요. 어떤 상황에서도 용감하게 헤쳐 나가라고 이모가 가르쳐주셨던 말을 잊지 못하니까요. 세상 그 무엇도 받아들일 듯한 이모의 미소를 영원히 기억할게요."

그녀는 이 편지를 읽고 또 읽었다. 마치 조카가 그녀의 곁에 서서 왜 이모는 내게 가르쳐준 대로 하지 않느냐고 말하는 듯했다. 가르보 부인은 사직서를 내려던 생각을 접고 다짐했다.

'그래, 슬픔을 미소 뒤에 감추고 열심히 사는 거야. 이미 벌어진 일을 되돌릴 수는 없잖아? 그렇다면 충실히 살아가는 게 내 임무겠지?'

고통의 늪에 빠져 허우적댄다고 삶이 만족스러워지는 것은 아니다. 당신의 손은 삶이 아닌 고통에게 작별을 고할 때 흔들어야만 한다.

어떤 사람은 아무리 힘든 일이 닥쳐도 긍정적으로 생각하고 용감하게 맞서 마침내 큰 성공을 거둔다. 어떤 사람은 좌절과 곤경에 처하면 금세 낙심하고 모든 것을 남의 탓으로 돌리며 고통의 늪에서 허우적대다가 결국에는 자포자기하고 만다. 당신이라면 둘 중 과연 어떤 삶을 선택하겠는가?

괴테는 일찍이 이런 명언을 남겼다.

"재산을 잃으면 조금 잃는 것이요, 명예를 잃으면 많이 잃는 것이며, 용기를 잃으면 전부를 잃는 것이다."

용기를 가지면 영원히 실패를 두려워하지 않는다. 승리는 고지를 향해 용감하게 오르는 사람의 몫이다.

주어진 운명에 순종하지 마라

강철이 정련되는 과정을 본 적 있는가? 뜨거운 불에 달궈졌다 차가운 물에 식히는 과정을 반복하길 여러 차례. 그토록 지난한 담금질 과정을 거치는 동안 강철은 누구도 쉽게 부러뜨릴 수 없을 만큼 서서히 단단해져 간다. 성공한 사람들만의 정해진 운명이 있는 게 아니다. 같은 운명이라도 고난과 시련 앞에서 얼마나 자신을 담금질했는가에 따라 승자가 되기도 하고 패자가 되기도 한다.

─── 아르헨티나 팜파스 초원에 사는 사람들은 야생 늑대를 길들이기 위해 무던히 노력했다. 하지만 결국 성공하지 못했다. 목양견은 양을 치는 데 없어서는 안 되는 동물이다. 목양견은 양치기를 도와

양떼를 몰고, 양을 노리는 야생동물을 쫓아낸다. 늑대는 개와 같은 종이지만 개보다 후각, 시각, 청각이 발달했을 뿐 아니라 달리기 속도도 훨씬 빠르다. 그래서 야생 늑대를 길들이고자 했던 것이다.

양치기들은 누구에게도 복종하지 않는 늑대의 야성을 결코 길들일 수 없음을 깨달았다. 이 세상에 인간을 포함한 어떤 동물도 늑대처럼 지기 의지대로 꿋꿋하게 행동하는 동물은 없다. 심지어 늑대는 자유를 억압받으면 목숨도 아까워하지 않고 저항한다. 쉽게 굴복하지 않는 늑대의 기질은 확실히 배우고 발굴할 만한 가치가 있다.

역사를 돌아보거나 주변을 둘러봐도 운명에 쉽게 굴복하지 않는 사람이 언제나 자신의 가치를 실현했음을 알 수 있다. 이는 두려움을 없애고 의지의 목소리에 귀 기울여 과감하게 어려움과 맞설 때 성공 가능성 또한 높다는 사실을 설명해준다.

리 아이아코카Lee Iacocca는 비즈니스계의 전설적인 인물이다. 그처럼 굴곡진 운명과 파란만장한 인생을 경험한 기업가도 드물 것이다. 그는 상상하기 힘든 어려움에 닥칠 때마다 투지를 드높이고 불가능을 향해 당당하게 도전했다.

아이아코카는 자동차 세일즈맨부터 시작해 그 능력을 인정받아 마침내 포드 자동차의 2인자 자리인 사장에 올랐다. 재임 기간 동안 그는 공전의 자동차 판매량을 기록해 수십억 달러의 수익을 올림으로써 자동차 업계의 입지전적 인물이 되었다. 하지만 그는 포드 2세와의 불화로 뜻을 펼치지도 못한 채 해임되고 말았다.

최고의 자리에서 천 길 낭떠러지로 떨어지고 부와 명예까지 한꺼번에 잃자 그는 큰 충격을 받았다. 가슴 깊이 차오르는 치욕과 분노와 고뇌로 거의 미칠 지경에까지 이르렀다. 하지만 이내 냉정을 되찾은 그는 운명에 굴복하지 않겠다고 결심했다.

기회는 생각보다 빨리 찾아왔다. 클라이슬러 자동차에서 그를 스카우트한 것이다. 야망이 식지 않았던 그는 다시 한 번 도전할 기회를 얻었고, 이를 놓치지 않았다. 그는 클라이슬러에 입사한 지 1년도 안 돼 사장에 취임했다. 그러나 당시 클라이슬러는 경영 악화로 파산 위기에 직면해 있었다. 전임 사장의 경영 부실로 관리는 느슨하고 기강은 해이했다. 부사장 35명과 각 부서 간 반목의 골은 깊어질 대로 깊어진 상황이었고, 재정 혼란으로 현금이 고갈됐으며, 상품 품질 문제도 심각해져서 처리해야 할 문제가 산더미처럼 쌓여 있었다.

아이아코카는 우선 최소한의 생산을 유지하기 위해 정부에 긴급 구제금융을 요청했다. 하지만 이 요청은 사회의 극심한 반대에 부딪혔다. 여론은 한목소리로 기업의 자유경쟁 원칙에 따라 정부는 절대 구제금융을 제공해서는 안 되며 클라이슬러는 문을 닫아야 한다고 주장했다. 의회에서는 이 문제 때문에 청문회까지 열렸다. 아이아코카는 청문회에 불려다니는 등 백방으로 노력한 끝에 결국 연방정부의 지원을 얻어내는 데 성공했다.

아이아코카는 곧바로 단호한 행동에 돌입해 회사의 각종 폐단에 대대적으로 칼을 대기 시작했다. 기업의 가용 인력과 자원을 시장에 최대한 집중한 다음, 가능한 한 빨리 소비자의 기호에 맞는 제품을 출시했다. 그는 몇 년 안 되는 짧은 기간 안에 누구도 엄두조차 내지 못했던 어려움을 극복하여 기적처럼 회사를 나락에서 구해냈다. 크라이슬러가 자동차 업계의 강자 자리에 다시 올라섰음은 물론이다.

아이아코카는 용감하고 두려움 없는 정신으로 영웅의 이미지를 창조해냈다. 어떤 상황에서도 고집스럽고 순종을 거부하는 사람이 바로 용감한 자다. 그들은 아무리 열악한 환경에서도 자신의 의지에 따라 행동하는 강한 신념을 지니고 있다. 제아무리 야속한 운명이라 해도 그들의 의지를 꺾지 못한다. 그들은 거리낌 없이 목표를 향해 전진하고 위험과 실패를 두려워하지 않으며 스스로를 끊임없이 개조하고 변화시킨다. 이런 정신을 가진 사람만이 훌륭한 업적을 이룰 자격이 있다.

과감히 'No'라고 말하라

생존이 인간의 권리인 것처럼 거절도 권리다. 외부 세계의 각종 유혹과 분란에 직면했을 때, 우리는 바람에 흔들리는 갈대가 되길 거부해야 한다. 내키지 않는 일을 마지못해 억지로 하게 되면 결국 뜻하지 않은 피해를 입기도 한다. 옳고 그름, 얻을 것과 잃을 것을 잘 분별해 아닐 땐 과감히 'No'라고 말하라.

―――― 반골 기질을 타고난 늑대는 타협을 모른다. 우리는 늑대의 행동에서 'No'라고 말할 줄 아는 법을 배워야 한다. 끊임없는 부정은 자기모순에 빠지는 행동이 아니라 스스로를 바로잡고 향상시키는 과

정이다. 늑대의 반골 기질은 강자의 여유에서 나온다. 자신에게든 남에게든 과감히 'No'라고 말하는 것을 망설이지 마라.

과감히 'No'라고 말할 줄 알아야 하는 또 다른 이유가 있다. 불가능한 일을 억지로 하다가 괜히 헛심만 쓰고 결국 손해를 입는 경우가 허다하기 때문이다. '이건 아닌데'라고 생각하면서도 재빨리 그만두거나 거부의 뜻을 표명하지 않는 것처럼 어리석은 짓도 없다.

미국 자연보호협회의 전임 회장은 수천만 달러의 프로젝트를 거절했던 에피소드를 들려주며 이렇게 말했다.

"우리는 항상 '자원은 유한하고 환경은 심각한 도전에 직면한 상황에서 어떻게 하면 생물의 다양성을 보호하는 데 도움이 될까?'를 먼저 생각한다. 이 사안이 가장 긴박하기 때문에 우리의 목표와 그다지 관련 없는 프로젝트에 대해서는 과감하게 'No'라고 말한다."

인간의 이익을 위해 동물의 다양성을 해칠 수 없었기 때문에 그는 막대한 돈의 유혹을 단호하게 거절했다. 'No'라고 말하는 사람은 자신의 이익을 보호할 뿐 아니라 또 다른 가치를 창조하기도 한다.

미국 사우스웨스트 항공사의 성공도 이런 정신을 잘 대변한다. 대부분의 항공사는 이윤이 높다는 이유로 장거리 노선을 선호했다. 그러나 사우스웨스트 항공사는 이를 포기하고 도시 간 단거리 노선 개척에 주력했다. 또한 그들은 비용을 줄이기 위해 운항 편수를 늘리고 이륙 시간을 준수하며 예약을 받지 않고 선착순으로 좌석을 배정하며 식사 없이 커피만 제공하기로 결정했다. 기존 항공사들의 경영 모델을 거부한 사우스웨스트 항공사는 결국 큰 성공을 거두어 국내 노선에서는 독보적인 위치를 차지했다. 9·11 테러로 다른 항공사들이 어려움에 부딪혔을 때도 사우스웨스트 항공사는 큰 타격을 입지 않았다.

만약 사우스웨스트 항공사가 다른 항공사를 그대로 답습했다면 저가 항공권으로 경쟁을 벌이는 길밖에 없었을 것이다. 하지만 그들은 경영 방침을 바꾸고 경쟁의 예봉을 피함으로써 막대한 수익을 올릴 수 있었다. 그들은 정말 탁월한 선택을 한 것이다.

늑대의 장점은 자신이 원하지 않는 것을 과감하게 거부하고 저항하는 데 있다. 눈앞에 놓인 작은 이익을 맹목적으로 따르는 것은 정말 어리석은 짓이다. 과감히 'No'라고 말하라. 그 순간 더 가치 있는 일이 시야로 들어올 것이다.

선택의 여지가 없을 때 더 과감해져라

급박한 상황에 닥치거나 사지에 몰렸을 때 죽을 각오로 싸우면 도리어 승리의 여신이 미소를 짓기도 한다. '필사즉생必死卽生 필생즉사必生卽死'란 말이 있다. 죽고자 하면 살 것이고, 살고자 하면 죽을 것이라는 뜻이다. 당신은 지금까지 살아오면서 죽을 각오로 어떤 일에 임해본 적이 있는가? 온 힘을 다해 달려들어라.

─── 늑대는 본래 두려움이 없는 동물이다. 맹수를 만났을 때 피할 수 없다면 그들은 조금도 주저하지 않고 싸움에 임한다.

우리는 이익을 위한 다툼에서 모든 수단과 방법을 동원해 자신의 이익을 지키려고 노력한다. 그런데 이익의 크기가 점점 커지면 어떤 다툼은 생사를 건 싸움으로 변하기도 한다. 이런 중요한 순간에는 배짱을 가지고 끝까지 싸우는 쪽이 승리를 쟁취할 수 있다. 남을 이기려고 악착같이 싸우는 것이 가장 좋은 수라 할 수는 없지만 어쩔 수 없는 상황이라면 이것이 유일한 선택일 수밖에 없다.

초한 전쟁 때 한신은 유방의 수하 대장으로 활약하며 유방이 항우를 물리치고 천하를 제패하는 데 혁혁한 공을 세운 인물이다. 그가 조나라 정벌에 나섰을 때의 일이다.

한신의 부대가 정형구라는 좁은 산길을 지날 때였다. 조나라의 모사인 이좌거는 운신의 폭이 좁은 적을 독 안에 든 쥐처럼 몰아 공격하면 반드시 승리할 수 있다고 건의했다. 하지만 대장인 진여는 병력이 우세한데 굳이 기습 공격을 펼칠 이유가 없다며 이좌거의 계책을 묵살하고 전면전을 준비했다.

한신은 진여가 남의 말을 듣지 않는 고집불통임을 알고 크게 기뻐하며 이번 전쟁의 승리를 확신했다. 한밤중이 되자 한신은 기병 2천에게 지름길을 통해 조나라 영채로 가서 적군이 성을 빠져나오는 즉시 접수하고 한나라 깃발을 꽂으라고 명했다. 한편 자신은 군사 1만을 이끌고 일부러 강을 등지고 진을 쳤다. 조나라 첩자가 이 사실을 보고하자 진여는 한신을 병법의 기본도 모르는 어리석은 필부라고 크게 비웃었다.

날이 밝자 한신은 군대를 이끌고 출격해 적과 결전을 벌였다. 이때 한신의 군대가 거짓으로 패한 척하며 달아나자 진여는 추격 명령을 내렸다. 옆에 있던 이좌거가 속임수가 있을지 모르니 추격을 중단하라고 말했지만 진여는 듣지 않았다. 한참을 달아나던 한신의 부대는 앞이 강으로 가로막혀 퇴로가 끊긴 것을 보고 몸을 돌려 적군을 향해 맹렬히 돌진했다. 조나라 군대는 죽을 각오로 싸우는 적을 당해내지 못하고 영채로 퇴각했다. 그런데 영채에 한나라 깃발이 꽂혀 있는 것이 아닌가. 군사들은 영채가 이미 한신의 손에 들어갔다고 여겨 사방으로 뿔뿔이 흩어져 달아났다. 한신의 부대는 이 여세를 몰아 맹공격을 퍼부어 큰 승리를 거두었다.

승리를 거둔 후 장수들이 한신에게 물었다.

"병법에는 산을 등지고 물을 앞에 두고서 싸우라고 했습니다. 그런데 지금 장군님은 오히려 물을 등지고 싸우는 위험천만한 선택을 했는데도 승리한 이유가 무엇입니까?"

한신이 대답했다.

"병법에 '사지에 몰린 연후에 살길을 찾는다'라고 하지 않았나. 우리 군대는 수적으로 열세하여 분명 조금 싸워보다가 도망치기 바빴을 것이다. 하지만 이들이 강을 뒤로한 채 싸우면 죽기를 각오하고 싸울 것이니 백만 대군이라고 이기지 못하겠는가."

살아가면서 위와 비슷한 상황이 발생했을 때 물러서지 않고 맞서 싸운다면 의외의 결과를 얻을 수도 있다. 선택의 여지가 없을 때는 모든 힘을 다해 저항하게 된다. 이때 폭발하는 에너지가 상대방을 두렵게 만드는 것이다.

상대방을 충분히 파악한 뒤에 승부를 걸어라

전쟁이나 정치 투쟁, 비즈니스 전쟁을 막론하고 '지피지기'는 반드시 갖춰야 할 전술이다. 자신과 상대방의 구체적인 상황을 정확하게 분석하고 판단한다면 상대방의 다음 포석을 예측할 수 있다. 이렇게 되면 적의 행동에 완벽한 대응 태세를 갖춰 최소한의 손실로 최대의 성과를 얻을 수 있다.

───── 손자孫子는 "적을 알고 나를 알면 백 번 싸워도 위태롭지 않다."라고 말했다. 늑대는 사냥감을 공격하기 전에 사냥감의 세세한 특징과 습관을 자세히 관찰하는 버릇이 있다. 그래서 늑대의 공격은 실패가 거의 없는 편이다.

아프리카 초원에서 흩어져 있던 늑대가 갑자기 순록 떼를 공격하면 당황한 순록은 허둥대며 달아나기 바쁘다. 이때 선봉에 선 늑대는 쏜살같이 순록 떼를 향해 돌격해 그중 한 마리의 다리를 물어 상처를 입힌다. 하지만 늑대는 그 자리에서 바로 순록을 죽이지 않고 놓아준다. 그러면 뒤따라오던 늑대가 역할을 이어받아 부상당한 순록을 쫓아가 숨통을 끊어놓는다.

늑대의 이런 사냥 방법에는 그럴 만한 이유가 있다. 순록처럼 덩치가 큰 동물의 뒷발에 잘못해서 차이기라도 하면 죽거나 큰 부상을 입기 때문이다. 그래서 일단 순록의 체력을 최대한 고갈시킨 후 안전한 상황에서 잡는 것이다. 사냥감의 특성을 정확하게 이해하고 대처함으로써 늑대 무리는 사냥 실패 확률을 크게 낮출 수 있었다.

미국 예술품 수집 시장의 대부인 두에인은 브로커로 큰 명성을 누렸다. 하지만 기업가인 멜론은 그와 교류하길 원치 않았다. 이에 두에인은 멜론을 반드시 자기 고객으로 만들겠다고 결심했다. 많은 사람들은 이 일이 불가능하다고 여겼다. 왜냐하면 멜론은 성격이 내향적이고 과묵한 데다 남의 비위를 맞추고 말이 많은 사람을 질색했기 때문이다. 그러자 두에인은 이렇게 장담했다.

"두고 보라고. 멜론을 내 예술품만 찾는 고객으로 만들 테니까."

두에인은 멜론의 각종 정보를 수집해 그의 성격, 습관, 취미를 알아내려고 노력했다. 준비를 완벽하게 마친 후 행동을 개시했을 때는 멜론의 부인보다 오히려 멜론을 더 많이 이해하고 있었다. 이후 멜론이 런던을 방문했을 때 한 빌딩 엘리베이터 앞에서 두에인을 만났다. 멜론의 수행원으로부터 멜론이 엘리베이터를 타고 국제 화랑에 간다는 정보를 입수한 터였다.

"안녕하세요? 멜론 씨."

두에인은 인사를 건네고 자신을 소개한 후 다시 말했다.

"저는 지금 국제 화랑에 그림을 보러 가는데, 멜론 씨는 어디에 가시나요?"

"저도 그렇습니다."

기회가 왔다고 여긴 두에인은 국제 화랑에 가는 길에 예술품에 대한 해박한 지식으로 멜론을 깜짝 놀라게 만들었다. 특히 멜론은 자신의 취향과 너무나도 흡사한 두에인에게 상당한 관심을 보였다. 뉴욕으로 돌아온 후 멜론은 지체 없이 두에인의 신비한 화랑을 방문했다.

그곳에 소장된 작품들은 바로 그가 전부터 갖고 싶었던 것들이었다. 이후 멜론은 두에인과 친분을 맺고 그의 VIP 고객이 되었다.

두에인의 성공은 지피지기의 중요성을 명확히 입증한다. 치열한 경쟁 사회에서 지피지기의 책략은 결코 버릴 수 없다. 자신과 상대방을 정확히 이해하고 상대적으로 우세한 요소를 효과적으로 이용하면 어떤 경쟁도 두렵지 않다.

실패는 포기와 동의어가 아니다

성공하는 사람과 실패하는 사람의 가장 큰 차이점이 무엇일까? 전자는 실패의 경험을 소중히 여기고 실패로부터 교훈을 얻는다. 후자는 실패했다는 것 자체에 낙망하고 좌절하여 금세 포기해버리고 만다. 좌절이 당신의 발목을 붙잡아도 과감히 뿌리치고 목표를 향해 집요하게 달려들어라. 실패를 성공으로 바꿀 뿐만 아니라 더 큰 성공을 얻게 될 것이다.

─── 늑대는 절대 타협을 모르는 포식자다. 한번 목표를 정하면 그것을 이룰 때까지 결코 멈추지 않는다. 늑대의 표적이 되면 살아남는 동물은 극히 드물다. 물론 늑대도 간혹 목표물을 놓칠 때가 있다. 그러나 같은 실수를 반복하지 않는다. 앞선 사냥 실패를 교훈으로 삼아 다음 사냥의 성공률을 끌어올리는 것이다.

경쟁이 치열한 현대사회에서 어떤 사람은 자신의 지혜와 능력을 십분 발휘하여 성공을 거두고, 어떤 사람은 실패의 고통을 겪는다. 하지만 성공한 사람이라고 매번 성공하는 것은 아니고 실패하는 사람도 마찬가지다. 우리 앞에 놓인 것이 성공인지 실패인지는 실패의 시련을 이겨낸 늑대의 정신을 가졌느냐에 따라 결정된다. 실패했다고 굳은 의지와 일관된 마음이 꺾인다면 절대 성공을 이룰 수 없다.

한 농구 감독이 10연패에 빠진 팀을 맡게 되었다. 감독은 신수들에게 "과거는 미래가 아니다. 과거의 실패는 신경 쓰지 마라. 지금부터 새로 시작하면 된다."라고 강조했다.

다음 시합에서도 이 팀은 무려 30점이나 뒤진 채 전반전을 마쳤다. 라커룸으로 돌아온 선수들은 풀이 죽은 표정이 역력했다. 감독이 선수들에게 벌써 포기했냐고 묻자 선수들은 입으로는 아니라고 대답했지만 표정이나 행동으로는 이미 패배를 인정하고 있었다. 감독이 다시 물었다.

"지금 농구 황제 마이클 조던이 시합을 뛰었다면 과연 포기했을까?"

선수들이 대답했다.

"절대 포기하지 않았을 겁니다!"

"만약 무하마드 알리가 실컷 두들겨 맞아 눈과 얼굴이 퉁퉁 부었는데 공이 아직 울리지 않고 시합도 끝나지 않았다면 과연 수건을 던졌을까?"

"아니오!"

감독은 잠시 숨을 고른 후 다시 물었다.

"그럼 밀러라면 어땠을까?"

모두가 조용해졌다. 한 선수가 손을 들고 물었다.

"밀러가 누구죠? 한 번도 들어본 적 없는 이름인데요."

감독이 엷은 미소를 띠더니 대답했다.

"아주 좋은 질문이야. 밀러는 지금과 같은 상황에서 시합을 포기했던 선수였다. 그래서 너희들도 그의 이름을 들어보지 못한 거라고."

실패는 모든 것을 잃는 것도 아니고 아무것도 갖지 못한 것도 아니다. 우리는 이따금 실패를 포기와 한데 묶어 생각하는 경향이 있다. 포기하지 않으면 기회는 반드시 찾아온다. 절대 포기하지 마라. 온 힘을 다해 끝까지 밀어붙이고 절대 포기하지 않는 것이 성공의 비결이다.

일이나 생활에서 겪게 되는 실수나 실패들은 불가피한 것이다. 이때 실패를 다음 성공을 위한 경험 축적이라고 생각하는 마음가짐이 필요하다. 좌절과 실패를 겪을 때마다 원인을 찾고 교훈을 받아들여 더 높이 도약하기 위한 발판으로 삼아야 한다.

작은 성공에 도취하는 순간
모든 것이 끝난다

오직 한 가지 목표에 온전히 집중하라

성공은 명확한 목표를 향해 노력하는 사람에게만 찾아온다. 가슴에 목표를 품으면 세상도 그를 위해 길을 비켜준다. 이상을 위해 필사적으로 싸우는 사람에게는 어떤 것도 보이지 않기 때문이다. 살면서 아무런 목표가 없다는 것은 최악의 비극이다. 세네카Seneca는 목표가 없는 사람을 두고 이렇게 말했다. "그들의 세상살이는 마치 물 위에 떠다니는 작은 풀과 같다. 스스로 가는 것이 아니라 그저 물결을 따라 표류할 뿐이다."

──── 아프리카 마라 강가의 계곡 주변에서 영양 무리가 풀을 뜯고 있었다. 이때 늑대 한 마리가 멀리 떨어진 곳에서 귀를 쫑긋 세운 채 살금살금 영양 무리 가까이 접근했다. 늑대가 다가온 것을 감지한 영

양들은 사방으로 흩어져 도망쳤다. 늑대는 혼자였기 때문에 그중 약해 보이는 영양을 주시하다가 100미터 달리기 선수처럼 순식간에 속력을 내서 그 영양을 향해 내달렸다. 영양이 재빨리 도망갔지만 늑대는 그보다 훨씬 빨랐다. 쫓고 쫓기는 과정에서 늑대는 충분히 잡을 수 있는 영양들을 지나쳐 오로지 목표물 하나만을 쫓았다. 마침내 늑대는 날카로운 이빨로 영양의 목을 물어 그날의 먹잇감 사냥에 성공했다.

육식동물은 대개 어리고 약하거나 무리에서 떨어진 사냥감을 선택한다. 늑대도 일단 목표를 정하면 옆에 있는 다른 사냥감에는 관심이 없다. 목표물 하나를 쫓느라 전력을 다하는 상황에서 다른 사냥감에 한눈을 팔면 목표물도 힘이 빠진 늑대를 멀찌감치 따돌릴 것이기 때문이다. 도망치느라 지친 영양을 버리고 다른 영양을 쫓아간다면 결국 한 마리도 잡지 못하게 된다. 목표물을 정하면 그것만 보고 달려가는 것이 바로 늑대의 사냥 성공법이다.

과학 실험에서도 증명됐듯이, 50무畝(1무는 100평)의 땅에 쏟아지는 태양빛을 모으면 세상의 모든 기계를 돌릴 수 있는 거대한 에너지를 만들어낼 수 있다. 또 돋보기를 이용해 빛을 모으면 아무리 단단한 화강암도 녹이고, 다이아몬드도 기체로 만들 수 있다. 이 모든 것은 목표의 마력이 얼마나 거대한지를 설명해준다.

춘추시대에 초나라 왕은 신궁인 양숙養叔에게 활쏘기를 배웠다. 어느 정도 연습을 한 후에 스스로 모든 기술을 다 익혔다고 여긴 왕은 양숙을 데리고 사냥에 나섰다. 말을 타고 사냥터에 다다랐을 때 마침

들오리 한 마리가 날아올랐다. 왕이 들오리를 향해 활시위를 당겨 화살을 쏘려는 순간 옆 덤불에서 산양 한 마리가 뛰쳐나왔다. 그러자 그는 몸을 돌려 산양을 겨냥했다. 그런데 활을 쏘려고 할 때 다시 앞에 예쁜 꽃사슴이 나타났다. 이렇게 계속 반복하다가 결국 아무것도 사냥하지 못하고 말았다.

어떤 이는 계획을 세워 일을 하다가 난관에 부딪히면 중도에 계획을 바꾸거나 포기해버린다. 성공학의 권위자인 데니스 웨이틀리Denis Waitley 박사는 이렇게 말했다.

"성공하기를 원한다면 먼저 꿈을 가지고, 그 꿈을 목표와 계획으로 옮겨라. 두 번째로는 지식을 쌓아 기술과 경험으로 바꾸어라. 그 다음으로는 최선을 다해 주저하지 말고 즉각 행동으로 옮겨라."

목표가 원동력이라면 계획은 목표 실현에 전념할 수 있도록 만든다. 전념하는 것과 목표를 가지는 것은 상호 보완적인 관계다. 목표를 가지면 더 전념할 수 있고, 전념하면 다른 일에 신경 쓰지 않고 더 나아가 새로운 기술을 습득하여 멋지게 일을 완성할 수 있다.

매미 잡는 노인의 이야기가 그 이치를 잘 설명해준다.

춘추시대에 공자가 제자들을 데리고 민요를 수집하러 초나라에 갔다. 그들은 숲에서 걸어 나오다가 등이 굽은 한 노인이 매미를 잡고 있는 모습을 보았다. 노인이 대나무 장대로 나무 위의 매미를 잡는 모습은 마치 길에 떨어진 물건을 집듯이 아주 자연스러워 보였다.

"어르신, 매미 잡는 기술이 보통이 아니십니다."

공자는 노인의 기술에 감탄하며 정중히 다시 물었다.

"매미를 잡는 비법이 무엇입니까?"

"비법이야 있지요. 5~6개월 연습한 후에야 터득한 방법인데, 장대 끝에 끈적거리는 공 두 개를 올려놓고 떨어뜨리지 않으면 놓치는 일이 거의 없지요. 세 개를 얹고도 떨어뜨리지 않으면 열 번 중에 아홉 번은 잡고, 다섯 개를 얹고도 떨어뜨리지 않으면 땅에 떨어진 물건을 줍는 것처럼 쉽게 잡을 수 있답니다."

노인은 여기까지 말한 후 수염을 쓸어내리며 공자의 제자들에게 비법을 전수해주었다.

"매미를 잡을 때는 가장 먼저 서 있는 기술과 팔 힘을 길러야 해요. 몸을 나무 그루터기처럼 움직이지 말고 고정시키며 장대를 어깨 위로 올린 후 떨면 안 돼요. 그리고 다른 잡생각은 버리고 오로지 매미의 날개에만 마음을 집중시켜야 해요."

제자들은 등이 굽은 노인의 매미 잡는 기술을 듣고 난 후 감탄사를 연발했다. 공자 역시 깊은 감명을 받아 옆에 있는 제자에게 다음과 같이 말했다.

"정신을 분산시키지 않고 한 곳에 집중하면 귀신의 경지에 오를 수 있다. 이는 매미 잡는 노인을 두고 이른 말이로구나!"

가시덤불은 날카로운 칼을 들고 용감하게 달려드는 사람을 두려워한다. 목표물을 정하면 어떤 것에도 주의를 빼앗기지 않고 오로지 목표물의 목덜미를 사납게 노리는 늑대의 집요함이 필요하다.

더 잘할 수 있는 것을 찾아 매진하라

목표에 도달하는 길은 수없이 많다. 일단 목표에 집중했다면 어떻게 나를 차별화할 수 있는지 살펴보라. 유일무이한 인재가 되려면 자신만의 장기를 보유해야 한다. 전문성을 띤 장기를 최고 수준으로 끌어올려 나 아닌 누구도 대신할 수 없을 때, 장기의 가치와 성공의 가치를 모두 실현할 수 있다.

─── 전국시대에 맹상군孟嘗君은 문객門客을 받아들이길 좋아하여 한 가지 특출한 재주만 가져도 그의 문객이 될 수 있었다. 맹상군 역시 뛰어난 재주를 가진 문객들의 도움으로 여러 번 어려움에서 벗어났다.

한번은 맹상군이 여러 빈객들을 거느리고 진나라에 사신으로 갔다. 진나라 소왕은 그의 재주를 눈여겨보고 조정에 머물게 해 재상으로 삼으려 했다. 맹상군은 소왕의 제안을 단칼에 거절할 수 없어 잠시 머물기로 결정했다. 그런데 이를 시기한 대신들이 소왕에게 이렇게 이간질했다.

"맹상군을 조정에 남겨두면 진나라에 불리합니다. 그는 제나라의 왕족 출신인 데다 제나라에 봉지와 가족들이 있으니, 과연 진심으로 진나라를 위해 일하겠습니까?"

소왕은 이 말에 일리가 있다고 여기고 생각을 바꿨다. 맹상군과 그의 수하들을 감옥에 가두어놓고 핑계를 찾아 죽이려 했다. 한편 소왕에게는 총애하는 첩이 하나 있었는데, 그녀의 말이라면 모두 들어주었다. 이에 맹상군은 그녀에게 사람을 보내 도움을 요청했다. 애첩은 맹상군의 청을 들어주는 조건으로 천하의 둘도 없는 보물인 호백구 狐白裘(여우 겨드랑이의 흰 털이 있는 부분의 가죽으로 만든 갖옷)를 달라고 했다. 하지만 호백구는 이미 진나라에 도착하자마자 소왕에게 바친 뒤였다. 맹상군이 난처해하고 있을 때 한 문객이 나서서 호백구를 훔쳐오겠다고 말했다.

이 문객은 개구멍을 드나드는 데 능한 재주를 가지고 있었다. 그는 곧 소왕이 호백구를 특별히 아껴 차마 입지 못하고 왕실 창고에 보관해두었다는 사실을 알아냈다. 그는 파수꾼의 눈을 피해 쉽게 개구멍을 파고 창고에 침입해 호백구를 훔쳐왔다. 호백구를 본 애첩은 크게 기뻐하며 소왕에게 맹상군 일행을 풀어달라고 간청했다. 맹상군은 옥에서 나오자마자 빠른 말을 타고 국경으로 내달렸다.

하지만 소왕은 맹상군을 풀어준 것을 뒤늦게 후회하고 병사들을 풀어 뒤쫓게 했다. 맹상군이 국경에 다다른 시각은 한밤중이었다. 새벽이 되어야만 국경의 성문이 열리기 때문에 맹상군 일행은 진나라 군사에게 꼼짝없이 잡힐 판이었다. 이때 일행 가운데 있던 한 문객이 닭 울음소리를 내자 국경에 있던 다른 닭들도 덩달아 울기 시작했다. 국경을 지키는 병사들은 새벽이 온 줄 착각해 급히 성문을 열었고, 맹상군 일행도 무사히 진나라를 빠져나와 제나라로 도망칠 수 있었다.

보잘것없는 재주라도 끝까지 파고들어 자신만의 독특한 장점으로 만들면 비장의 무기가 될 수 있다. 남들과 차별화된 장점은 가장 독특한 명함이 되어 사람들 기억 속에 오래 남는다. 기네스북에는 상상하기 어려울 만큼 많은 분야의 세계기록이 수록되어 있다. 기록의 주인공 가운데는 주위에서 흔히 볼 수 있는 평범한 사람도 많다. 이들은 남이 소홀히 여기는 재주를 자신의 장점으로 만들어 세상에 이름을 남기고 덤으로 상금까지 거머쥐는 성공을 거두었다.

개성을 중시하는 오늘날에는 굳이 팔방미인이 되기보다 한 분야에서 탁월한 능력을 갖춰 자기만의 재능을 살릴 수 있는 일을 찾는 것이 더 나은 선택이 될 수 있다.

세밀한 관찰력으로 상대의 급소를 찾아내라

"사람을 쏘려면 말을 먼저 쏘고, 도적을 잡으려면 우두머리부터 먼저 잡아라."라는 속담이 있다. 어떤 일이든 무엇이 핵심인지를 파악하는 것이 중요하다. 주어진 임무를 완수하고 정해진 목표를 실현하려면 핵심이 무엇인지, 급소가 어디에 있는지 먼저 찾아내야 한다. 핵심을 관통하라.

─── 어떤 일이든 관건이 되는 곳을 틀어쥐어야 문제를 근본적으로 해결할 수 있다. 늑대 무리는 사냥감의 급소와 약점을 공격하는 데 뛰어나 손쉽게 사냥에 성공한다. 일도 마찬가지다. 핵심과 급소를 틀어쥐고 행동을 개시하면 최소한의 대가로 일을 마무리 지을 수 있다. 하지만 이를 위해서는 먼저 급소와 관건이 되는 지점을 찾아내는 능력이 필요하다.

청나라 강희康熙 연간에 조복이라는 포졸이 있었다. 관아에서 오랫동안 도적 잡는 일을 맡아 온 그는 다년간 축적한 경험을 바탕으로 어려운 강도 사건이나 살인 사건을 손쉽게 해결해 상급자의 신임과 동료의 존경을 동시에 받았다. 평소에 그는 하릴없이 거리를 걷곤 했는데, 사실 이는 지나가는 사람들의 행적을 관찰하며 수상한 점을 발견해내기 위해서였다.

하루는 조복이 점심을 먹고 제방으로 산책을 나갔다. 하천에는 수많은 배들이 들락날락하며 분주한 광경을 이루고 있었다. 이때 작은 배 한 척이 물가에 닿았다. 선주가 배의 빗줄을 풀어 물가의 바위에 꽁꽁 묶더니 바위에 앉아 담배를 꺼내 물었다. 조복은 이 광경을 물끄러미 바라보다가 곧장 그 배에 올라앉았다. 선주는 낯선 사람이 배 위에 오르는 것을 보고 바로 달려와 배에서 내리라고 재촉했다. 그런데도 조복이 일어날 생각을 않자 선주는 "내려오지 않으면 빗줄을 풀고 배를 출발시킬 것이오." 하며 협박했다. 그러자 조복이 웃으며 "마음대로 하시오. 내 동행이 돼드리리다." 하고 대답했다.

선주는 별 이상한 사람을 다 보겠다며 큰 소리로 꾸짖었다.

"대체 지금 뭐하는 짓이오? 왜 남의 배에서 어슬렁거리는 게요?"

조복은 서두르지도 여유를 부리지도 않으며 대답했다.

"당신 배에 수상한 물건이 있어서 조사를 해야겠소. 나는 관아의 포졸이오."

선주는 이 말을 듣고 선실 쪽으로 성큼성큼 걸어가 문을 활짝 열어젖힌 다음 잔뜩 화가 난 목소리로 조복에게 마음대로 뒤지라고 소리쳤다. 조복이 따라 들어가 보니 선실에는 아무것도 없었다.

"조사가 끝났으면 얼른 배에서 내리시오!"

선주가 말했다. 이때 뭔가 낌새를 챈 조복이 발걸음을 멈추고 다시 말했다.

"바닥을 좀 볼 수 있을까요?"

선주는 바닥에 뭐가 있겠냐며 한사코 거부했다. 조복이 쇠몽둥이로 바닥을 억지로 열어젖히자 안에서 수많은 금과 비단이 발견되었다. 선주는 순식간에 얼굴색이 변했다. 조복이 선주를 관아로 압송한 뒤에 심문해 보니, 그는 오랫동안 도적질을 해 모은 금과 비단을 팔아 한몫 단단히 챙기고 손을 씻을 참이었는데 마침 조복에게 잡혔다고 진술했다.

동료들은 평소에 설렁설렁 일하면서도 항상 뛰어난 능력을 보여주는 조복에게 어떻게 배 안에 장물이 있는지 알았느냐고 물었다. 조복이 웃으면서 대답했다.

"사실은 아주 간단해. 배가 작은 데다 화물을 싣지 않았다면 물가로 다가올 때 파도에 흔들려야 하는데 전혀 그렇지 않았거든. 또 선주가 밧줄을 묶을 때도 힘든 기색이 역력했어. 이를 보고 배 안에 분명 무게가 나가는 물건이 있을 것이라고 단정했지. 조사해보니 과연 그렇더군."

평소에 조복이 배의 흘수吃水를 세심히 관찰한 덕분에 즉각 그 배에 문제가 있음을 간파하고 마침내 도둑을 잡을 수 있었다. 이처럼 뛰어난 지혜와 관찰력에 사람들은 크게 감탄했다.

일을 성공적으로 완수하려면 먼저 평소에 세밀하게 관찰하는 집중력을 길러야 하고, 다음으로 쓸데없는 데 헛심을 쓰지 말고 가장 효과를 볼 수 있는 곳에 능력을 모아야 한다. 공부할 때나 일할 때뿐만 아니라 휴식을 취할 때도 시간을 헛되이 낭비해서는 안 된다. 이루고자 하는 것이 무엇이든 간에 항상 주의를 기울인다면 남들보다 빨리 도달할 수 있는 지름길을 발견하게 될 것이다.

작은 성공에 도취하는 순간 모든 것이 끝난다

펄펄 끓는 물에 들어간 청개구리는 깜짝 놀라 밖으로 튀어 나오지만 조금씩 뜨거워지는 물에 들어간 청개구리는 물속에서 편안하게 있다가 결국 삶아져 죽고 만다. 지금의 현실에 만족하는가? 쉽게 만족하는 사람은 뜨거워지는 물에서 죽은 청개구리와 같다. 작은 성공을 이루었다고 현재에 안주한 채 행복에 겨워하는 순간이 곧 슬럼프에 빠지는 순간이다.

─── 늑대의 집중력에서 뻗어나간 특징 중 하나는 절대 만족을 모른다는 것이다. 늑대는 시종일관 목표를 향해 자신의 온 힘을 집중한다. 성공할 가능성이 고작 10분의 1에 불과해도 늑대는 항상 성공이 찾아올 것이라고 확신한다. 어떤 상황에서도 만족하지 않고 분투하기 때문에 성공은 늘 그들의 몫이 된다.

성공하는 사람의 원동력은 만족을 모르는 데에 있다. 계단을 오를 때 맨 꼭대기에 다다르기 전까지는 뒤도 돌아보지 않는 것이 큰일을 이룬 사람들의 공통된 특징이다. 스스로의 업무 성과에 불만을 가져야 더 높은 목표를 향해 전진할 수 있다.

목표가 너무 낮으면 쉽게 만족감을 느껴 발전하기 위한 힘을 잃고 나태함과 싫증이 삶을 지배하기 시작한다. 그렇게 되면 아직 개발되지 않은 잠재력을 더 이상 펼칠 수 없을 뿐 아니라 어떤 성과도 거둘 수 없다. 당신이 어떤 직업이나 재능을 가지고 있든 간에 항상 그 분야에서 최고가 되도록 분발해야 한다. 최고를 추구하는 것은 인류 진보의 원자로다.

브라질의 축구 선수 펠레가 혜성처럼 등장해 놀라운 활약을 펼치자 기자들이 그에게 "당신은 어떤 공을 가장 잘 찹니까?"라고 물었다. 이에 그는 "다음 공이요!"라고 대답했다. 이후 그는 전 세계의 인기를 한 몸에 받는 축구의 신으로 추앙받으며 1천 골이라는 대기록을 달성했다. 기자가 다시 전과 똑같은 질문을 던지자 그는 여전히 다음 공이라고 대답했다. 이처럼 어떤 분야에서 큰 업적을 이룬 인물들은 모두 펠레처럼 영원히 만족을 모르고 끊임없이 도전하는 정신을 지니고 있다.

마르크스는 일찍이 이렇게 말했다.

"나는 한시도 만족을 느낄 수 없었다. 책을 읽으면 읽을수록 불만족이 늘어났고 내 자신의 얕은 지식을 절감했다."

세상에는 마르크스 같은 위대한 철학자뿐만 아니라 아인슈타인처럼 끊임없이 지식을 추구하는 과학자나 베토벤처럼 지칠 줄 모르고 음악 세계에 빠진 음악가도 있다. 이들에게 끊임없이 무언가를 추구하는 정신이 없었다면 어떻게 위대한 인물이 될 수 있었겠는가.

스스로 목표를 실현할 능력이 있을까 의심하지 말라. 앞을 향해 내딛는 발걸음에 장애가 될 뿐이다. 또한 자신이 거둔 지금까지의 성과 따위는 모두 잊어라. 절대 만족하지 마라.

결정적인 순간에
폭발시켜라

행동하고 행동하고 또 행동하라!

현실은 차안此岸이고 이상은 피안彼岸이다. 중간에는 세차게 흐르는 물결이 가로놓여 있어서 건너가려면 다리를 놓아야 한다. 그러므로 꿈은 행동으로 옮길 때라야 실현이 가능하다. 꿈을 가지고 있다면 추구하는 방향을 명확히 설정한 후 조금도 주저하지 말고 곧장 행동하라. 성공은 꿈을 실현하려고 노력하는 자에게만 문을 열어준다.

───── 자발적 행동주의자인 늑대는 절대 소극적으로 기다리는 법이 없다. 강자가 번성하고 약자가 도태되는 냉혹한 자연에서 살아남으려면 가만히 앉아서 토끼가 다가오기만을 기다려서는 안 된다. 야심만 있고 행동하지 않는 늑대는 세상 어디에도 없다. 늑대는 본질적으로 세상의 왕이 되려는 굳은 신념을 가지고 있다.

늘대의 세계에서는 즉각적인 행동만이 생존을 보장한다. 이 진리를 거스르는 늘대 앞에는 죽음만 기다릴 뿐이다. 늘대의 준칙은 바로 이것이다.

'능동적으로 살지 않으면 삶이 당신을 포기한다.'

사람은 늘 갖가지 동경과 이상과 계획을 가지고 있다. 그러나 종종 동경을 움켜쥐지 못하고 이상을 실현하지 못하며 계획을 실행하지 않는 일이 벌어진다. 왜 이런 일이 일어날까? 바로 동경과 이상, 계획을 앉아서 기다리고만 있기 때문이다. 그 순간 그것들은 물거품처럼 사라져버린다.

그러므로 모든 일은 미루지 말고 즉시 실천에 옮겨야 한다. 마음먹는 것은 행동하는 것만 못하다는 말이 있다. 목표가 아무리 위대해도 구체화하지 못한다면 그저 공상에 불과할 뿐이다. 성공하는 사람의 구호는 언제나 같다. "행동하고 행동하고 또 행동하라!"

어떤 일이든 하려고 마음만 먹으면 행동으로 옮길 수 있고, 극복해야 할 어려움도 모두 이겨낼 수 있다. 관건은 자발적으로 행동하려는 마음이 있느냐. 풀숲에 가만히 앉아 다른 늘대의 포획물을 얻으려는 늘대는 한 마리도 없다. 인간 세상에서도 이런 마음을 가진 사람은 성장할 수 없다.

나폴레옹은 이렇게 말했다.

"좋은 아이디어를 내는 사람은 똑똑하고, 계획을 잘 짜는 사람은 더욱 똑똑하다. 하지만 실천에 옮기는 사람이야말로 가장 똑똑하고 훌륭하다."

성공은 마음가짐에서 시작해 행동으로 실현된다. 카레이서가 차에 기름을 가득 채우고 코스를 정확히 인지했다 해도, 목적지에 도달하려면 반드시 차에 시동을 걸고 쉬지 않고 질주해야만 한다.

인간의 삶이 희망적인 이유는 그 안에 무한한 잠재력을 품고 있기 때문이다. 더욱 멋진 인생을 누리기 위해서는 끊임없이 자아를 초월하고 항상 스스로를 일깨우며, 목표를 정하면 절대 흰 선 바깥에 머물지 말고 한 걸음 앞서 나아가야 한다.

행동은 모든 것을 180도 바꿀 수 있다. 소극적인 태도는 적극적으로 바뀌고, 항상 최악이었던 하루는 유쾌하게 바뀐다. 야심을 가지고 있다면 이를 꼭꼭 숨기지 말고 행동으로 드러내 당신의 이상을 실현하라.

태양이 떠 있는 한 최선의 삶을 살아라

현재의 삶에 만족하기보다는 더욱 강해져라. 생존의 법칙은 거울을 보는 것과 같다. 거울을 향해 웃으면 거울도 미소를 짓고, 거울을 향해 울면 거울도 눈물을 흘린다. 당신이 강한 모습을 보일수록 거울은 강한 이미지를 반사한다. 한 번뿐인 인생, 기왕이면 불굴의 투지를 가지고 쉼 없이 앞으로 나아가는 것이 낫지 않을까?

──── 늑대는 천성적으로 전투력이 강한 동물이다. 전투력은 늑대의 삶의 본질이라고 할 수 있다. 늑대 무리는 대결을 통해 서열을 결

정하고, 강한 전투력으로 살아가는 데 필요한 먹이를 얻는다. 또한 척박한 자연환경과 싸우며 인류와 대결을 펼치기도 한다. 늑대는 전투력이 없다면 지구상에서 결코 생존할 수 없다. 그들의 생존 철학은 곧 목숨이 다하는 날까지 쉬지 않고 싸우는 것이다.

사람의 성공도 끊임없이 분투하고 정진한 결과물이다. 성공은 꾸준히 노력하는 자에게만 찾아오며 저절로 문을 열지 않는다. 성공한 사람은 그렇지 않은 사람보다 더욱 고생하고 노력하고 부지런한 대가로 달콤한 열매를 얻은 것이다.

이떤 이가 만유인력을 발견한 뉴턴에게 도대체 어떻게 그처럼 위대한 발견을 했는지 물었다. 그는 "머릿속에서 늘 그것을 생각하고 있었기 때문에 가능했다."라고 대답했다. 뉴턴은 자신의 연구 방법을 이렇게 설명했다.

"나는 항상 연구 과제를 마음속에 새기고 반복해서 천천히 사고한다. 그러면 처음에는 작은 별빛에 불과하던 것들이 하나씩 햇빛으로 변한다."

성공한 여느 사람들과 마찬가지로 뉴턴도 근면함과 하나만 파고드는 집중력으로 위대한 성과를 거두고 큰 명성을 얻었다. 고생을 마다하지 않고 용감하게 맞서 싸우며 끝까지 밀고 나가는 정신을 가지고 있다면 어떤 경쟁에서도 불패의 위치에 설 수 있다.

연로한 고승이 뙤약볕 아래서 열심히 일을 하고 있었다. 이때 그 옆을 지나던 행인이 그 모습이 안쓰러웠는지 고승에게 물었다.

"스님, 올해 연세가 어떻게 되십니까?"

고승이 잠시 일을 멈추고 대답했다.

"딱 일흔 됐소이다."

"연세도 많으신데 왜 이렇게 힘들게 일하고 계십니까?"

"내가 살아 있기 때문이오."

"그런데 하필 이런 뙤약볕 아래서 일하십니까?"

"태양이 존재하기 때문이라오."

생존에는 다른 선택의 여지가 없다. 오로지 열심히 사는 길뿐이다. 뒷걸음질과 무사안일한 정신은 현대의 생존 법칙과 어울리지 않는다. 자연 도태를 초래할 뿐이다.

힘을 비축했다가 결정적인 순간에 폭발시켜라

강경 일변도의 용병은 패배를 부르고 너무 곧은 나무는 부러지기 쉽다. 전투에서 한 번 졌다고 반드시 약자가 되는 것은 아니다. 다음 전투에서 좀 더 유리한 고지를 점령하기 위해 힘을 비축해 두려는 철저한 계획일 수도 있다. 약세를 드러내는 것은 훗날을 도모하는 지혜로운 전략이다.

────── 사자나 호랑이는 몸집이 크고 성질이 사나워 늑대가 절대 당해낼 수 없다. 사자나 호랑이가 사냥할 때 늑대는 알아서 뒤로 물러나거나 그들이 먹다 남긴 고기를 먹을 뿐이다. 그렇다고 늑대가 항상 사자와 호랑이를 두려워하는 것은 아니다. 이들이 부상을 당해 대오

에서 낙오했을 때는 과감히 공격을 감행하기도 한다.

약한 모습을 보인다고 꼭 약자는 아니며, 지금 뒤로 물러나는 것은 미래에 통쾌한 반격을 가하기 위함이다.

서한 초기에 북방 흉노족의 수령인 묵돌冒頓은 흉노를 잘 다스려 강력한 민족으로 만들고자 했다. 중국 서북부 초원에서 생활한 흉노족은 용맹스럽고 말을 잘 타기로 유명했다. 하지만 당시 흉노는 세력이 미약해 이웃나라인 동호에게 걸핏하면 침략을 당했다.

묵돌에게는 털이 까마반드르하고 체격이 튼실한 천리마가 한 마리 있었는데, 전쟁터에서 하루에 천 리를 달리며 항상 공을 세워 '보마寶馬'라고 불렀다. 동호에서 이 사실을 알고 사신을 보내 천리마를 바치라고 요구했다. 흉노의 신하들은 당연히 반대하고 나섰다. 지략이 뛰어난 묵돌은 만약 동호의 요구를 거절해 충돌이 일어날 경우 피해를 입는 쪽은 흉노뿐임을 알고 신하들에게 이렇게 말했다.

"동호가 보마를 요구하는 것은 우리를 우호적으로 생각하기 때문이다. 그깟 천리마 하나 때문에 이웃나라와의 관계를 손상시켜서야 되겠는가? 모두들 합리적으로 생각하길 바라네."

그러고는 보마를 동호에 바쳤다. 동호의 왕은 천리마를 얻은 후 묵돌을 겁쟁이라 여겼다. 이에 더욱 거만해져 이번에는 묵돌의 아름다운 애첩을 달라고 요구했다. 흉노의 신하들은 동호의 치욕적인 요구에 분을 참지 못하고 몸을 바르르 떨며 결사전을 벌이겠다고 맹세했다. 묵돌 역시 이가 갈리도록 화가 났지만 흉노보다 강력한 동호와 전쟁이 벌어지면 패할 것이 틀림없다는 생각에 이내 냉정을 되찾았다. 그는 억지로 웃음을 지으며 신하들을 달랬다.

"세상에 여자는 많으니 동호에 한 명 보낸다고 뭐가 대수겠소. 고작 여자 한 명 때문에 이웃나라와의 우호관계를 깨뜨릴 수는 없지 않소?"

이렇게 해서 그는 다시 애첩을 동호의 왕에게 보냈다.

이 일이 있은 후 묵돌은 신하들을 소집해 안으로는 실력을 쌓고 밖으로는 동호의 비위를 맞추며 훗날 반드시 기고만장한 동호를 무찌르자고 말했다. 신하들은 묵돌의 지시에 따라 국력을 기르는 데 온힘을 쏟으며 복수를 다짐했다. 반면 동호의 왕은 손쉽게 천리마와 미녀를 얻은 후 묵돌이 자신을 두려워한다고 여겨 정사를 돌보지 않고 매일 술과 여자에 빠져 방탕한 세월을 보내느라 국력은 점점 쇠약해져 갔다.

동호의 왕은 이런 사실을 전혀 모른 채 다시 흉노에 사람을 보내 양국의 경계선에 있는 토지를 달라고 요구했다. 하지만 흉노는 군신들이 합심해 정치에 힘쓰고 군사력을 길러 그 실력이 이미 동호를 앞지른 상태였다. 묵돌은 동호의 요구를 단칼에 거절하고 기회를 포착해 총공격을 감행하여 일거에 동호를 멸망시켰다.

노자는 일찍이 이렇게 말했다.

"사람이 살아있을 때는 부드럽고 약하지만 죽으면 단단하고 강해진다. 초목이 살아 있을 때는 부드럽고 연하지만 죽으면 말라 딱딱해진다. 그러므로 단단하고 강한 사람은 죽음의 무리고, 부드럽고 약한 사람은 살아있는 무리다. 군대가 강하면 이기지 못하고 나무가 강하면 꺾이고 만다. 강하고 큰 것은 아래에 놓이고 부드럽고 약한 것은 위에 놓인다.”

묵돌은 바로 이 이치를 운용한 것이었다. 약세를 보이는 것은 일종의 게임 전략이다. 이는 자포자기나 겁을 먹어 위축된 것이 아니라 기회가 무르익었을 때 강함으로 전환되는 것이다. 살아가면서 대처하기 까다로운 일을 만났을 때 이런 유연한 전략을 펼칠 필요가 있다. 이는 일종의 능력으로 사실 상당한 지혜와 모략이 없으면 절대 구사할 수 없다. 전투에서 한 번 졌다고 전쟁에서 패배한 것은 아니며, 잠시 약세를 보이는 것은 전체 판두를 정교하게 짜나가기 위한 전략임을 명심하라.

실패의 두려움을 떨치고 주어진 기회를 내 것으로 만들어라

누구에게나 기량을 맘껏 펼칠 기회가 찾아오지만 모두 이를 잘 이용하는 것은 아니다. 세상을 깜짝 놀라게 한 위인들은 선천적으로 뛰어난 능력을 갖고 있어서라기보다 좀 더 과감히 행동에 나서 좋은 기회를 움켜쥐는 법을 익혔기 때문이다. 성공을 거두지 못한 시도라도 속으로만 품었던 책략보다 훨씬 낫다는 사실을 명심하자.

─── 행동파인 늑대는 기회를 포착하면 조금도 주저하지 않고 실행에 옮긴다. 결단력은 모든 일을 처리하는 데 있어서 반드시 필요한 조건이다. 능력이 아무리 출중한 사람이라도 성격이 유약하거나 과

감함이 부족하면 평범한 무리에 그칠 뿐이다.

만전을 기하려고 애쓰다 보면 기회는 금세 저만치 멀리 날아가버린다. 확실한 목표를 정하고 과감히 행동에 옮기는 것이 설사 실수를 범하더라도 이리저리 재고 고민하는 것보다는 훨씬 낫다. 생각을 빨리 결정하는 습관을 기르는 데 주력하면 처음에는 시행착오가 많겠지만 점점 자신의 판단력에 자신감이 생겨 완전히 새로운 독립 정신을 확립할 수 있다.

빌 게이츠는 "평생 안정만을 추구하면서 더 높은 목표를 향해 날개를 펴 높이 날지 않는 인생은 실패했다고 봐도 무방하다."라고 말했다. 과감히 행동에 나서야 비로소 남보다 더 빨리 기회를 움켜쥘 수 있다.

또 어떤 이는 "결단력을 기르는 것은 삶의 의지를 훈련하는 데 가장 중요한 과정"이라고 말했다. 차라리 잘못된 결정을 내리는 것이 아무런 결정도 내리지 않는 것보다 낫다. 신속하게 결정을 내리는 사람은 실수를 조금도 두려워하지 않으며, 또 아무리 많은 실수를 범하더라도 나약하고 우물쭈물하는 사람들과 비교해 늘 승자의 위치에 설 수 있다.

실수할까 두려워 앞으로 나가지 못하는 사람은 변화와 모험을 꺼리고 갈팡질팡하는 사람이다. 이들은 물가에 서 있다가 남이 뒤에서 밀어야만 마지못해 뛰어드는 사람과 다를 게 없다. 그들은 결국 성공이라는 과실을 맛볼 수 없다.

세상에서 가장 불쌍하면서도 가증스런 사람을 열거하면 다음과 같다.

지나치게 조심스러워 무엇을 선택해야 할지 결단을 못 내리는 사람, 위험에 빠질까 무서워 머뭇머뭇하는 사람, 귀가 얇아 주관이 없는 사람, 쉬운 일만 골라서 하고 힘든 일을 회피하며 진취적 사고가 없는 사람, 스스로에게 내재된 강력한 힘을 외면하는 사람 등이다.

　이들은 늘 신의를 저버리고 이리저리 흔들려 결국에는 스스로 자신의 명성을 까먹고 아무 일도 이루지 못한다. 과감하게 행동에 나서지 못하는 이유는 불의의 대가를 치르지 않을까 염려하기 때문이다. 이런 보호 본능은 과감한 행동에 큰 걸림돌이 된다.

　또 다른 요인으로는 자신감 부족을 들 수 있다. 어떤 일을 처리할 때 남의 의견에 귀 기울이는 것도 물론 중요하지만 결국에는 스스로 결정을 내려야 한다. 자신감이 있다면 좀 더 정확한 선택을 할 수 있다. 과감하게 출격하는 늑대처럼 처음부터 강한 자신감과 기백을 가지고 행동한다면 가만히 앉아 있다가 좋은 기회를 잃게 되는 일도 없을 것이다.

확고한 규율이
더 사나운 늑대를 만든다

규율에 충실히 따를 때 잠재력도 최대한 발휘된다

"곱자와 그림쇠가 없으면 네모와 동그라미를 그리지 못한다."라는 말이 있다. 예로부터 곱자나 그림쇠와 같은 규칙에 관한 비유는 시대를 초월해 그 중요성이 강조되어 왔다. 크게는 국가에서 작게는 개인의 삶에 이르기까지 규칙이 없는 곳은 없다. 규칙을 잘 준수하면 규칙의 존재를 전혀 느끼지 못하고 규칙이 가져다준 자유와 조화와 안락을 누릴 수 있다.

────── 늑대 무리 내부에는 엄격한 질서와 기율이 존재하는데, 이는 사냥할 때 가장 두드러지게 나타난다. 늑대마다 자기가 맡은 임무에 최선을 다하고 멋대로 직무를 이탈하지 않는다. 설사 심각한 위험에 직면해도 절대 자기 권한을 넘어서거나 조직의 기율을 깨뜨리는 법

이 없다.

　인간 사회에서 규칙과 규율이 가장 엄격하게 적용되는 조직을 꼽으라면 군대를 들 수 있을 것이다. 2차 세계대전 중인 1943년 3월 미국이 카세린Kasserine 전투에서 독일에게 대패한 후, 패튼 장군은 제2군단 사령관에 임명되었다. 그는 늘 차를 몰고 각 부대로 이동하면서 잔소리 같은 훈화를 늘어놓았다. 그는 훈화에서 넥타이, 정강이 보호대, 철모, 무기를 매일 닦고, 심지어 수염도 매일 깔끔하게 정리하라는 등 자질구레한 세칙까지 엄격히 지킬 것을 요구했다. 이렇게 볼 때 패튼 장군은 가장 환영받지 못한 지휘관이 아니었을까? 그런데 결과는 정반대였다. 제2군단이 자신들도 모르는 사이에 명예심과 전투력을 갖춘 부대로 성장한 것이다.

　이처럼 패튼은 미국 역사상 개성이 가장 강한 장군으로 정평이 나 있다. 하지만 기율 문제에 있어서만큼은 조금도 흐트러짐 없이 상사에게 복종했다. 그는 이렇게 말했다.

　"기율은 부대의 전투력을 유지하는 중요한 요소이자 사병들의 잠재력을 최대한 끌어올리는 기본 조건이다. 기율은 조금도 흔들림이 없어야 한다. 그것은 심지어 치열한 전투나 죽음에 대한 공포보다 더욱 강렬한 것이다. 기율에는 단 한 가지 종류밖에 없다. 바로 완벽한 기율이다. 기율을 보호하지 못하거나 집행하지 못하는 상관은 잠재적인 살인범이나 다름없다."

　패튼 장군은 기율을 이렇게 인식하고 집행했으며, 부하들에게도 이를 똑같이 요구했다. 이것이 바로 그가 성공을 거두게 된 중요한 요인 중 하나다.

만약 사람이 제약을 받지 않고 멋대로 행동한다면 반드시 방종에 따른 재난을 당하게 될 것이다. 그러므로 어떤 집단이든 지켜야 할 규칙이 필요하며, 그 테두리 안에서 활동하는 사람들은 규칙을 엄격히 준수해야만 한다.

우리는 크고 작은 다양한 조직에 소속되어 있고, 그 조직이나 공동체는 저마다 특유의 규칙과 기율을 가지고 있다. 한 테두리 안에서 함께 살아가는데 일을 방해하여 집단 전체에 해를 끼치는 사람이 있다면, 그는 집단에서 버림을 받게 된다. 자신이 어떤 울타리를 선택했다면 규칙을 잘 지키고 집행해야만 그 안에서 원만하게 살아갈 수 있다.

책임감이란 나를 위한 집을 짓는 일이다

세상에 유일하게 증명이 가능한 인과관계는 노력한 만큼 보상을 받는다는 것이다. 다만 노력과 보상 사이에 시간차가 존재할 뿐이다. 노력을 했는데도 손해를 봤다고 실망할 필요도 없다. 당신이 손해라고 생각했던 일의 이면에는 분명 성과가 숨겨져 있을 것이다.

───── 늑대는 서열에 따라 알파, 베타, 오메가 세 계급으로 나뉜다. 알파 늑대는 우두머리가 되고 베타 늑대는 중간 관리층을 담당하며 무수한 오메가 늑대들이 기층 조직을 이룬다. 책임감이 강한 늑대는

서열에 상관없이 맡은 바 책무를 다하고 절대 자신의 의무를 저버리는 일이 없다.

당연히 사람에게도 모든 일에 책임감이 따른다. 하지만 책임감을 느끼는 정도는 사람에 따라 다르다. 어떤 사람은 자신이나 타인, 사회에 대해 책임을 지려 하지 않는 경우가 많다. 당연히 사회에서 절대 환영받지 못하는 존재다. 늑대로 치면 오메가 늑대조차 될 수 없는 사람들이다.

책임감은 사회생활을 하는 데 있어서 열쇠가 되는 품성이자 성공의 중요한 자본이다. 책임감이 없는 사람은 주변의 친구나 동료들에게 신임을 잃게 된다. 어떤 조직도 책임감이 약한 사람에게 절대 일을 맡기지 않는다. 책임감이 없다는 것은 고립되거나 버림받는 것과 같은 의미다.

프랭크라는 목수는 평생 목공 일에 종사했다. 그는 직업 정신이 투철하고 근면 성실하여 사장의 깊은 신임을 받았다. 세월이 흘러 나이가 많이 들고 기력이 쇠해져 몸이 말을 듣지 않자 그는 사장에게 일을 그만두고 고향에 돌아가 가족들과 여생을 보내고 싶다고 말했다. 사장은 그의 재능이 아까워 거듭 만류했지만 프랭크는 이미 결심을 굳힌 상황이었다. 사장은 하는 수 없이 그의 사직 요청을 받아들이고 마지막으로 집 한 채만 지어달라고 부탁했다. 프랭크도 야박하게 이 부탁마저 거절하지는 못했지만 얼른 집으로 돌아가고 싶은 마음에 일이 전혀 손에 잡히지 않았다. 재료도 대충 고르고 집 짓는 일도 전처럼 성의를 다하지 못했다. 사장은 이를 알면서도 전혀 내색을 하지 않았다. 마침내 집이 완공되자 사장은 프랭크에게 열쇠를 건네며 말했다.

"이 집은 자네 것일세. 지금까지 열심히 일한 데 대한 선물이야."

프랭크는 그만 어안이 벙벙해지더니 후회와 부끄러움이 물밀듯 밀려왔다. 그는 평생 멋진 집을 수없이 많이 지었지만 정작 자신을 위해서는 허술한 집을 짓고 만 것이다.

누구나 멋진 집을 지을 수도 있고 허술한 집을 지을 수도 있다. 이는 기술의 문제가 아니라 자신의 일에 책임감을 가지느냐의 문제다. 책임감이 강한 사람은 시작이 좋을 뿐만 아니라 끝도 좋다. 어떤 일을 맡기로 했다면 끝까지 최선을 다하고 태만해져서는 안 된다.

책임과 권리는 그림자처럼 따라다닌다. 권리를 누리고 싶다면 절대 어깨에 진 짐을 내려놓아서는 안 된다. 어떤 조직을 막론하고 각종 규칙의 제약을 받고 갖가지 책임과 의무를 져야 한다. 이때 규칙을 엄격히 따르고 맡은 일을 완벽히 수행해야만 그에 따른 보상을 받을 수 있다. 최선을 다해 임무를 완수한 늑대가 무리 가운데 더 많은 고기를 얻는다. 이는 어디에나 통용되는 이치다. 왜 눈앞의 고난이나 책임만 보고 그것이 가져다줄 이익은 보지 않는가?

고난을 원망하지 말고 묵묵히 직분에 충실하라

세상에서 당신을 우울하게 만드는 사람은 오직 당신 자신이다. 세상에서 당신에게 다시 기쁨을 가져다주는 사람 역시 오직 당신뿐이다.

당신에게는 우울할 권리가 있지만 자신에게 기쁨을 가져다줄 의무도 있다. 열심히 노력하고 즐겁게 일한다면 원망할 겨를이 있겠는가?

―――― 늑대의 세계에서 복종은 반드시 지켜야 할 불문율이다. 이는 그들에게 주관이 없어서가 아니라 단체생활에서는 제도와 규칙이 무엇보다 우선하기 때문이다. 늑대는 사냥할 때 자신이 선봉에 서거나 위험한 일을 맡는다고 절대 다른 늑대를 원망하지 않는다. 노력한 만큼 소득이 있고, 소득이 있어야 먹이도 나눌 수 있다는 사실을 알고 있기 때문이다.

우리는 일상생활이나 사회생활에서 수많은 고난과 고통스런 선택의 순간을 맞닥뜨리게 된다. 그럴 때마다 고난을 원망하기만 한다면 고난은 영원히 당신을 따라다닐 것이다. 그럴 땐 자신을 서서히 바꿔나가야만 한다.

일이 힘들다고 괴로워하기보다 맡은 임무를 즐긴다면 일을 통해 경험과 지식은 물론 자신감까지도 얻을 수 있지 않을까? 일에 더 많은 열정을 쏟고 결심이 굳을수록 효과는 더욱 커지기 마련이다. 이런 열정을 가지게 될 때 출근이 더 이상 괴로운 일이 아니고 업무도 즐거움으로 변해 남들에게 큰 신뢰를 심어줄 수 있다. 절대 원망하거나 도피해서는 안 된다. 원망과 도피는 가장 무책임한 행동이다. 우리가 세상을 사는 이유는 성공한 삶을 향한 욕망 때문이기도 하지만 이보다 더 중요한 것이 바로 '즐기는 삶'이기 때문이다.

미국의 '선박왕'인 헨리 카이저Henry Kaiser는 수많은 회사를 거느린 대표이면서도 사회적 약자를 돌보는 데 앞장선 인물이다. 그는 장애를 가진 사람들이 정상적으로 생활할 수 있도록 도왔고, 가난한 사람들에게는 저가로 의료 서비스를 제공했다. 이밖에도 많은 자선사업을 펼쳤는데, 이 모든 것은 어머니의 가르침 덕분이었다.

그의 어머니인 마리 카이저는 아들에게 값으로 매길 수 없는 귀한 선물을 주었다. 마리는 퇴근 후에 항상 짬을 내 자원봉사 활동을 하며 불쌍한 사람들을 도왔다. 그녀는 아들에게 늘 이렇게 말했다.

"애야, 일을 하지 않으면 어떤 일도 이룰 수 없단다. 비록 너에게 물려줄 재산은 없지만 일하는 즐거움이란 선물만큼은 주고 싶구나."

훗날 헨리 카이저도 이렇게 말했다.

"어머니는 사람에 대한 뜨거운 사랑과 봉사의 중요성을 가장 먼저 가르쳐주었어요. 어머니는 항상 그것이 인생에서 가장 가치 있는 일이라고 말했죠."

그가 자신뿐만 아니라 남을 위해 열심히 일했던 것은 다름 아닌 늘 즐거운 마음을 가지고 있었기 때문이다. 이것이 선순환이 돼 좋은 결과를 가져와 지치지 않고 최선을 다해 삶을 사는 것이다. 원망과 즐거움이 각각 가져다주는 결과는 천양지차다. 늘 원망을 품고 사는 사람은 인생 목표를 이룰 수 없을 뿐만 아니라 조직에서도 불협화음을 내 결국 도태되고 만다. 자신이 지금 이런 늪에 빠져 있는 건 아닌지 돌아보라. 만약 그렇다면, 당장 거기서 빠져나와라.

조직의 생존을 위해서라도
협력하라

나를 따르고 서로 협력하게 만들어라

모래는 언제 가장 단단해지는가? 모래가 가장 단단할 때는 그것을 시멘트, 돌, 물과 혼합했을 때다. 같은 이치로 물 한 방울은 큰 바다로 나가야 영원히 마르지 않고, 개인은 나 아닌 다른 사람들과 융합해야 비로소 큰 힘을 발휘할 수 있다. 한 사람의 힘은 돌 하나를 옮길 수 있지만 여러 사람이 힘을 합치면 산을 옮길 수 있다.

———— 늑대는 어떤 동물도 갖추지 못한 강한 단결력을 가지고 있다. 그들은 집단의 이익을 위해서라면 목숨을 아끼지 않고 끓는 물과 타오르는 불에도 기꺼이 뛰어든다. 아무리 사나운 동물도 늑대 무리를 만나면 뒤로 슬금슬금 물러난다. 집단을 이룬 늑대의 위력이다. 사람은 개인의 이익을 위해 서로 속고 속이며 싸우지만 늑대는 서로 돕는

것이야말로 종족이 생존하는 근본임을 잊은 적이 없다.

"사나운 호랑이도 늑대 무리를 당하지는 못한다."라는 말이 있다. 어떤 경우라도 단결하고 협력하는 것이 승리의 비결이다. 홀로 외롭게 싸우면 반드시 패배를 맛보게 될 것이다. 그럼에도 사람은 작은 이익에 눈이 멀어 주변 사람을 매몰차게 배척하곤 한다.

초원에서 영양은 매우 빠른 동물로 사자나 치타도 따라잡지 못할 때가 많다. 그렇다 보니 늑대는 영양을 사냥할 때 독특한 방법을 구사한다. 일정한 거리마다 늑대 몇 마리씩을 매복시켜놓은 후 사냥이 시작되면 매복로 쪽으로 영양을 몰아가며 쫓는 것이다. 첫 번째 늑대가 지치면 두 번째 늑대가 쫓아가고, 두 번째 늑대가 지치면 세 번째 늑대가 쫓아가는 방식으로 영양을 쫓다 보면 결국 영양은 기진맥진해져, 더 이상 달아나지 못하고 늑대의 제물이 된다. 이처럼 생존 환경은 늑대에게 무리를 이뤄 공격하는 기술을 고안해내도록 만들었다. 힘을 합쳐야만 먹이를 얻을 수 있다는 사실을 잘 알고 있는 것이다.

늑대의 단결력은 먹이를 사냥할 때로 국한되지 않는다. 자신들보다 강력한 적수를 만났을 때도 발휘된다. 백수의 왕인 호랑이라도 무리를 이룬 늑대를 만나면 전혀 힘을 쓰지 못하고 꽁무니를 뺀다. 협력의 장점을 깨닫고 이를 잘 활용하여 사나운 호랑이도 물리칠 수 있는 것이다.

"한 울타리를 세우는 데 말뚝이 세 개 필요하듯, 영웅도 세 사람의 도움이 필요하다", "보잘것없는 신기료장수(헌신 깁는 일을 업으로 삼는 사람) 세 명이 제갈량보다 낫다."라는 속담처럼, 승리나 성공을 바란다면 반드시 집단의 힘에 의존해야만 한다.

흩어진 모래는 아무리 고운 빛을 발해도 전혀 쓸모가 없으며 시멘트와 함께 섞여야만 고층 건물을 짓는 대들보가 될 수 있다. 물 한 방울이 땅에 떨어지면 흔적도 없이 사라지지만 수많은 물방울이 모이면 너른 강과 바다를 이룰 수 있다. 나무 한 그루는 바람에 이리저리 흔들리지만 숲을 이루면 비바람에도 끄떡없다. 한 개인도 모래 한 알, 물 한 방울, 나무 한 그루와 같아 홀로 행동하면 성공을 거두기 어렵다. 반면에 다른 사람과 협력하고 단체를 이루면 예상 밖의 효과가 니티나 목표한 바를 달성할 수 있다.

개인의 능력은 한계가 있다. 다른 사람과 협력해야만 자신의 부족한 점을 메워 혼자서는 꿈꾸지 못했던 일을 이룰 수 있다. 성공한 사람이라고 해서 꼭 특출한 능력을 갖춘 것은 아니다. 그들이 성공을 거둔 이유는 능력 있는 인재들을 모아 함께 협력하도록 분위기를 조성하여 시너지 효과를 발휘했기 때문이다. 대표적인 예가 한나라를 세운 유방이다. 그의 적수인 항우는 시정잡배로 여겼던 유방에게 패하리라고는 꿈에도 생각하지 못했을 것이다. 유방은 자신의 성공 비결을 이렇게 정리했다.

"군영의 장막 안에서 계책을 마련하여 천리 밖에서 벌어지는 싸움을 승리로 이끄는 것은 내가 장량만 못하고, 나라를 안정시키고 백성을 위무하며 군량을 준비하여 그 공급이 끊어지지 않게 하는 것은 내가 소하만 못하며, 백만 대군을 이끌고 싸우면 항상 이기고 성을 공격하면 반드시 함락시키는 것은 내가 한신만 못하다. 이 세 사람은 천하제일의 인재들로 내가 그들을 등용했기 때문에 천하를 차지할 수 있었다. 항우는 범증范增(항우의 유능한 책사였으나 계략에 휘말린 항우에 의해 쫓겨난 인물) 한 명도 제대로 등용하지 못해 나에게 사로잡힌 것이다."

유방은 항상 마음의 문을 열어놓고 인재들이 지혜와 힘을 모을 수 있도록 독려했기에 패업을 달성할 수 있었다. 개방적인 태도는 남들이 진심으로 나를 따르고 협력하게 만든다. 그래야만 혼자 힘으로 이룰 수 없는 이상을 실현할 수 있다.

나보다 상대방이 먼저 빛나게 하라

"장미를 선물한 사람의 손에는 향기가 남는다."라는 속담이 있다. 남을 돕는 것이 곧 자신을 돕는 것이라는 의미다. 감정은 상호적인 것으로 물리학에서 말하는 작용과 반작용 사이의 관계와 같다. 당신이 세상을 밝게 비추려 할 때, 당신은 이미 세상에서 가장 밝게 빛나는 사람이 되어 있을 것이다.

────── 늑대는 자신의 무리와 격의 없이 사냥 경험을 공유하는 동물이다. 늑대 무리는 사냥에서 습득한 기술을 다른 늑대에게 전수한다. 경험 많은 늑대는 독립할 시기가 다가온 어린 늑대에게 사냥 기술과 생존 방법을 가르쳐준다. 언제 도망칠지 모르는 살아 있는 양을 입에 문 채로 어린 늑대에게 사냥의 다양한 노하우를 전수하는 것이다. 이

런 습성을 유지한 덕분에 늑대는 줄곧 강자의 위치를 지킬 수 있었고, 야생에서의 생존 본능과 기술을 잃지 않을 수 있었다.

재주를 나누는 것이야말로 현명한 생존 방법이다. 성공하고 싶다면 다른 사람과 배운 것을 나눠라. 그러면 그 과정에서 자신의 위치와 방향을 찾을 수 있을 것이다.

부처를 찾아 먼 길을 떠난 한 고행승이 칠흑같이 어두운 밤에 궁벽한 어느 마을에 이르렀다. 앞이 잘 보이지 않아 사람들은 길을 더듬듯이 걸어갔다. 고행승이 골목길을 돌자 희미한 불빛이 멀리서 이쪽을 향해 다가오고 있었다. 그때 곁에 있던 마을 사람 하나가 "장님이 온다!"라고 큰소리로 외쳤다.

그 불빛의 정체는 바로 장님이 손에 든 등불이었다. 고행승은 도무지 이해가 되질 않았다. 두 눈을 잃은 맹인에게는 낮과 밤의 개념이 없고 아무리 아름다운 풍광도 의미가 없으며 심지어 등불마저도 어떤 모습인지 모를 텐데, 등롱을 들고 다닌다니 정말 우스운 일 아닌가?

이런 생각을 하고 있을 때, 등불이 점점 가까워지더니 이내 스님의 신발을 비췄다. 의문이 풀리지 않은 스님이 장님에게 물었다.

"감히 묻겠습니다. 시주께서는 정말 눈이 보이지 않습니까?"

그러자 등롱을 든 장님이 대답했다.

"그렇습니다. 저는 세상에 나올 때부터 두 눈이 멀었습니다."

"그럼 아무것도 보이지 않을 텐데, 왜 등롱을 들고 다니시오?"

"지금은 깜깜한 밤 아닌가요? 깜깜한 밤에 등불이 없으면 세상 사람들도 저처럼 앞이 보이지 않는다고 하더군요. 그래서 제가 등불을 들고 다니는 것입니다."

스님은 문득 무언가를 깨달은 듯 물었다.

"아, 남들에게 불빛을 비춰주기 위해서였군요?"

그러나 장님의 대답은 뜻밖이었다.

"아닙니다. 바로 저를 위해서입니다."

"자신을 위해서라고요?"

스님은 순간 정신이 멍해졌다. 그러자 장님이 찬찬히 설명해주었다.

"깜깜한 밤에 길을 가다가 다른 행인과 부딪힌 적이 없었나요?"

"당연히 있었죠. 방금 전에도 방심하다가 두 번이나 부딪쳤는걸요."

"하지만 전 그런 적이 한 번도 없었습니다. 비록 제가 장님이어서 아무것도 보이지 않지만 등불을 들고 다니니 다른 사람에게 길을 밝혀주고, 다른 사람도 저를 볼 수 있었던 것이죠."

고행승은 장님의 말을 듣고 문득 깨달음을 얻었다. 그는 하늘을 올려다보며 길게 탄식했다.

"내가 부처를 찾아 이리저리 분주히 돌아다녔는데, 부처가 내 옆에 있을 줄 꿈에도 몰랐구나!"

누구나 마음속에 등불을 하나씩 가지고 있다. 이 등에 불을 붙이면 다른 사람을 비춰줄 뿐 아니라 자신도 비출 수 있다. 남과 나누는 것은 비록 자기 이익의 일부분을 잃는 것이지만 주위에 많은 사람이 모이면 그들로부터 장점을 취해 더 큰 이익을 얻을 수 있다. 나눈 뒤에 얻는 이익이 나누면서 본 손해보다 더욱 큰 것이다.

경험과 성과를 증폭시키는 의사소통의 힘

의사소통은 조직 생존의 중요한 열쇠다. 의사소통이 제대로 되지 않는 조직은 일의 효율성이 떨어질 뿐만 아니라 구성원들도 서로 의존하며 생존해나가는 것이 불가능하다. 어떤 집단이든 구성원들 간에 상호 교류와 의사소통이 원활해야 무한한 힘을 발휘할 수 있다.

──── 늑대의 눈은 어둠속에서 푸른빛을 발한다. 사실 늑대의 눈은 야간에 가장 효과적인 의사소통 수단이 된다. 늑대는 동공의 크기를 변화시키거나 눈 근육의 미세한 움직임을 이용해 놀람, 누려움, 기쁨, 이해 및 여타 감정들을 표현한다. 늑대 무리 사이에 평화가 유지되는 것은 원활한 의사소통의 결과다. 이들은 상호 불가침의 원칙을 지키려고 다양한 방법을 활용한다. 나뭇가지나 바위 등에 오줌을 싸서 다른 늑대와 영역을 나누거나 으르렁거리는 소리로 다른 동물에게 자신의 영역을 알린다. 불필요한 싸움을 피하고 자신만의 공간을 확보하는 것이다.

의사소통이 원활하면 화목하고 우호적인 관계가 맺어져 모든 일이 원하는 대로 풀릴 수 있다. 원활한 의사소통은 삶의 활력소이자 인생의 성패를 결정하는 중요한 열쇠다. 의사소통은 어느 단체나 조직, 혹은 개인의 업무 효율을 높이는 데 있어서도 중요한 역할을 한다. 세계 각 대학의 MBA와 비즈니스 연구기관에서 성공한 경영자를 대상으로 업무에서 가장 중요한 기능이 무엇인지에 대해 설문조사를 하면 매번 의사소통이 수위를 차지한다.

오늘날 세계 경제가 하나로 연결되면서 국가는 물론 문화적 배경이 다른 동료, 고객, 협력 파트너 등과 교류할 기회가 점점 늘어나고 있다. 이때 원활한 의사소통은 빠른 시간 안에 업무 실적과 효율을 높여주는 결정적 요소로 작용한다. 또한 의사결정은 주로 위에서 아래로 전달되지만 효과적이고 실행 가능한 정책들은 오히려 아래에서 위로 올라가는 경우가 많다. 그러므로 의사소통은 쌍방향 교류를 기본 원칙으로 삼아야 한다.

페덱스fedex는 직원들의 의사를 중시할 목적으로 'GFT(공정대우 보장 프로그램Guaranteed Fair Treatment)'라는 제도를 실시했다. 이 제도를 통해 매년 페덱스 직원들은 설문지에 상사의 점수를 매기고 함께 모여 문제점을 토론하는 시간을 가졌다. 이 평가는 상사들이 승진하는 데 지대한 영향을 미쳤다. 페덱스는 또한 직원들 사이 및 직원과 상사 사이의 의사소통을 대단히 중시했다. 이는 각 부서별이나 상하급자 간의 협력에 중요한 의의를 가지고 있다. 페덱스 직원들은 경영진에 자신의 의견을 과감히 개진하고, 상사에게 불공정한 대우를 받는다고 판단되면 즉각 이의를 제기할 수 있었다. 직원들은 허심탄회한 교류를 통해 자신이 회사 경영에 참여하고 있다고 느꼈을 뿐 아니라 경영 방침에 대해서도 명확히 이해하는 기회를 가질 수 있었다. 이와 같은 쌍방향 정보 공유와 허심탄회한 교류는 경영 과정에 절대 없어서는 안 되는 일부분으로 조직의 결속력을 다지는 데 중요한 역할을 한다.

사람들이 의사소통을 꺼리는 이유는 자신의 프라이버시가 남에게 알려지고 남들이 나의 경험을 토대로 나보다 앞서게 될까 두려워하기 때문이다. 이런 이기주의는 남들과의 교류를 멀리하게 만들 뿐이다. 이런 단절은 새로운 지식의 유입을 가로막아 오히려 스스로를 낙오자로 만든다.

개성을 발휘하되 조직의 방향과 함께하라

사람들마다 자기만의 독특한 개성을 가지고 있다. 하지만 개성이 너무 강하면 고장난명孤掌難鳴의 국면을 변하기 어렵다. 특히 협력을 강조하는 오늘날에는 공존의 길을 모색해야 관계가 오래 지속될 수 있다. 남과 협력하려는 마음을 갖지 않고 항상 자기중심적으로 행동하려는 사람은 집단에서 따돌림을 당하기 일쑤다.

─── 눈으로 덮인 허허벌판에 늑대 십여 마리가 무리를 이뤄 앞으로 천천히 나아가고 있다. 이런 환경에서는 먹이를 찾는 것은 물론 살아남는 것 자체가 힘들다. 배고픔과 추위에 맞서 체력을 유지하기 위해 늑대 무리는 한 줄로 늘어서서 걷는다. 맨 앞에 선 늑대가 두터운 눈을 밟고 지나가면 뒤따르는 늑대들이 앞에 있는 발자국을 차례로 밟으며 체력을 아끼는 것이다. 맨 앞에 선 늑대는 체력 소모가 많기 때문에 일정한 시간마다 임무를 교대한다. 이렇게 체력 소모를 줄이는 방식은 집단을 힘을 유지하는 데도 도움이 된다.

늑대 무리의 생존 방식이 주는 교훈은 집단에서 개인의 우세와 잠재력을 발휘하는 것도 중요하지만 무엇보다 협력을 우선시하고 공존의 길을 모색해야만 한다는 것이다. 집단에 소속된 개인은 조화를 이루며 함께 사는 법을 깨달아야 한다. '1+1=2'라는 공식은 수학에만 적용된다. 구성원들이 일치단결하여 장점을 취하고 단점을 보완한다면, 개개인의 능력은 몇 배, 몇 십 배 빌휘될 수 있다.

　위대한 전략가인 나폴레옹이 거느린 프랑스 군대는 대적할 상대가 없을 만큼 세계 최강의 위용을 떨쳤다. 그런데 이집트의 카이로를 공격할 때 예상 밖의 완강한 저항에 부딪혔다. 이집트 기병들은 체격이 우람하고 용맹무쌍하여 프랑스 군사들이 일대일로 싸워서는 도저히 이길 수가 없었다. 강적을 만난 나폴레옹은 상황을 면밀히 검토해 본 결과 자신의 군대가 일대일이 아닌 여러 명의 싸움에서는 절대 밀리지 않는다는 사실을 깨달았다. 반대로 이집트 기병은 누구 못지않게 용맹스러웠지만 협력을 중시하지 않고 자기 싸움에만 몰두해 동료가 위험에 처해도 도와주는 일이 없었다. 이에 그는 군사들에게 최대한 개인 전투를 피하고 서로 협력하라고 명령해 이집트 기병을 물리쳤다.

　협동 정신이 부족한 집단은 절대 발전을 이룰 수 없다. 이는 몇 마리 말이 끄는 수레에 비유할 수 있다. 모든 말이 한 방향을 향해 보조를 맞춰 달려갈 때 수레는 속도를 낼 수 있다. 그런데 만약 말들이 서로 자기가 가고 싶은 쪽을 고집하면 이 수레는 앞으로 나아갈 수 없을 뿐 아니라 심하면 뒤집어지고 만다. 이처럼 집단에서 서로 배척하고 암투를 벌이고 단점을 들추기 바쁘다면 집단은커녕 개인의 발전도 기대할 수 없다.

카네기는 "협력을 포기하는 것은 경쟁 상대에게 스스로 패배를 인정하는 것과 같다."라고 말했다. 손바닥도 마주쳐야 소리가 나는 법이다. 조직에 속한 구성원들에게 개성이 없어서도 안 되겠지만 개성을 더욱 잘 발휘할 수 있는 공존의 길을 찾고 협력을 강화해야만 눈앞의 어려움과 장애를 물리칠 수 있다.

의리를 지킴으로써 자존감을 되찾아라

자기 이익을 도모하는 것은 결코 잘못된 일이 아니다. 그러나 자기 이익에 눈이 멀어 매사를 이기적으로 대한다면 결국엔 큰 낭패를 보게 될 것이다. 의리를 지키고 과감하게 희생하는 정신은 사람들에게 큰 감동을 줄 뿐만 아니라 당신의 자존감을 높이는 데도 큰 도움이 될 것이다.

───── 한 사냥꾼이 친구와 함께 사냥을 나왔다가 늑대 무리를 발견했다. 그들은 너끈히 십여 마리를 잡을 만큼의 총알을 가지고 있었다. 친구가 기회를 잡아 늑대 한 마리를 총으로 쏴 죽였다. 늑대 무리는 급박한 상황에서도 대오를 유지한 채 질서 정연하게 산골짜기 쪽으로 달아났다. 그들도 말을 타고 사냥개를 풀어 늑대를 추격했다. 한참을 달린 끝에 그들은 늑대 무리를 거의 따라잡을 수 있었다. 늑대 무리가 사정권에 들어와 다시 총을 겨누는 순간 갑자기 늑대 세 마리가 멈춰서더니 뒤를 돌아 으르렁거렸다.

두 사람은 그 자리에 잠시 얼어붙어 어떻게 해야 좋을지 망설였다. 늑대 세 마리가 멈춘 곳은 산등성이였는데, 나머지 늑대들은 이미 산등성이를 넘어 시야에서 사라진 뒤였다. 멈칫했던 그들은 이내 정신을 차리고 총을 겨눠 세 마리를 사살했다. 그런 다음 다시 늑대 무리를 뒤쫓아 갔지만 이미 저 멀리 도망친 뒤였다. 두 친구는 사살한 늑대들을 내려다보았다. 건장한 체격으로 보아 무리 중에서도 우두머리 급에 속하는 늑대가 분명했다. 무리 중에서도 충분히 더 빨리 도망칠 수 있었을 테지만 다른 늑대들을 지키기 위해 자신을 희생한 것이었다.

의리를 지키고 자신을 희생하는 숭고한 정신은 본받아 마땅하다. 예로부터 의리를 중시하는 것은 훌륭한 품성으로 추앙되었다.

춘추전국시대에 친구 사이인 연나라의 좌백도左伯桃와 양각애羊角哀는 초나라에서 인재를 초빙한다는 소문을 듣고 즉시 초나라로 길을 떠났다. 그런데 도중에 인적이 드문 곳에서 폭설을 만난 데다 양식까지 거의 떨어지고 말았다. 좌백도는 이렇게 가다가는 둘 다 얼어 죽거나 굶어 죽을지도 모른다며 자신의 옷과 양식을 양각애에게 주려고 했다. 양각애도 이에 질세라 차라리 자신이 남겠다며 고집을 부렸다. 결국 서로 양보하며 옥신각신하다가 누가 갈지 결론을 내리지 못한 채 잠이 들었다.

다음날 아침, 잠에서 깬 양각애는 자신의 몸에 좌백도의 옷이 덮여 있고, 곁에는 좌백도의 양식이 놓여 있는 것을 발견했다. 좌백도는 그림자도 보이지 않았다. 그는 한참을 찾아 헤맨 끝에 근처 나무 등

걸 속에서 얼어 죽어 있는 친구의 시신을 발견했다. 양각애는 친구가 죽은 나무 등걸에 표시를 해두고 울면서 길을 재촉했다.

양각애는 초나라에 도착한 후 초나라 왕의 깊은 신임을 받아 대장 군 지위에까지 올랐다. 하지만 늘 마음속으로 친구인 좌백도를 그리워한 그는 둘 사이의 이야기를 초나라 왕에게 알리고 좌백도의 제사를 지내주고 싶다고 청했다. 초나라 왕은 이 이야기에 깊은 감명을 받아 즉시 이를 허락했다.

양각애가 좌백도를 안장하고 근처 숙소에서 잠을 자던 어느 날이 있다. 꿈속에 좌백도가 나타나더니 지하에 있는 형리가 자신을 괴롭힌다고 호소하는 것이 아닌가. 날이 밝자 양각애는 그 형리의 무덤을 파헤치려고 했지만 현지인들의 강한 반대에 부딪혔다. 그날 밤에도 좌백도는 양각애의 꿈에 나타나 어김없이 하소연을 하다 돌아갔다. 이튿날 양각애는 저승에서 계속 고통 받고 있는 좌백도를 도와주기 위해 스스로 목을 찔러 죽었다. 현지인들은 이에 크게 감동해 두 사람의 시신을 함께 묻어주고 대대로 미담으로 전했다.

물질만능주의가 판을 치는 요즘 같은 시대에 이처럼 깊은 의리는 흔적조차 찾아보기 힘들다. 의리를 중시하는 사람은 갈수록 줄어들고 자기중심적인 사고만이 팽배해지는 추세다. 심지어 의리를 중시하는 것은 매우 '바보 같은 짓'이라고 말하는 사람도 있다.

내가 먼저 남을 진심으로 대하고 의리를 지킨다면 그들이 배은망덕한 무리가 아닌 바에야 그들도 당신을 진심으로 대하고 기꺼이 도와주고자 할 것이다. 왜 이를 꺼린단 말인가? 하물며 인간보다 저급하다고 여기는 동물인 늑대도 의리를 중시하는데, 왜 사람은 이를 헌신짝처럼 버린단 말인가? 이는 분명 깊이 생각해 봐야 할 문제다.

나누는 것은 잃는 것과 동의어가 아니다

내부 손실은 우리를 죽음의 골짜기로 몰아 영원히 햇빛을 볼 수 없게 만든다. 함께 나누고자 하는 마음을 많이 가질수록 내부의 손실은 오히려 줄어든다. 명심하라. 나누는 것은 잃는 것이 아니다. 서로 협력하고 모두의 이익을 위해 함께 노력하며 그 결과물을 다 같이 누리는 것이야말로 정말 멋지고 아름다운 모습이다.

——— 늑대 무리는 단결력이 강하지만 때로는 불가피한 마찰도 발생한다. 하지만 싸움에서도 한쪽이 패배를 인정하면 이긴 쪽은 즉시 공격을 멈춘다. 이는 늑대의 타고난 본능으로 절대 상대방을 죽음으로 몰지 않는다. 이유 없이 서로 죽이는 것은 결국 자신의 힘을 약화시키는 결과를 초래하기 때문이다.

늑대는 자중과 나눔을 아는 동물이다. 그들은 함께 힘을 모아 공동의 이익을 추구한다. 내부 손실은 그들에게 백해무익한 것일 뿐이다. 인간은 어떤가? 인간은 만물의 영장이라고 자부하면서도 이 이치를 깨닫지 못할 때가 많다.

절친한 두 친구가 성인을 찾아 성산으로 함께 먼 길을 떠났다. 성인은 그들이 서로 의지하며 자신을 찾아온 데 크게 감동해 그들을 데리고 성산 꼭대기에 올라가 이렇게 말했다.

"내가 너희에게 선물을 내리겠다. 너희 둘 중 하나가 소원을 빌면 소원이 바로 실현될 것이다. 그리고 나머지 한 사람은 그 소원의 두 배를 얻을 것이다!"

그러자 그들 중 하나가 이렇게 생각했다.

'옳지! 나는 무슨 소원을 빌지 이미 생각해두었으니 나중에 말해야지. 내가 먼저 소원을 빌면 저 친구가 두 배의 선물을 받게 되잖아? 절대 내가 손해를 봐선 안 돼.'

다른 친구 역시 이런 마음을 가졌다.

'내가 먼저 말해서 저 친구가 두 배의 선물을 받게 할 순 없잖아?'

그래서 둘은 서로 먼저 소원을 말하라고 양보하기 시작했다.

"자네가 먼저 말해!"

"자네가 연장자니까 당연히 먼저 말해야지!"

한참 동안 이렇게 옥신각신하던 둘은 짜증을 내더니 급기야 화를 내기 시작했다.

"뭐해? 얼른 먼저 말 안 하고!"

"왜 내가 먼저 말해야 되는데? 난 싫다고!"

서로 미루던 끝에 한 친구가 버럭 화를 내면서 이렇게 소리 질렀다.

"이봐, 자네는 정말 몰상식하고 남의 호의도 몰라주는구먼. 먼저 말 안 하면 다리몽둥이를 부러뜨리고 목 졸라 죽이는 수가 있어!"

친구 입에서 입에 담기 힘든 말이 나오자 다른 친구는 덜컥 겁이 났다. 그리고는 네가 이렇게 무자비하게 나오면 나도 똑같이 대할 수

밖에 없다고 다짐한 다음 모진 마음을 먹고 잔인한 말을 내뱉었다.

"좋아, 내가 먼저 소원을 빌지. 내 소원은…… 내 한쪽 눈이 머는 것이야!"

그러자 바로 이 친구의 한쪽 눈이 멀어버렸다. 뒤이어 다른 친구는 두 눈이 모두 멀고 말았다.

이것은 원래 두 친구가 함께 나눌 수 있는 정말 멋진 선물이었다. 그러나 사람의 편협함과 탐욕, 질투가 마음을 좌지우지해 결국 축복이 저주로 변하고, 친한 친구가 철천지원수로 바뀌고 말았다.

사소한 사리사욕 때문에 아름다운 우정이 상호 비방으로 바뀌고, 심지어 상대방은 물론 자신의 신체까지 상해를 입히는 경우가 어디 이뿐이겠는가? 우리는 세상을 살면서 좀 더 넓은 마음을 품고 의미 없는 내부 손실을 최대한 줄여야 한다. 이 이치를 깨달아야만 동료, 심지어는 경쟁 상대와도 함께 이익을 누릴 수 있다.

더 강해지라고
자신에게 명령하라

고독을 즐기며 다음 도약을 기다려라

고독은 비록 역경처럼 보이지만 우리의 마음을 평온하게 해주는 역할도 한다. 이런 평온함은 의기소침과 다르며 다음 도약을 위한 기다림이다. 고독은 일종의 단련이자 인내다. 잠깐 동안의 외로움을 참으면 마음속 깊은 곳에 잠재된 에너지가 살아나 모든 장애물을 물리치고 패자霸者의 자리에 오를 수 있다.

——— 늑대는 고독을 두려워하지 않는 동물이다. 깎아지른 절벽에 선 한 마리 늑대는 하늘과 달을 향해 큰소리로 울부짖으며 고개를 숙여 인간들을 비웃는다. 그는 결코 외롭지 않다. 희망이 없는 것도 아니다. 정반대로 그의 마음속은 활활 타오르며 삶에 대한 욕망이 눈빛에서 이글거린다. 마음속에 드넓은 평원이 가득한데, 성격이 사납고

길들여지지 않았다고 해서 누가 고독하다 말하겠는가? 이 고독은 자신감을 뛰어넘는 지혜의 절정을 표현한다.

고독은 인간에게도 매우 자연스런 현상이다. 고독이 싫다면 늘 사람들과 떠들썩한 분위기를 연출해야 한다. 하지만 사람들 사이의 친밀함도 결국에는 한계가 있고, 주위에 친구가 아무리 많다 해도 혼자 있는 시간은 돌아오기 마련이다. 이럴 때 마음속에 삶에 대한 열정과 각종 욕망이 가득하다면 고독감을 깨끗이 없앨 수 있다.

베토벤은 일곱 살 때 이미 음악 신동으로 불렸다. 그러나 하늘이 그의 재능을 질투했는지 그에게서 소리를 듣는 권리를 빼앗아갔다. 그는 점점 소리가 들리지 않는 것을 느끼며 거의 절망에 빠졌다. 음악가에게, 특히 아름다운 음악을 들으며 삶의 활력을 느끼는 그에게 소리가 들리지 않는 것만큼 불행한 일이 또 있을까? 베토벤에게 소리가 없는 세상은 쓸쓸하고 생기가 없었다. 이후로 그는 그토록 좋아하고 즐기는 음악회에 가는 것을 포기했고, 소리도 못 듣는 음악가가 어떻게 좋은 노래를 작곡할 수 있겠느냐는 조롱을 받을까 두려워 귀가 멀었다는 사실을 사람들에게 숨겼다.

하지만 그는 마음속에서 불타는 음악 창작에 대한 열망을 도저히 억제할 수 없었다. 그러고는 운명에 맞서 싸우기로 결심했다. 그가 보기에 음악은 매혹적인 소리로 배치된 각종 주제와 음표이자 가장 깊은 생각을 표현하는 일종의 언어였다. 이후 베토벤은 아무런 소리도 들리지 않는 고요와 고독 속에서 수많은 명곡을 창작했다. 특히 '5번 교향곡'에 쓰인 음표 하나하나는 그의 마음의 소리를 충분히 짐

작게 한다. 이로써 그는 또 다른 방식으로 사람들의 마음의 문을 활짝 열어젖혔다. 그는 사람들에게 고요한 세계에는 아름다운 소리로 가득하며 끊임없이 머릿속에 메아리쳤다고 말했다.

　사회적 동물인 인간은 무리를 지어 살며 타인과의 교류를 필요로 한다. 고독은 스스로 원해서 찾아오는 것이 아니다. 확고한 신념과 의지, 이상을 가지고 이를 실현하려는 마음을 놓치지 않는다면 어느 날 문득 고독이 찾아들더라도 달갑게 그 고독한 적막을 즐길 수 있다.

더 강해지라고 자신에게 명령하라

강해지라는 명령 속에는 많은 의미가 함축되어 있다. 성공의 의욕을 불사를 것, 인생의 목표를 명확하게 설정해 계획을 착실히 완수해 나갈 것, 모든 집중력을 동원해 어떤 유혹에도 흔들리지 말 것. 이처럼 자기 의지를 단련하고 자신감을 갖는다면 성공의 피안으로 통하는 길을 금세 발견하게 될 것이다.

───── 강인함에 대해서는 이미 늑대의 장 첫머리에서 강조한 바 있다. 이 강인함이야말로 다시 한 번 강조해도 지나치지 않을 것이다. 늑대는 실패를 두려워하지 않고 용감하게 앞으로 나아가며 위험이 닥쳐도 꿋꿋이 버티는 힘을 지니고 있다. 인간은 늑대의 이러한 강인함을 배워야만 한다. 삶이 고난으로 가득하고 여의치 않은 일투성이라고 쉽사리 의기소침해지면 성공의 기회도 저만치 달아나버린다. 오

직 인내하고 분투하는 노력이 있어야만 모든 근심과 난관을 뛰어넘을 수 있다.

에디슨은 전구를 발명하고 온 세상에 빛을 밝혀주어 '빛의 전령사'로 추앙받았다. 당시 전구가 빛을 내려면 축전지가 꼭 필요했다. 하지만 축전지의 전기량이 매우 작고 지속 시간도 짧아 에디슨은 새로운 축전지를 연구 개발하기로 결심했다.

계속해서 반복된 실험과 비교, 분석을 통해 에디슨은 문제의 근원이 황산에 있다고 확신했다. 이를 해결하기 위해 염기성 용액으로 산성 용액인 황산을 대체한 후 납을 대신할 금속을 찾기로 했다. 문제는 아주 단순해 보였지만 해결 방법을 찾기란 결코 쉽지 않았다. 조수들과 함께 무려 3년간이나 악전고투를 벌이며 수천 가지 재료를 써보고 4만 차례나 실험을 했지만 아무런 수확도 올리지 못했다. 그를 비웃는 말들이 여기저기서 터져 나와도 이에 전혀 아랑곳하지 않았고 자신의 연구에 확신을 가졌다.

한번은 기자 회견장에서 그를 못마땅하게 여긴 기자가 비꼬듯이 질문했다.

"존경하는 발명가님, 3년이란 기간 동안 4만 차례나 실험하면서 무슨 성과가 있었습니까?"

그러자 에디슨이 웃으면서 대답했다.

"성과요? 아주 많았죠. 우린 수천 가지 재료가 축전지에 부적합하다는 사실을 알아냈습니다."

그의 기막힌 답변에 기자 회견장에 모인 사람들은 일제히 박수갈

채를 보냈다.

1904년에 에디슨은 마침내 수산화칼륨 수용액으로 황산을 대체하고, 니켈과 철로 납을 대체한 세계 최초의 니켈-철 축전지를 발명했다. 이전의 축전지와 비교해 전기 공급 시간이 상당히 늘어난 것이었다. 조수들이 실험에 성공했다며 환호성을 지를 때도 에디슨은 오히려 냉정을 유지했다. 그는 실험이 아직 끝나지 않았으며, 신형 축전지의 성능을 검증할 필요가 있다고 했다. 그는 내구성을 시험하기 위해 신형 축전지를 전동차 6대에 장착하고 기사들에게 매일 울퉁불퉁한 길을 100마일씩 달리게 했으며, 4층 높이의 건물에서 축전지를 떨어뜨려 강도를 실험했다.

이런 엄격한 검증과 끊임없는 개선 과정을 거쳐 1909년에 에디슨은 성능이 뛰어난 니켈-철 축전지를 연구 개발하는 데 성공했다고 세상에 정식으로 선포했다.

어쩌면 당신은 남보다 똑똑하지도 않고 결점도 더 많을지 모른다. 그렇다고 성공 확률이 더 떨어지는 것은 아니다. 강한 의지와 인내력을 가지고 있다면 어떤 난관도 극복할 수 있다. 산을 뚫고 교량을 세우고 철로를 놓는 일은 강인함에 의지하지 않고서는 이룰 수 없는 일들이다. 성공으로 통하는 길은 늘 험난하여 결코 쉽게 다다를 수 없다. 굴하지 않는 의지를 가지고 끝없이 전진하고 각종 장애물을 뚫고 나가다 보면 어느 날 마음속에 강인함이란 씨앗이 자랐음을 느끼게 될 것이다.

적절한 위기의식은 함정에 빠지지 않게 한다

함정은 외부 요인에서만 비롯되는 것이 아니다. 스스로 부주의하다가 빤히 보이는 함정에 빠지기도 한다. 인생에서 가장 슬픈 일 중 하나는 상대방에게 해를 당하는 것이 아니라 자기가 자기에게 해를 입히는 것이다. 사람이라면 잘못을 저지르는 것은 당연하지만 이를 고치려고 노력하지 않으면 결국 화를 자초하는 결과를 가져온다.

───── 대자연에서 살아가는 야생 동식물들이 다 그렇듯이 늑대도 항상 강한 위기의식을 가지고 있다. 언제 어디서 위기와 재난이 닥칠지 모르기 때문이며, 위기의식이 없다면 죽음에 직면할 것임을 분명히 알기 때문이다. 하지만 이런 늑대조차도 오랜 굶주림에 시달리다 보면 종종 함정에 빠진다.

북극에 사는 이누이트족은 늑대를 포획하는 독특한 사냥법을 고안해냈다. 얼음 위에 구덩이를 파고 칼날을 위로 향하게 해서 칼을 꽂은 다음 칼날에 신선한 피를 바르고 이를 눈으로 덮어놓는다. 시간이 지나 눈이 얼어 얼음 덩어리가 되면 다시 그 위에 신선한 피를 바른다. 먹이를 찾는 굶주린 늑대는 피 냄새를 맡고 즉시 이 얼음 덩어리 앞으로 달려온다. 늑대는 이것을 부상당해 쓰러져 죽은 작은 동물로 여기고 혀로 얼음 덩어리의 피를 핥아서 녹인 다음 안의 먹이를 먹으려고 한다. 얼마 지나지 않아 늑대는 칼날을 핥게 된다. 하지만 이때 늑대의 혀는 이미 마비돼 통증을 느끼지 못한다. 배고픈 늑대가 계속해서 혀로 칼날을 핥아 피를 많이 흘릴수록 피 냄새는 늑대에게 더

힘껏 핥도록 해 결국 늑대는 출혈 과다로 목숨을 잃고 이누이트족의 사냥감이 되고 만다.

이처럼 본능적인 충동은 지혜로운 동물을 쉽게 함정에 빠뜨린다. 마찬가지로 한순간의 부주의함은 똑똑한 사람도 위기에 몰아넣는다. 함정이란 꼭 은밀하게 숨겨져 있는 것만은 아니다. 경계를 게을리 하면 눈에 빤히 보이는 함정이라도 쉽게 빠질 수 있다.

《주역周易》 '계사하'에 이런 구절이 나온다.

"군자는 편안할 때 위태로움을 잊지 않고, 태평할 때 쇠망할 것을 잊지 않으며, 다스려질 때 어지러워심을 잊지 않는다. 그럼으로써 몸을 편안케 하고 국가를 보전할 수 있는 것이다."

20세기 말 코카콜라가 겪었던 일련의 사건들은 위기의식이 얼마나 중요한지를 설명해준다. 당시 벨기에 소비자들은 코카콜라를 마시고 심각한 질병에 걸렸다며 이 회사를 상대로 치료비 등 배상을 요구했다. 그러나 코카콜라는 자사 제품이 안전하다고 주장하며 배상 요구를 단칼에 거절했다. 그런데 사실은 이와 달랐다. 코카콜라 벨기에 공장이 상품 검사를 제대로 실시하지 않아 일부 유해 성분이 유입되면서 200여 명의 음용자들이 질병에 걸렸던 것이다.

사실 이 사고는 충분히 미연에 방지할 수 있는 일이었다. 일이 터지기 4주 전 한 술집 사장이 코카콜라 매니저에게 콜라에서 역겨운 냄새가 난다고 불평하는 손님이 있다고 알려주었던 것이다. 누구도 이를 대수롭지 않게 여긴 것이 화근이었다. 코카콜라는 결국 제품에 어떤 하자도 없다고 발표함으로써 더욱 심각한 결과를 초래했다.

코카콜라를 마시고 피해를 입은 사람의 가족들이 벨기에 정부에 코카콜라를 리콜하도록 압력을 가했다. 프랑스 및 일부 국가에서도 잇달아 벨기에와 비슷한 상황이 벌어졌고, 2주 후 핀란드에서는 심각하게 오염된 병 음료가 발견되면서 사태는 악화일로로 치달았다. 결국 코카콜라는 1,400만 병을 리콜했고 전 세계 언론은 코카콜라의 도덕성을 강하게 질타했다. 코카콜라가 이 위기로 휘청거릴 때 라이벌인 펩시콜라의 시장 점유율은 크게 상승했다.

코카콜라가 조기 경보를 소홀히 한 결과는 치명적이었다. 코카콜라가 함정에 빠진 이유는 자만심에서 비롯된 것이다. 이는 스스로 판 것이자 가장 빠져나오기 어려운 함정이다. 위기의식을 가져야만 주변에 파놓은 함정에 경각심을 가질 뿐 아니라 자기 내부의 함정에도 주의를 기울이게 된다. 세상에서 가장 이기기 어려운 상대는 바로 자기 자신이다. 자신에게 더욱 엄격하고 모질어야만 실수를 줄이고 패배에서 벗어날 수 있다.

중편

여우의 도

힘 들이지 않고 승자가 되는
극한의 처세술을 발휘하라

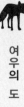

여우의 도

사자와 호랑이는 용맹하고 위풍당당하여 '동물의 왕'이라는 칭호를 얻었다. 이는 그들이 가진 힘으로 얻은 결과다. 한편 늑대는 동물의 왕들이 가진 힘과 위력에는 미치지 못하지만 강인한 정신을 바탕으로 한 물러설 줄 모르는 용기, 체계적인 질서와 끈질긴 집념 등으로 적자생존의 논리가 지배하는 대자연의 악조건에서도 생존 가능한 방법을 찾아냈다.

자연 속에서 살아가는 수많은 동물들이 이처럼 자기만의 방식으로 생존을 도모한다. 여느 맹수들과 달리 여우는 절대강자도 아니며 늑대와 같이 절대적으로 강인한 정신력을 보여주지도 않는다. 그럼에도 여우는 다른 맹수들과 어깨를 겨루며 광범위한 생존 영역을 확보한 채 살아간다. 인간도 오랜 옛날부터 이런 여우의 본성을 관찰하고 그 교활함과 지혜를 상징하는 동물로 그려왔다. 영리하고 임기응변에 능하며 맹수들과 맞닥뜨렸을 때 놀라운 기지를 발휘해 궁지에서 벗어나곤 하는 모습들이 바로 우리가 여우에게서 배울 수 있는 것들이다.

이탈리아의 저명한 정치사상가인 마키아벨리는 《군주론》에서 "군주는 사자 같은 용맹함과 함께 여우와 같은 교활함을 반드시 갖추어야 한다."라고 지적했다. 약육강식의 대자연에서는 총명함도, 교활함도 그저 살아남는 기술 중 하나일 뿐이다. 여우의 지혜와 임기응변을 통해 우리는 교활하기만 한 속임수의 기술을 배우는 것이 아니라 저쪽으로 기울어진 상황을 나에게 유리하도록 바꾸고, 위기에 빠졌을 때 좀 더 유연하게 빠져나오는 방법 등을 배우게 될 것이다.

여우에게서 배우는 처세야말로 우리가 가장 공감하고 실전에서 효과적으로 써먹을 수 있는 기술이 될 것이다. '여우의 도'야말로 강자들의 틈바구니에서 자신을 지키고 원하는 것을 얻어내는 궁극의 기술이다.

나약해서 지는 것이 아니라
멍청해서 지는 것이다

누구에게도 미움 받지 않는 기술

강자들의 틈바구니에서 살아남는 것은 실전적인 수법이다. 이는 강자와 충돌했을 때 더욱 안전하게 자신을 보호하고, 미래의 복잡한 국면에 뛰어들었을 때 더욱 유리한 위치를 점하려는 데 목적이 있다. 임기응변을 발휘하는 것은 기회주의적인 행동이 아니라 지혜로운 선택이다.

───── 여우의 체격은 통상 60~70센티미터로 호랑이보다 10분의 1 정도로 작고, 몸무게는 20분의 1에도 미치지 못한다. 늑대도 여우보다는 몸집이 5배가량 크다. 여우와 비교될 수 있는 동물로는 살쾡이 정도가 있다. 이렇게 몸집이 작은 여우는 토끼나 꿩 사냥에 성공해도 맹수를 만나면 먹이를 버리고 바로 도망쳐야 한다. 먹이가 아까

워 뺏기지 않으려고 버티다가는 목숨을 잃을지도 모르기 때문이다. 또한 실수로 사자나 호랑이 같은 맹수의 영역을 침범했을 때는 눈에 띄지 않도록 줄행랑을 쳐야 한다. 이를 두고 여우를 비겁하다 손가락질하지 않는다. 강자 사이에서 살아남기 위한 행동은 비겁함이 아니라 생존의 전략이다.

청나라 말기에 진수병陳樹屛이란 사람이 강하江夏의 현령으로 부임했다. 당시 이 지역 권력자인 장지동張之洞과 담계순譚繼詢은 사이가 좋지 않아 걸핏하면 의견 대립을 일으키고 싸우기 일쑤였다.

하루는 장강 변의 황학루에서 열린 연회에 장지동과 담계순 및 현지의 대소 관료들이 모두 참석해 즐거운 시간을 보내고 있었다. 이때 누군가 강폭이 얼마나 되느냐고 묻자 담계순은 전에 책에서 봤다며 5리 3푼이라고 대답했다. 그러자 장지동이 잠시 생각에 잠기더니 자신이 본 책에는 7리 3푼으로 적혀 있었다고 말했다. 두 사람이 서로 자기가 맞다고 우기는 통에 연회장에 모인 관리들은 어찌할 바를 몰랐다. 쉽사리 결론이 나지 않자 장지동은 강하 현령에게 사람을 보내 누구 말이 옳은지 결정해달라고 부탁했다.

진수병은 상황 설명을 들은 후 급히 의관을 정제하고 황학루로 달려갔다. 그가 도착하자마자 두 사람이 이구동성으로 물었다.

"자네가 이 지역을 관할하고 있으니, 이 강의 너비가 5리 3푼인지 7리 3푼인지 정확히 알고 있겠지?"

진수병은 평소 사이가 안 좋은 두 사람이 강폭을 구실로 자존심 싸움을 벌인다는 것을 잘 알고 있었다. 그러나 누구의 편을 들어준다면 결국 다른 사람에게 미움을 살 것이 뻔했다. 진퇴양난에 빠진 상황에서 그는 기지를 발휘해 공손하게 대답했다.

"강물이 불으면 너비가 7리 3푼이 되고, 물이 빠지면 5리 3푼이 됩니다. 장 대감님은 물이 불었을 때를 말한 것이요, 담 대감님은 물이 빠졌을 때를 말한 것입니다. 두 분 말씀이 다 옳으신데 누가 옳고 그른지 따질 수 있겠습니까?"

사실 이 두 사람은 입에서 나오는 대로 얘기한 것인데 진수병의 멋진 대답을 듣고 연회에 모인 사람들이 손뼉을 치며 크게 웃었다. 이 논쟁은 이렇게 원만히 끝을 맺었다.

어떤 사람은 누구에게도 미움을 사지 않는 이런 방법이 박쥐와 같은 행동이므로 무시해버려야 한다고 주장한다. 문제 앞에서 과감하게 자신의 입장을 밝혀야 한다고 말이다. 하지만 이는 강자 사이에서 살아남는 전략을 오해한 것이다. 누구에게도 미움 받지 않는 전략은 지혜로운 방법이자 환경에 대한 적응이다.

케임브리지 대학의 한 교수는 환경은 바꿀 수 없지만 사람은 바꿀 수 있다고 말했다. 사람은 흐르는 물과 같아서 인생의 장애를 뛰어넘어 목표에 도달하고 이상에 매진하려면 '자기 고집을 내려놓는' 지혜와 용기가 필요하다. 환경을 바꿀 수 없다면 자기 자신을 바꾸도록 노력하라. 임기응변에 능하고 순리를 따를 줄 알아야만 생존 방법을 찾아낼 수 있다.

상황에 맞는 여러 가지 대처 방법을 준비하라

살면서 반드시 익혀야 할 생존 철학 중 하나는 어떤 일이든 꼭 퇴로를 확보해놓는 것이다. 물론 결전을 앞두고 필사의 각오를 다지는 것이 더 큰 동력이 되는 것은 사실이지만 만약의 사태에 대비해 뒤로 빠질 수 있는 여러 갈래의 길을 만들어놓아야 조금이라도 충격을 덜 받을 수 있다.

──── 교활함에 있어 여우를 따를 동물은 없다. 여우는 토끼 등 작은 동물의 굴을 차지하고 입구를 여러 개 파놓는다. 그리고 안으로 들어갈수록 길이 꼬불꼬불해 진짜 은신처를 찾기도 쉽지 않다. 사냥꾼이 출구를 모두 막아 빠져나갈 구멍이 없다고 생각할 때 여우는 사냥꾼을 비웃기라도 하듯 또 다른 출구로 달아나버린다.

여우의 이런 생존 방법은 우리에게도 교훈을 준다. 우리 주위에는 눈앞의 일에만 급급한 사람이 매우 많다. 하지만 현명한 사람은 늘 미래에 대비해 사전 준비를 철저히 한다. 세상일이란 마음먹은 대로 순조롭게 풀리지 않고, 영원히 자기 자리를 안전하게 지킬 수도 없다. 기민함과 융통성을 가져야만 앞으로 닥칠 어려움에 쉽게 대처할 수 있다.

전국시대 제나라 맹상군이 천하의 인재를 문객으로 들이기를 즐겼다는 얘기는 앞에서도 잠시 소개한 바 있다. 그는 목마를 때 물을 찾듯이 인재들을 수소문하여 귀천을 따지지 않았고 한 가지 재주라도 있으면 늘 따뜻하게 맞이했다. 시간이 흐르면서 그가 인재를 아낀다는 명성이 전국으로 퍼졌다. 이때 풍훤馮諼이라는 사람이 맹상군의 명성을 흠모해 찾아왔다. 자신에게는 비록 아무 재주도 없다고 말했지만 맹상군은 그를 흔쾌히 받아주었다.

어느 날 맹상군이 봉읍지인 설읍薛邑 사람들에게 빌려준 돈을 회수할 때가 되어 사람을 보낼 일이 생겼다. 그런데 빚을 받아오는 일이란 게 헛심만 쓰는 출장인 데다 회계 지식도 어느 정도 필요해서 문객 중에 아무도 이 임무를 맡으려 하지 않았다. 그때 어떤 이가 풍훤을 추천했다.

"풍훤은 다른 능력은 없지만 체격도 건장하고 말재주도 좋으니 빚을 받아오는 일에 적합합니다."

이에 맹상군이 풍훤을 불러 설읍에 가서 빚을 받아달라고 부탁했다. 풍훤도 흔쾌히 대답했다. 풍훤이 마차와 행장을 준비한 뒤 차용증을 챙겨 출발하려다가 맹상군에게 물었다.

"빚을 받으면 무엇을 사올까요?"

맹상군이 대답했다.

"우리 집에 없는 것을 사오시오."

풍훤이 설읍에 도착하자 비교적 생활이 넉넉한 사람은 이자를 납부했지만 빚을 갚을 능력이 안 되는 사람들은 모두 몸을 숨겼다. 그러자 풍훤은 거둬들인 돈으로 술자리를 마련하고 빚진 이들을 모두 불러 모아 이자를 갚을 능력이 되는 사람에게는 돈을 걷고, 일시적으로 돈이 없는 사람에게는 상환 날짜를 약속받았으며, 너무 가난해서 빚을 갚을 수 없는 사람에게는 차용증을 회수하여 사람들이 보는 자리에서 그것들을 아예 불살라 버리며 이 모든 것은 맹상군의 은덕이라고 말했다. 이 광경을 지켜본 사람들은 감격해 마지않았다.

그러나 맹상군은 풍훤이 차용증을 불태웠다는 소식을 듣고 화가 머리끝까지 치밀어 올라 급히 풍훤을 불러들여 문책했다. 그러자 풍훤이 대답했다.

"갚을 능력이 되는 사람은 모두 이자를 납부했습니다. 하지만 갚은 능력이 없는 사람은 십 년이 지나도 이십 년이 지나도 절대 못 갚을 것입니다. 이런 상황에서 그들을 독촉하면 빚을 받아내지 못할 것은 말할 것도 없고 악명이 퍼지게 됩니다. 제가 차용증을 불살라 버려 설읍 백성들이 대감의 은혜에 감격해 곳곳에서 칭찬하는 소리가 끊이지 않으니, 이 어찌 좋은 일이 아니겠습니까? 제가 떠날 때 대감 집에 부족한 것을 가져오라고 했던 말 기억하십니까? 제가 보기에 여기에는 금은보화와 산해진미가 넘치지만 빈궁한 사람들에 대한 인정이 없습니다. 그래서 그것을 사가지고 온 것입니다."

맹상군은 그의 말이 일리가 있다가 여겨 아무 말도 꺼내지 못했다.

그 후 1년이 지나 제나라 민왕湣王이 맹상군을 파직하여 설읍으로 내려 보냈다. 그런데 설읍의 백성들이 남녀노소 할 것 없이 모두 백리 밖까지 나와서 맹상군을 맞이했다. 맹상군은 기뻐서 풍훤에게 말했다.

"선생이 나에게 사준 '인정'을 오늘 비로소 보게 되었소."

그러자 풍훤이 이렇게 말했다.

"꾀 많은 여우는 굴을 세 개 파놓아도 겨우 죽음을 면할 수 있을 뿐입니다. 지금 대감은 '인정'이라는 굴 하나만 가져서 아직 마음을 놓기는 이릅니다. 그래서 제가 대감을 위해 굴 두 개를 더 파드리겠습니다."

맹상군은 고개를 끄덕이고 풍훤의 요구대로 수레 50대와 금 500근을 주어 위나라로 유세를 보냈다. 풍훤은 위나라 혜왕을 만나 이렇게 설득했다.

"제나라가 맹상군을 쫓아냈으니 누구든 그를 먼저 맞이하는 제후는 나라가 부유해지고 군대가 강해질 것입니다."

이에 혜왕은 원래의 재상을 상장군에 임명하고 재상 자리를 비워놓은 다음, 사신에게 황금 천 근과 수레 백 대를 내주며 맹상군을 모셔오도록 했다. 이때 풍훤은 사신보다 먼저 맹상군에게 달려가 이 사실을 귀띔해주었다.

"황금 천 근과 수레 백 대는 전례 없이 후한 선물입니다. 제나라 군신들이 이 소식을 들으면 틀림없이 대감을 다시금 중용하려 들 것입니다."

위나라 사신이 세 번이나 만나길 청했지만 맹상군은 거절의 뜻을 표시하며 이에 응하지 않았다. 과연 제나라 민왕은 이 사실을 알고 매우 두려워했다. 그는 즉시 태부를 시켜 황금 천 근과 화려한 수레 두 대, 그리고 자신이 아끼는 보검과 편지 한 통을 맹상군에게 보냈다. 민왕은 편지에서 선왕의 종묘를 봐서라도 다른 나라로 절대 가지 말아달라고 부탁했다. 풍훤은 일이 생각대로 돌아가는 것을 보고 맹상군에게 다음 계책을 일러주었다.

"이때를 놓치지 말고 선왕의 제기祭器(제례에 사용되는 그릇이나 도구)를 설읍으로 옮겨 종묘를 세우겠다고 청하십시오. 그래야 대감의 미래를 보장받을 수 있습니다."

종묘가 완성되자 풍훤이 맹상군에게 말했다.

"이제 굴 세 개가 모두 완성되었습니다. 대감께서는 베개를 높이 베고 편히 주무실 수 있습니다."

맹상군은 풍훤의 도움으로 인정과 신망과 권력이라는 든든한 후원군을 얻게 되었다. 설사 그중 하나를 잃더라도 나머지 두 개에 의지해 자신의 지위를 보존할 수 있었다. 이것이 바로 여러 개의 퇴로를 만들어놓았을 때의 장점이라고 할 수 있다.

굴을 하나만 파놓은 사람은 갑작스런 변고가 닥치면 마땅히 의지할 곳이 없어 패배를 인정할 수밖에 없고 재기하기도 어렵다. 초심을 유지하여 꿋꿋이 밀고 나가는 정신은 칭찬받아 마땅하지만, 사태가 어떻게 돌아갈지 예측이 불가능한 상황에서 자기 생각만 고집하다 보면 뜻을 이루기가 쉽지 않다. 상황에 맞게 대처 방법을 달리 하는 것이야말로 성공으로 통하는 지름길이 될 수 있다.

우리가 여우의 '교활한' 철학을 배우는 것은 다만 실력을 기르는 방법일 뿐 결코 세상을 교활하게 살아가기 위함이 아니다. 여우의 주도면밀함과 융통성을 배워 또 다른 길을 개척한다면 성공으로 통하는 길도 점점 더 다양해질 것이다.

부드러운 비단 속에 날카로운 칼을 숨겨라

외유내강은 자신을 보호하는 가장 멋진 수단이다. 이는 감춰진 방패
와 같아서 어떤 공격성도 보이지 않고, 쉽게 해를 입지도 않는다. 하
지만 이 기술을 연마하기란 절대 말처럼 쉬운 일이 아니다. 어렵기
때문에 더욱 사람들의 주목을 받고, 주목을 받기 때문에 더욱 이를
익히려고 노력하는 것이다.

―――― 여우는 생활환경이 급박하게 변해 다른 맹수에게 삶의 터전
을 점령당하거나 먹이를 빼앗기거니 사냥꾼에게 쫓기더리도 늘 여유
롭게 대응한다. 좌절을 겪더라도 쉽게 기가 죽지 않는 여우의 훌륭한
본능이다. 이런 외유내강형 성격을 우리도 깊이 음미할 필요가 있다.

외유내강의 성격은 사회생활을 하는 데 꼭 필요한 요소 중 하나다.
안과 밖이 모두 강한 것도 좋지만 겉으로는 부드러움을 드러내고 안
으로 강인함을 유지하면 남의 기분을 상하지 않게 하면서 내가 얻고
자 하는 것을 얻을 수 있을 뿐만 아니라 자신의 원칙을 고수하는 데
도 도움이 되고 나에 대한 다른 사람의 심리적 방어 장벽을 낮추게 되
는 장점이 있다. 이처럼 완벽한 행동 방식을 멀리할 이유가 있겠는가?

월왕越王 구천勾踐이 치욕을 참아내고 대사를 이룬 이야기는 오늘
날 스스로 분발하라는 사례로 많이 인용된다. 그는 오왕吳王 합려闔閭
의 무덤가에서 치욕적인 삶을 살면서도 자신의 포부와 월나라의 부
흥을 위해 한때의 분노를 꾹 참았다.

본래 구천은 왕위에 오르자마자 오나라로 쳐들어가 합려를 죽였다.

그 후 오왕에 오른 부차夫差는 아버지인 합려의 원수를 갚기 위해 월나라로 쳐들어갔다. 싸움에 패한 구천은 얼마 남지 않은 군사를 이끌고 회계산으로 들어갔지만 오래 버티지 못하고 부차에게 항복했다. 부차는 구천을 오나라로 끌고 가 그의 부인과 함께 합려의 무덤가에서 살도록 하고 종처럼 부렸다. 구천은 부차를 위해 말 먹이를 주고 신발을 닦고 화장실 시중을 들었을 뿐 아니라 부차가 말을 탈 때 옆에 엎드려 발판이 돼주기도 했다.

한번은 부차가 심한 병에 걸리자 구천은 신임을 얻기 위해 성실히 그를 간호했다. 하지만 구천을 미워했던 부차는 오히려 이렇게 비꼬았다.

"나한테 거짓 인정을 베풀 필요 없네. 내 병이 심각한 것을 알고 빨리 죽길 바라고 있지 않나? 내가 죽으면 너도 고국으로 돌아갈 수 있을 테니. 흥, 절대 그런 꼴은 볼 수 없지!"

이때 마침 부차가 대변을 누려하자 구천은 속마음을 드러내지 않고 오히려 부차의 대변을 손으로 찍어 맛을 보았다. 부차가 이 광경을 보고 깜짝 놀라자 구천은 기쁜 얼굴을 하고 부차에게 말했다.

"축하드립니다. 대왕의 병은 곧 회복될 것입니다. 옛말에 불치병에 걸린 환자의 변은 쓰고, 치료가 가능한 환자의 변은 달다고 했습니다. 지금 대왕의 변은 맛이 다니 금방 완쾌하실 것입니다."

과연 얼마 지나지 않아 부차는 병을 털고 일어났다. 부차는 자신을 성심성의껏 간호한 구천의 행동에 감동해 마침내 그를 풀어주고 월나라로 돌려보냈다.

오나라에 있는 기간 동안 부차 앞에서는 비록 유약한 모습을 보였지만 구천의 내심은 누구보다 강인했다. 낮에는 아무런 원망도 하지 않고 그들의 말에 복종했지만 밤에는 쓸개를 옆에 매달아놓고 밥을 먹을 때나 잠잘 때나 항상 쓰디쓴 쓸개를 맛보며 이 치욕을 잊지 않고 반드시 재기하겠다고 다짐했다. 고국으로 돌아온 그는 국력을 키우는 데 매진해 마침내 오나라를 물리치고 치욕을 씻었다. 구천이 재기에 성공할 수 있었던 이유는 외유내강의 행동으로 적의 방어 심리를 크게 약화시켰기 때문이다.

이처럼 마음을 다스리고 외유내강의 장점을 취하는 것은 각종 생존 환경에 적응하는 데 도움을 주고, 일의 성공과 실패에도 중대한 영향을 미친다. 외부의 변화에 쉽게 속내를 드러내지 마라. 그러면 어떤 조건에서도 살아남을 수 있다.

상대가 원하는 것을 주고 내가 원하는 것을 얻어라

본성이 탐욕스런 사람에게는 재물이 미끼가 되고, 방탕하고 색을 좋아하는 사람에게는 미색이 미끼가 되며, 공명을 이루려는 사람에게는 권력이 미끼가 된다. 남의 비위를 맞춰 거기에 맞는 미끼를 물게 하면 자신도 달고 맛있는 열매를 맛볼 수 있다. 물론 열매의 크기나 질은 당신의 노력과 재주에 달려 있다.

──── 한 농부가 이런 이야기를 들려주었다. 하루는 마당에서 일을

하고 있는데 울타리 안으로 여우 한 마리가 들어오더니 농부와 멀찍이 떨어진 곳에서 온갖 포즈를 취하고 부산하게 왔다 갔다 하며 '춤'을 추더라는 것이다. 분명히 닭을 훔치러 온 여우가 그를 봤으면 도망가는 것이 순리인데 이상하게도 이 여우는 춤을 추고 있었다. 농부는 여우가 머리와 꼬리를 흔드는 모습이 너무 재미있어서 그 동작에 모든 정신이 팔려 있었다. 그런데 이때 닭장에서 갑자기 시끄러운 소리가 들렸다. 농부가 고개를 돌려보니 다른 여우가 닭을 물고 급히 장작더미 뒤로 사라져버리는 것이 아닌가. 허탈한 마음에 다시 고개를 돌리니 이제는 춤추던 여우마저도 보이지 않았다. 그제야 농부는 여우에게 속았다는 것을 알았다. 춤추던 여우는 농부의 관심을 유도하려는 미끼였고, 다른 여우가 이 틈을 타 닭을 훔쳐간 것이다.

한 마리는 농부의 주의를 끌고 다른 한 마리가 닭을 훔치는 여우의 이런 '심리전'은 감탄이 절로 나오게 한다. 물론 여우는 생존을 위해 적을 유인하는 계략을 구사한 것이다. 사람은 비록 생존을 위해 이런 방법을 동원하지는 않지만 난감한 상황과 맞닥뜨렸을 때 적당히 미끼를 던지는 것도 효과적인 방법이 될 수 있다.

청나라 말기 북양군벌北洋軍閥이 득세하던 시기에 한 정객政客이 동북지방 모처의 보직을 얻고 싶어 세도가를 통해 동북의 실권자 장쭤린張作霖에게 추천되었다. 장쭤린은 그의 재주가 뛰어남을 알고 중임을 맡기기로 약속했다. 그런데 아무리 기다려도 임명 소식이 들려오지 않자 이 정객은 애가 타 미칠 지경이었다.

마침 장쭤린의 고문으로 있는 옛 친구를 만난 그는 자신의 처지를 설명한 뒤 장쭤린을 만나게 해달라고 부탁했다. 옛 친구는 좋은 생각이 떠올랐다며 마작을 할 때 주로 모이는 모 총장 집으로 그를 데려가 장쭤린과 함께 마작을 하도록 했다. 마작의 고수였던 이 정객은 재빨리 머리를 굴려 잠깐 사이에 장쭤린에게 2,000위안을 잃어주었다. 체면을 중시하면서도 탐욕스러운 장쭤린은 크게 기뻐하면서도 오늘은 운이 많이 따라주었다고 말했다. 그 정객은 수표를 끊어 돈을 지불하고 유유히 자리를 떴다. 옛 친구는 이에 편승해 장쭤린을 크게 치켜세웠다.

"장군님, 오늘 정말 대단하시던네요!"

장쭤린은 담배를 한 모금을 빨더니 웃으면서 말했다.

"뭐가? 그냥 운이 좋았을 뿐이라고."

옛 친구는 곧장 화제를 다른 곳으로 돌렸다.

"그 친구는 오늘 처참하게 깨졌네요. 그냥 손님이었을 뿐인데. 그런데 이번에 무슨 관직 때문에 여기 온 것 같던데요."

장쭤린은 이 말을 듣고 담뱃대를 옆으로 치우더니 말했다.

"그 사람이 자네 친구라고? 수표를 다시 돌려주게. 이 정도 돈쯤이야 상관없으니."

그러고는 허세를 부리며 주머니에서 수표를 꺼냈다. 옛 친구가 손을 내저으며 말했다.

"아닙니다, 아니에요. 그 친구도 체면을 중시하는 사람이라 잃은 돈을 절대 돌려받지 않을 겁니다. 전에 청나라 중앙 관청에서 관리를 지냈고 능력도 아주 뛰어나죠. 장군께서 돕는 셈치고 그에게 관직을 내리시면 장군님의 은혜에 감격하지 않겠습니까?"

장쭤린은 갑자기 무슨 생각이 났는지 무릎을 치며 말했다.

"아, 생각났다. 그때 누가 그 친구를 추천해서 관직을 내리기로 했었는데 말이야!"

만약 이 정객이 재물을 아끼고 체면을 중시하는 장쭤린에게 정상적인 경로를 통해 의논하려 했다면 원하던 관직을 얻기까지 더 많은 시간이 걸렸을지도 모른다. 하지만 그는 일부러 돈을 잃어주는 방법으로 장쭤린의 체면을 세워주고 관직을 주지 않은 데 대해 미안함을 느끼도록 만들어 마침내 자신의 목적을 달성했다. 이런 미끼 전략을 적시적소에 실행으로 옮긴다면 효과 또한 극대화할 수 있다.

비즈니스 격언 중에 "이익이 없으면 절대 일찍 일어나지 않는다."라는 말이 있다. 상대방의 마음을 사로잡고 마음속 생각과 요구를 꿰뚫은 다음 환심을 사거나 미끼를 던지면 상대방도 심리적으로 친근감을 느끼게 된다. 이때 자신이 얻고자 하는 것을 넌지시 내밀면 성공할 가능성도 더 높아진다. 이 점을 반드시 명심하라.

강자의 심리를 파악해
듣기 좋아하는 말을 건네라

사실의 가치를 높이는 표현력을 길러라

언제나 성실하고 묵묵히 일하는 사람에게는 그에 상응하는 보답이 따르기 마련이다. 여기에 예술적인 언어 표현 능력까지 가미된다면 수고는 반으로 줄고 공은 배로 늘며 이익은 더더욱 많아질 것이다.

─── 《이솝 우화》에 나오는 여우와 까마귀 이야기는 널리 알려져 있다. 배고픈 여우가 까마귀가 입에 물고 있는 고기를 먹기 위해 온갖 미사여구를 동원해 까마귀의 목소리가 좋다고 칭찬한다. 까마귀는 처음에 아무런 반응도 보이지 않다가 결국 끊임없는 칭찬의 유혹에 넘어가 그만 입을 벌리고 만다. 까마귀가 입을 벌리자마자 고기는 땅에 떨어져 여우의 차지가 된다. 번드르르한 말에 상대방의 기분이 최고조에 달했을 때가 바로 틈을 노릴 수 있는 절호의 기회다. 여우

는 본성이 교활하고 듣기 좋은 말을 잘해 가증스러워 보이지만 사실이를 잘 활용하는 것이야말로 마음을 공략하는 뛰어난 기술이다.

언어는 사람 사이에 사상을 교류하고 감정을 전달하는 가장 빠른 수단이자 속마음이 드러나는 가장 직접적인 경로다. 이 사회에서는 말재주 좋은 사람이 말주변 없는 사람보나 훨씬 환영받는다. 뛰어난 말재주는 세상을 살아가는 데 커다란 장점이 되는 반면, 말이 서투른 사람은 아무리 좋은 뜻을 가지고 있어도 종종 말 몇 마디 때문에 남들의 미움을 사기도 한다.

춘추시대에 한 월나라 사람이 잔치를 크게 열고 손님을 초대했다. 시간이 정오가 가까워가는데 손님이 몇 명밖에 오지 않자 그가 혼잣말로 중얼거렸다.

"와야 할 손님들이 왜 이렇게 안 오는 거지?"

옆에서 이 말을 들은 몇몇 손님은 속으로 '와야 할 손님이 안 왔다고? 그럼 난 오지 말아야 할 사람인가?'라고 여기고는 작별 인사를 고하고 자리를 떴다.

그는 자기가 말실수를 했다고 크게 후회하며 다급히 변명했다.

"가지 말아야 할 분들이 왜 가려고 하십니까?"

그러자 이번에는 다른 손님들이 '가지 말아야 할 사람들이 간다고? 그럼 내가 가야 할 사람이구먼'이라고 생각하고 잇달아 자리에서 일어났다. 결국 잔치판에는 오래된 옛 친구 한 명만 남고 말았다. 친구가 그를 나무랐다.

"보게나. 말 한마디 잘못해서 손님들을 다 내쫓은 꼴이 아닌가!"

그러자 그 사람이 변명하며 말했다.

"내가 말한 건 그 사람들이 아니라고."

친구는 이 말을 듣고 갑자기 화를 내며 소리쳤다.

"뭐? 그 사람들이 아니라고? 그럼 나란 말이군."

친구는 길게 한숨을 쉬더니 역시 자리를 박차고 떠났다.

적절치 못한 말은 늘 사람 마음에 상처를 입힌다. 이 상처는 칼로 베인 것보다 훨씬 심각하다. 반대로 적절한 말은 사람을 기쁘게 한다. 인간관계가 복잡한 오늘날 뛰어난 말재주는 전쟁의 도구이자 사업 성공의 촉진제와 같다. 같은 말도 이렇게 표현하느냐에 따라 효과는 극명하게 갈린다.

한 국왕이 잠을 자다가 이빨이 모두 빠지는 꿈을 꿔 다음날 사람을 불러 해몽을 부탁했다. 첫 번째 해몽가가 말했다.

"전하의 친척들이 모두 전하보다 먼저 죽게 될 것입니다."

국왕은 이 말을 듣고 크게 화를 내며 다음 해몽가를 불렀다. 이 사람은 이렇게 말했다.

"지고하신 폐하께서는 모든 친척들보다 장수하실 것입니다."

국왕은 이 해몽을 듣고 크게 기뻐하며 후한 상을 내렸다. 반면 첫 번째 해몽가에게는 곤장 백 대를 명했다. 사실 두 사람의 말은 똑같은 의미이지만 서로 다른 표현 방식을 택함으로써 결과가 완전히 달라졌다. 지혜로운 사람은 달콤한 말로 사실의 가치를 높이고, 어리석은 사람은 형편없는 말로 사실의 가치를 떨어뜨린다. 이것이 바로 언어의 능력이다.

세상을 살면서 동료나 상사, 친구와의 의견 대립은 반드시 일어난다. 이때 만약 말로 그들을 설득하지 못하거나 기분을 상하게 하는 방식으로 소통한다면 비록 당신이 제기한 관점이 정확하고 유익하다 해도 절대 환영 받지 못할 것이다. 성공을 원하는 사람에게 자신의 매력을 십분 발휘할 수 있는 언어 구사 능력은 필수 조건이다.

말 한 마디로 사람의 마음을 움직이는 전략

사람 마음을 헤아리기 어렵다고 생각의 방향마저 읽을 수 없는 것은 아니다. 지혜로운 사람은 짧은 시간 안에 상대방이 무슨 생각을 하고 무엇을 원하는지 깨달아 적시에 상대방의 마음을 만족시켜줘 호감과 칭찬을 얻는다. 이를 통해 남들이 일을 이루지 못하는 상황에서 두각을 나타내고 원하는 바를 달성할 수 있다.

─── 여우는 사냥할 때 먼저 동물의 성격과 습관을 잘 관찰한 후 함정에 빠뜨려 먹이를 얻는다. 여우는 고슴도치가 물을 무서워한다는 것을 알고 나뭇가지에 고슴도치를 매달아 물에 빠뜨린 후 잡아먹는다. 또 살쾡이를 만나면 친한 척하며 상대방이 방심하는 틈을 타 공격한다. 맹수를 만났을 때도 비위를 맞추며 상대방이 잡은 먹이 주위를 어슬렁거리다가 먹다 남은 찌꺼기를 취한다. 여우가 먹이를 얻는 데 성공하는 이유는 먼저 상대방의 성격과 약점을 파악하거나 비위를 맞춰 그 틈을 노리기 때문이다. 이것이 바로 심리전이다.

예로부터 전쟁의 기술에서도 심리전을 가장 중시했다. 어떤 상황에서도 심리전을 잘 활용하면 여유로운 대처가 가능하다.

《손자병법》에는 "전쟁에서는 사람 마음을 공략하는 것이 상책이요, 성을 공격하는 것은 하책이다."라고 기록되어 있다. 큰일을 이루는 사람은 다수가 수긍하는 방법을 채택해 힘을 하나로 모아 사업을 달성하는 것을 근본 목표로 삼는다. 심리전 중에 가장 자주 선택하면서도 효과적인 방법은 '인정'에 호소하는 것이다. 이 방법을 활용하면 상대방을 감동시키고 자신의 이익도 도모할 수 있다.

서기 27년 후한의 광무제 유수劉秀가 적미赤眉의 난을 평정하기 위해 친히 대군을 거느리고 의양으로 출동해 적의 퇴로를 차단했다. 적미군의 수령인 유분자劉盆子는 사태가 심상치 않음을 알고 형 유공에게 도움을 요청했다.

"우리가 비록 십만 대군이라고는 하나 이미 사기가 크게 떨어져 더 이상 싸울 힘이 없습니다. 아무리 생각해도 방책이 없으니 형님이 절 좀 도와주십시오."

지략이 뛰어난 유공은 고개를 끄덕이며 말했다.

"싸워서는 득이 될 게 없고 당장 목숨을 보전하는 것이 시급합니다. 유수도 우리와 같은 종친이니, 십만 군사의 살 길을 열어달라고 간청해보도록 하겠습니다."

유분자가 여러 장수와 이 일을 논의하던 도중에 어떤 이가 걱정하며 말했다.

"좋은 의견이긴 한데 유수가 받아들이지 않을까 염려됩니다. 전과 달리 지금 적은 강하고 우리는 약해서 그가 우환거리를 제거하기로 마음먹었다면 진심으로 빈다고 살려두겠습니까? 치욕을 당하고 죽음을 면할 수 없을 바에야 차라리 목숨 걸고 싸우는 게 낫지 않겠습니까?"

장수들이 주저하며 의견이 분분하자 유분자는 목놓아 울기 시작했다. 이 모습을 보고 유공이 입을 열었다.

"십만 군사의 목숨을 위해서라면 유수에게 은혜를 베풀어달라고 간청하는 게 더 나을 듯합니다. 만약 일이 여의치 않을 경우에는 나도 여러분과 함께 목숨을 걸고 싸우겠소."

유공은 직접 유수를 만나 항복의 뜻을 전달하고 이렇게 말했다.

"폐하께서 오늘날 대업을 이루신 이유가 무엇인지 아십니까?"

유수가 웃으며 대답했다.

"패군의 장수가 무슨 자격으로 짐을 평가하는가?"

"적미군은 한때 백만이 넘었는데 지금 이 꼴이 된 이유가 궁금하지 않으십니까?"

유수가 정색을 하고 말했다.

"자네가 식견이 뛰어나다는 것은 익히 들어 알고 있는 터이니 한번 말해보게나. 허나 번지르르한 말로 사람을 현혹한다면 엄벌에 처할 걸세."

유공은 쓴웃음을 지으며 말했다.

"적미군은 백성을 포악하게 대하는 바람에 백성의 원성을 사 끝내 큰일을 그르쳤습니다. 반면에 폐하는 인애와 겸손과 온화함으로 민심을 잘 거두어 백성의 추앙을 받아 큰 공을 세우셨습니다. 폐하께서 천하를 얻으셨지만 다시 인애를 베푸셔서 우리 군사들의 목숨을 살려준다면, 폐하의 명망은 더욱 높아지고 천하는 더욱 안정돼 반란이 일어나지 않을 것입니다."

유수는 겉으로는 얼굴색 하나 안 변했지만 속으로는 유공의 말에 마음이 움직였다. 하지만 일부러 그의 말을 반박했다.

"너희들이 더 이상 싸울 여력이 없어 제 발로 투항하는 것 아닌가? 이것이 당장의 화를 면하려는 꼼수가 아니라는 것을 짐은 믿지 못하겠다."

유공은 그 물음에 답하지 않고 이렇게 말했다.

"유분자가 어질지 못해 천하가 혼란에 빠졌습니다. 그는 여러 차례 무력을 사용해 백성들을 해쳤기에 지금 그 대가를 치르는 중입니다. 제 얘기는 여기까지이니 폐하께서 헤아려 결정해주십시오."

유수는 신하들과 이 일을 논의할 때 유공의 말을 다시 언급하더니 탄식하며 말했다.

"천하가 아직 안정되지 않았으니 유공의 말을 듣지 않을 수 없구나! 우리가 적미군을 섬멸하기는 쉽지만, 그렇다고 민심을 얻었다고 생각하면 큰 오판이다. 백성이 복종하지 않으면 천하는 진정으로 안정된 것이 아니다. 이야말로 짐이 가장 걱정하는 바다."

결국 유수는 유공을 만나 항복 요청을 받아들였다. 이뿐만 아니라 굶주림에 허덕이던 적미군이 배불리 먹도록 음식까지 하사했다. 그리고 유분자를 위로하며 말했다.

"너희가 비록 큰 죄를 저질렀지만 잘한 일도 세 가지가 있다. 첫째는 성을 침략하고 토지를 빼앗아 부귀영화를 누리면서도 조강지처를 버리지 않은 것이고, 둘째는 유씨 가문의 종실을 천자로 세운 점이며, 셋째는 너희 장수들이 너를 죽이고 공을 가로채거나 주군을 팔아 개인의 영달을 추구하지 않은 것이다.”

유수의 부하들은 적미군이 다시 반란을 일으킬까 염려돼 유수에게 몰래 말했다.

“폐하께서 인애로 대하시는 것은 적미군 장수와 군사들이면 족합니다. 우두머리인 유분자는 두 마음을 품을 수도 있으니 제거하는 것이 어떻겠습니까?”

“인애를 베푸는 것은 마음이 진실하고 속임이 없어야 효과가 발휘된다. 짐이 그를 박하게 대하지 않았는데 그가 다시 반란을 꾀한다면 자멸의 길로 접어드는 것이다. 반대로 짐이 신의를 저버리고 멋대로 그를 죽인다면 결과는 똑같을 것이다.”

이에 유수는 유분자에게 후한 상을 내리고 조왕의 낭중으로 삼았다. 사람들이 유수의 어진 덕행을 칭송하자 천하의 혼란한 국면도 평정되고 날로 안정을 되찾기 시작했다.

강력한 세력에 의지해 상대방을 여지없이 무너뜨리면 상대방은 절대 마음으로 복종하지 않는다. 상대방이 마음에서 우러나와 복종할 때만이 진정한 승자가 될 수 있다. 유수가 병졸 하나 다치지 않고 천하를 통일할 수 있었던 것은 마음을 공략하는 것을 최우선으로 삼았기 때문이다. 전쟁터뿐만 아니라 일상생활에서도 이런 심리를 잘 활용하면 뜻하는 바를 이룰 수 있다.

상대의 심중을 헤아려 듣기 좋은 말을 건네라

공자는 《논어》에서 "통달했다고 하는 것은 질박하고 정직하며 의를 좋아하고, 남의 말을 깊이 살피고 얼굴빛을 잘 관찰하여 사려 깊게 사람을 대하는 것이다."라고 말했다. 인정에 통달한 사람이란 남의 말투와 안색을 잘 살피는 사람이고, 사업에 성공을 거둔 사람은 인정에 정통한 사람이다.

―――― 여우는 맹수 주변을 어슬렁거릴 때 가능한 한 맹수의 화를 돋우지 않기 위해 그들의 말과 표정을 유심히 관찰한다. 말투와 안색을 유심히 살피는 것은 얼핏 사람을 만나면 사람 말을 하고 귀신을 만나면 귀신 말을 하듯이 교활한 생존 방식처럼 보이지만 실제로 이는 성공의 가장 기본적인 요소이다.

한나라 원제가 황제에 오른 후 어질기로 유명한 왕길王吉과 공우貢禹를 등용했다. 당시 조정의 가장 큰 골칫거리는 외척과 환관의 전횡이었는데, 원제가 공우에게 국가대사에 필요한 조언을 구하자 공우는 근검해야 나라를 다스릴 수 있으므로 항상 검소함에 주의를 기울이라고 대답했다. 지독한 구두쇠인 원제는 공우의 말이 자신의 뜻과 딱 맞는다며 그의 공덕을 칭송하고 즉각 이와 관련된 조치를 시행하도록 명했다.

하지만 공우의 이 제안은 후대 정치가인 사마광司馬光에게 칭찬을 듣기는커녕 오히려 호된 비판을 받았다. 사마광은 《자치통감》에 이렇게 기록했다.

"충신이 군주를 모실 때 먼저 해야 할 일은 군주의 가장 심각한 잘못과 가장 고치기 어려운 결점을 지적하여 속히 고치도록 간언하는 것이다. 나머지 사소한 결점은 천천히 고쳐도 늦지 않는다. 원제가 등극한 후 새로운 마음가짐으로 완전히 백지 상태에서 허심탄회하게 공우에게 가르침을 청했다. 공우는 마땅히 이 기회를 이용해 먼저 가장 시급한 문제를 제기하고 차차 중요하지 않은 일들을 언급해야 했다. 원제의 가장 큰 문제는 무엇이었을까? 바로 우유부단하고 아첨하는 무리를 등용했다는 것이다. 그런데 공우는 이 점을 일언반구 언급하지 않고 오히려 근검절약하라고 쉴 새 없이 떠들었다. 원제는 천성이 쩨쩨한데 근검절약을 말한 것은 대체 무슨 의도란 말인가? 공우가 만약 나라의 문제를 인식하지 못했다면 어찌 현사라 부를 수 있단 말인가? 그가 뻔히 알면서도 말하기를 꺼려하고 다른 말로 얼버무린 것이라면 그 죄가 매우 크다!"

그러나 원제가 등극한 후 마음을 터놓고 충언을 받아들인 것은 일종의 쇼였다. 공우는 겉으로 드러난 원제의 말투와 안색을 살펴 황제의 진심을 깨닫고 검소함을 언급하여 제 목숨을 도모한 것이다. 물론 사마광은 그렇게 생각하지 않았다. 그는 신하된 자의 도리라면 당연히 황제를 보필해 조정을 바로잡아야 한다고 여겼다.

실제로 사마광은 송나라 내부의 신·구당 문제나 치국 문제에 직면해 황제 앞에서 끊임없이 직언하고 황제의 기분을 조금도 살피지 않았다. "임금을 모시는 것은 호랑이를 옆에 두는 것과 같다."라는 말처럼 황제를 모시기가 어디 말처럼 쉽던가. 당시 황제가 사마광의 권신 지위를 흔들 정도로 실권을 쥐지는 못했지만 그렇다고 사마광이 순조롭게 벼슬에서 물러나 유종의 미를 거둔 것도 아니었다.

구차하게 자신을 보호하려는 공우의 방법이 비록 권장할 만한 것은 아니지만 원제가 충언을 받아들이지 않는 사람이라는 점에서 어쩔 수 없는 행동이었을 뿐이다. 이는 오늘날 직장생활에도 적용될 수 있다. 부드럽게 자기 의견을 개진하고 항상 상사의 말투와 표정을 살피며 적절하게 듣기 좋은 말을 건넨다면 직장에서 살아남는 데도 적절한 도움이 되기 때문이다.

원하는 것을 얻기 위해 호의를 베풀어라

웃음 뒤에 칼을 감춘다는 말이 있다. 겉으로는 우호적이고 친근한 표정으로 대하지만 마음속으로는 자신에게 유리한 결과를 얻기 위해 끊임없이 주판알을 튕기고 있음을 뜻한다. 원하는 바를 이루려면 때로는 겉과 속이 다른 행동도 필요한 법이다.

────── 길을 지나던 여우가 벌꿀을 맛있게 먹고 있는 곰을 우연히 보게 되었다. 벌꿀이 너무 먹고 싶은 여우가 곰에게 슬그머니 다가가 말했다.

"내가 정보가 꽤 빠른데 말이야. 이 근처 숲속에 꿀벌이 많다더군. 그곳에 가면 여름 내내 벌꿀 걱정은 안 해도 될 걸?"

곰은 이 말을 듣고 너무 기뻐서 당장 여우를 따라 벌꿀을 찾아 나섰다. 과연 여우 말대로 곰은 금세 스무 개가 넘는 벌꿀 집을 찾을 수 있었다. 하지만 벌통을 따느라 벌에게 온몸을 쏘인 곰은 땅바닥에 쓰러져 일어나지 못했다. 여우는 곰이 움직이지 못하는 틈을 타 벌꿀을 챙겨 유유히 사라졌다.

여우는 거짓으로 호의를 보여 곰이 안심하도록 만든 다음 어부지리를 취했다. 일을 도모하려고 겉으로 호의를 보이는 것은 권모술수에 속하지만 부득이한 경우에는 이 방법을 취해야 한다. 예부터 국가와 국가 간에 싸움이 일어났을 때 이런 전술을 채택한 것은 대개 자국의 이익을 도모할 목적인 경우가 대부분이었고, 이를 잘못된 방법이었다며 비난하는 이는 없었다.

춘추시대에 정나라 무공武公은 지략이 뛰어나고 군대를 동원해 전쟁을 일삼는 인물이었다. 그가 세력을 확장하려면 이웃인 호나라(훗날의 흉노)와 싸움을 피할 수 없었다. 그러나 당시 호나라는 강대국인데다 임금이 용감무쌍하고 전쟁을 즐겨 무력으로 이들을 정복하기란 쉽지 않았다. 정치적으로도 호나라의 내정에 대해 아는 것이 하나도 없어서 분란을 조장하기도 불가능했다. 뾰족한 수가 없어 고민하던 그는 차라리 점진적인 전략을 채택하기로 결정했다. 이에 무공은 자신의 딸을 호나라 왕에게 시집보냈다. 호나라 왕은 무공 딸의 미색에 빠져 정사를 거들떠보지도 않았다. 얼마 지나지 않아 무공은 조정에서 회의를 열고 신하들과 영토 확장 방안에 대해 논의했다. 이때 대부大夫 관기사關其思가 말했다.

"현재의 형세로 볼 때, 각 제후국이 긴밀한 동맹 관계를 맺고 있어서 세력을 확장하기가 매우 어렵습니다. 일단 전쟁이 나면 제후국이 합심해 우리를 공격할 것이 틀림없습니다. 오직 한 가지 방법이 있다면 호나라를 공격하는 것입니다. 이를 통해 실리를 취할 수 있을 뿐만 아니라 주나라를 위해 외적을 물리쳤다는 명분도 얻을 수 있습니다."

이 제안은 무공의 생각과 조금도 다르지 않았다. 그러나 그는 오히려 관기사가 딸과 사위를 모해하려 이간질을 부추긴다고 노발대발하더니 그 자리에서 관기사를 죽여버렸다.

호나라 왕은 이 소식을 듣고 매우 기뻐하며 장인이 자기를 아낀다고 여겨 정나라를 더욱 신임했다. 그는 무공이 자신의 경계를 늦추기 위해 겉으로 자애로운 모습을 가장하고 있다는 사실을 전혀 눈치 채지 못했다.

호나라의 방비가 소홀해져 마침내 때가 왔다고 여긴 무공은 군사를 거느리고 호나라로 진격했다. 대비가 전혀 없었던 호나라는 정나라 군대에 힘 한 번 제대로 못 쓰고 맥없이 무너졌다. 정나라는 호나라를 무너뜨리고 자국의 영토에 편입시켰다.

상대방을 제압하려면 부득이하게 겉으로 호의와 신용을 보여 상대방의 생각과 의식을 마비시켜야 할 때가 있다. 상대방이 완전히 마음을 놓고 있을 때를 기다렸다가 행동에 나서면 원하는 바를 얻을 수 있다.

싸우지 않고 이기는 법

상대방의 힘이 지나치게 막강할 때는 직접적인 대결을 피하는 것이 상책이다. 이때는 상대방의 역량을 분산시키고 약화시키며 심지어 완전히 없앨 방법을 찾아야 한다. 이것이 병법에서 최고의 전략으로 치는 기술, 즉 '싸우지 않고 적의 군대를 굴복시키는' 것이다.

―――― 여우가 호랑이를 죽인 이야기는 매우 유명하다. 호랑이를 물가로 유인해 물에 비친 자신의 그림자와 싸우다 결국 물에 빠져 죽게 만들었다는 이야기다. 여우는 호랑이의 강대함과 거만한 심리를 교묘히 이용해 싸우지 않고도 원하는 결과를 얻을 수 있었다.

전국시대 제나라 때 경공景公을 호위하는 세 명의 무사가 있었다. 전개강田開疆, 고야자古冶子, 공손첩公孫捷이 바로 그들이다. 이 세 사람은 형제의 의를 맺고 스스로 '제나라의 세 호걸'이라 불렀다. 경공도 이들의 공로를 크게 칭찬하고 후한 상을 내렸다.

하지만 이들은 시간이 지남에 따라 공로와 용맹함을 믿고 대신들을 업신여겼을 뿐 아니라 경공 앞에서도 예의를 갖추지 않았다. 심지어 내부에 패거리를 결성해 점점 국가의 안위를 위협하는 우환거리가 되었다. 재상인 안영晏嬰은 이 점이 심히 우려돼 그들을 제거하고 싶었지만 경공이 허락하지 않아 오히려 이들의 원한을 사지 않을까 걱정했다.

하루는 이웃나라인 노나라의 소공이 부하인 숙손을 대동하여 제나라를 방문했다. 경공은 즉시 연회를 열어 이들을 대접하고 안영 및 세 호걸과 함께 그 자리에 참석했다. 안영은 과수원의 복숭아를 따다가 양국의 동맹을 축하하자고 제안했다. 경공이 이를 허락하자 안영은 직접 과수원으로 가 복숭아 여섯 개를 따왔다. 경공이 왜 여섯 개냐고 묻자 안영은 나머지는 아직 익지 않아 이것만 따왔다고 대답했다. 이에 양국 국왕이 하나씩 먹고, 경공은 안영과 숙손에게도 하나씩 나눠주었다. 접시에 복숭아가 두 개밖에 남지 않자 안영은 경공에게 여러 문무백관 중 공로가 가장 큰 자에게 복숭아를 상으로 내리는 것이 어떻겠냐고 제안했다.

이때 공손첩과 고야자가 잇달아 일어나 자신의 공로가 가장 크다고 아뢰자, 경공은 이 둘에게 복숭아를 상으로 주었지만 전개강이 이에 불복했다. 그는 서나라를 공격해 투항을 받아냄으로써 제나라를 맹주 자리에 올려놓은 자신의 공로가 가장 크다고 항변했다. 안영은 공손첩과 고야자가 이미 복숭아를 다 먹은 것을 보고 경공에게 말했다.

"전 장군의 공로가 가장 큰데 지금 복숭아가 하나도 남지 않았으니 다음에 익으면 하사하는 게 좋겠습니다."

경공도 이 말에 고개를 끄덕였다. 하지만 전개강은 큰 공을 세웠는데도 복숭아를 하사받지 못한 일을 치욕으로 여기고 칼로 자기 목을 찔러 죽었다. 고야자와 공손첩 역시 작은 공으로 복숭아를 먹은 일을 치욕스럽게 여기고 잇달아 자결을 택했다.

뜻밖에도 세 사람이 복숭아 때문에 부끄럽고 분하여 자결을 택한 것은 모두 안영과 경공이 설치해놓은 덫에 걸렸기 때문이다. 두 사람은 이들을 제거할 목적으로 이웃나라 국왕을 접대하는 기회를 이용해 체면을 깎아내리는 방법을 선택한 것이다. 상대방의 심리를 이용해 손 하나 까딱하지 않고 강적을 제압하는 이 계책은 혀를 내두를 만큼 절묘한 방법이었다.

간절히 원할수록
모른 척하라

허虛가 실實을 이기고 부족함이 남음을 이긴다

대인 관계와 일처리 등에서 어떤 방식을 취하든 내게 필요한 것이 최상의 방책이다. 근본적인 원칙을 위배하지 않는 선에서 융통성 있게 일을 처리하고 고지식함을 거부하면 '방원方圓'(모난 것과 둥근 것)의 가치를 실현할 수 있다.

——— 여우는 계절에 따라 바뀌는 자연환경과 먹이사슬에 적응하기 위해 민첩하게 자신의 생활방식을 변화시켰다. 여우는 속임수에 의지하든 도둑질에 의지하든 강자 편에 서는 것으로 자신의 약점을 보완한다. 이처럼 상황에 맞게 적절히 대처해 살아남는 법을 모색하는 것도 좋은 방법이다.

사람됨이 너무 강직하고 임기응변을 모르면 모난 돌이 정 맞는 상황에 처하고 심할 경우에는 예기치 못한 재난에 처할 수도 있다. 위험하고 난처한 환경에서 생존하려면 가면을 여러 개 준비해야만 한다. 네모나야 할 때는 네모반듯하게 행동하고 그렇지 않으면 둥글둥글 살아갈 필요가 있다. 이는 다만 수단일 뿐이다. 이를 통한 이익이야말로 최고의 목표이다.

서진 시대 때 온교溫嶠라는 사람은 어려서부터 총명하고 학문에 정통했다. 열일곱 살 때 이미 사례교위司隷校尉의 추천으로 벼슬길에 나아가 법을 엄정하게 집행하고 권세를 두려워하지 않았다. 당시 한 권력자가 법을 멋대로 어겼지만 그의 권세가 두려워 누구도 입을 뻥긋못했는데 온교가 대담하게 조정에 그를 고발했다. 이 사건으로 그는 일약 유명세를 탔고, 대장군 유곤劉琨은 그를 높이 평가하여 높은 벼슬을 내리고 자신의 심복으로 삼았다.

316년에 서진이 멸망하고 동진이 건립되었다. 당시 왕돈王敦은 군대를 거느리고 장강 상류인 강릉 지역을 점거한 뒤 수중에 병권을 독점하여 일찌감치 모반을 꾀하고 있었다. 왕돈은 온교가 훗날 자신이 정권을 탈취하는 데 걸림돌이 되리라 여겨 명제에게 온교를 좌사마에 임명하도록 손을 써 자신의 관할에 둔 다음 기회를 봐 그를 제거하려고 했다. 왕돈의 부하로 임명된 온교는 그의 야심이 날로 커지는 것을 지켜보며 마음속에 걱정과 불안이 가득했다. 그러나 남의 처마밑에 들어간 이상 고개를 숙이지 않을 수 없는 법. 영리한 온교는 살아남기 위해 겉으로 근면하고 신중한 모습을 보이는 한편 어떤 일이든 왕돈의 의중에 꼭 맞게 행동하며 기회가 있을 때마다 좋은 계책을 바쳤다. 이렇게 시간이 흐르자 왕돈은 온교를 제거할 마음을 거두었을 뿐 아니라 오히려 그에게 점점 호감이 생겨 중용하게 되었다. 그러나 왕돈에게는 온교보다 더 신임하는 전봉錢鳳이라는 인물이 있었다. 이에 온교는 주인의 환심을 사기 위해 자발적으로 전봉과 가까이 지내며 그의 학식과 경륜을 높이 칭찬했다. 전봉은 그 말을 듣고 기뻐 어쩔 줄 몰랐다.

얼마 후 동진의 단양윤이 사퇴하여 결원이 생기자 온교는 이 틈을 타 왕돈에게 아뢰었다.

"단양은 도성의 요해처입니다. 공께서는 반드시 우리 사람을 보내 단양을 접수해야 합니다."

왕돈은 이 말을 옳다고 여기고 그에게 적합한 인물을 추천하라고 말했다. 온교는 즉시 전봉을 추천했고, 전봉은 이 소식을 들은 후 겸연쩍어하며 오히려 온교를 단양윤에 천거했다. 상황이 자신의 의도대로 돌아간다고 여긴 온교는 스스로 중임을 맡을 능력이 안 된다며 이를 한사코 거절했다. 온교가 거절하면 할수록 왕돈은 그만 한 인물이 없다고 여기고 즉각 명제에게 그를 추천했다.

왕돈이 온교를 단양윤에 추천한 목적은 온교를 통해 지척 거리에 있는 조정의 정보를 재빨리 취득해 좀 더 쉽게 반란에 성공하기 위해서였다. 하지만 온교는 자신이 떠나자마자 전봉이 술수를 써 왕돈에게 이미 내린 명령을 철회하게 할까 염려되었다. 이에 온교는 자신의 부임을 축하하는 환송연에서 한 가지 꾀를 냈다. 그는 일부러 술에 취한 척하며 한 사람 한 사람에게 술을 권했다. 전봉에게 술을 권할 차례가 오자 그는 전봉이 술잔을 채 들기도 전에 일부러 전봉의 두건을 때리며 화난 목소리로 소리쳤다.

"전봉, 대체 너는 뭐하는 놈이냐? 내가 술을 권하는데도 감히 마시지 않는단 말이냐!"

이 상황을 지켜보던 왕돈은 온교가 술이 취해 주사를 부린다고 여겨 급히 두 사람을 뜯어말리고 화해시켰다. 술자리가 파한 후 왕돈에게 고별인사를 하는 자리에서 온교는 얼굴 가득 눈물을 보이며 문을 나선 후에도 몇 번이나 발걸음을 돌리며 마치 떠나기 매우 아쉬운 모습을 연출했다. 왕돈은 이 모습에 크게 감동을 받았다.

온교가 떠난 지 얼마 지나지 않아 전봉은 예상대로 왕돈에게 이렇게 말했다.

"온교는 조정과 밀접한 관계에 있습니다. 이번에 가버리면 우리를 배신할 게 틀림없습니다."

전봉은 온교에 대한 대비를 강화해야 한다고 일깨워주었다. 그러나 왕돈은 오히려 고개를 저으며 전봉에게 말했다.

"어제 온교가 술에 취해 한 행동을 아직도 마음에 두고 있구려. 이런 사소한 일로 보복을 해서야 되겠소?"

전봉은 하는 수 없이 언짢은 표정으로 물러났다. 마침내 왕돈의 통제에서 벗어난 온교는 서둘러 동진의 도성으로 들어가 왕돈이 반역을 꾀하고 있다고 아뢰고 은밀하게 왕돈을 제거할 계획을 세웠다. 예상대로 훗날 왕돈이 반란을 일으키자 철저하게 대비하고 있던 온교 등은 즉각 출동하여 반란을 진압했다. 왕돈은 자신을 토벌하러 온 사람이 온교임을 알았지만 때는 이미 늦은 뒤였다.

　호랑이굴에 들어가 자신의 안위를 최우선으로 삼고 왕돈의 신임을 얻는 일부터 최후의 반격에 성공하기까지, 이 모든 과정에서 보여준 온교의 기지는 정말 뛰어났다. 이처럼 강직함은 남의 호감을 사는 보편적인 방식이지만 특수한 상황에서는 주어진 환경에 적응하는 기지가 더 나을 때가 있다.

　《도덕경》에서는 "하늘의 도는 남은 것을 덜어내어 부족한 곳에 보태므로 허가 실을 이기고 부족함이 남음을 이긴다."라고 말했다. 허와 실은 본래 서로 의지하는 것이다. 강직함과 기지도 상호 의존관계에 있다. 언제 강직함과 기지를 운용해야 하는지 깨닫고, 지혜롭게 인간관계를 파악해 처리한다면 모든 일이 순조롭게 풀려 성공적인 결과를 얻을 수 있다.

기꺼이 버림으로써 더 큰 이익을 거두라

사람이라면 누구나 더 즐거운 인생을 누리고 더 큰 이익을 얻길 원한다. 하지만 대업을 이루려고 한다면 고통을 참고 애지중지하는 물건을 포기하거나 작은 이익을 버리고 큰 이익을 추구할 줄 알아야 한다. 버릴 줄 알아야 비로소 얻는 것이 있다.

───── 여우는 닭을 훔칠 때 보통 닭장을 무너뜨리지 않고 닭만 물고서 달아난다. 그래야만 다음날 농부가 혹시 닭장에 구멍이 나서 닭

이 도망친 것은 아닌지 하고 닭장을 수리할 것이기 때문이다. 여우는 매번 농부가 눈치 채지 못하게 닭장의 장대 하나를 뽑아놓았다가 농부가 구멍을 모두 메웠다고 안심하는 틈을 타 몰래 닭장에 들어가 닭을 훔친다. 그러면 적어도 며칠 동안은 농부가 닭장의 변화를 전혀 모르는 상황에서 마음대로 닭을 취할 수 있다. 여우의 이런 방법이야말로 인내심을 가지고 기회가 오기를 기다렸다가 더욱 큰 이익을 얻는 방법이라고 할 수 있다.

이처럼 넓은 안목은 더 큰 이익으로 직결된다. 그저 눈앞의 작은 이익에 연연하고 장구한 미래를 내다보지 않으면 평범한 인생을 살거나 큰 손해를 보는 결과를 맞게 된다. 예로부터 대업을 이룬 사람은 원대한 식견을 지니고 있었다. 가장 큰 이익을 얻기 위해서는 무엇이 작고 큰지를 명확히 분별하고, 애지중지하여 버리기 아까운 것이라도 눈물을 머금고 포기할 줄 알아야 한다. 그래야만 훗날 달콤한 열매를 따먹을 수 있다.

2차 세계대전이 종식된 후 미국, 영국, 프랑스를 비롯한 전승국 수뇌부는 몇 차례 회담을 갖고 미국 뉴욕에 세계 사무를 처리하는 국제기구를 설립하기로 결정했다. 세계적인 권위를 부여받은 이 기구는 모든 준비를 마쳤지만 뜻밖에도 부지를 마련하지 못해 어려움을 겪고 있었다.

만약 연합국이 돈을 갹출해 부지를 사게 되면 이제 막 설립된 기구의 운영 자금이 바닥날 것이 분명했다. 그렇다고 세계 각국에 돈을 모금하자니 경제 부흥을 시도하는 나라들에게 악영향을 미칠 게 분명했다. 2차 세계대전이라는 대재앙을 겪은 각국 정부의 국고가 텅텅 비고 재정적자가 끝을 모르고 치솟는 상황에서 돈을 모으기란 결코 쉬운 일이 아니었다. 이에 연합국은 마땅한 대책이 없어 전전긍긍하고 있었다.

이 소식을 들은 미국의 록펠러 재단은 870만 달러라는 거금을 출자하여 뉴욕의 부지를 매입하고, 이 땅을 아무 조건 없이 이제 막 깃발을 내건 이 세계기구에 증여했다. 그러면서 동시에 그 주위에 있는 넓은 땅을 모두 사들였다. 록펠러 재단의 뜻밖의 조치에 당시 미국의 많은 재단들은 놀라움을 금치 못했다. 870만 달러는 전후 경제가 위축된 세계 각국에게 적지 않은 돈이었다. 록펠러 재단이 이 돈을 무상으로 내놓았다는 소식이 전해지자 많은 재단들이 비웃기 시작했다.

"그야말로 멍청한 짓이야! 이 조치로 10년도 안 돼 저 유명한 록펠러 재단이 빈민 재단으로 몰락하고 말 테니까."

하지만 사람들은 세계기구 건물이 완공된 후 주변 땅값이 100배 가까이 급등하리라고는 전혀 예상하지 못했다. 록펠러 재단의 투자는 마침내 끊임없이 샘솟는 돈줄로 되돌아왔다. 록펠러 재단을 조롱하고 비웃던 다른 재단들은 이 광경을 멀뚱멀뚱 지켜볼 뿐이었다. 록펠러 재단은 전체적인 국면을 자세히 살핀 후 작은 이익을 버리고 큰 이익을 얻는 성과를 거둔 것이다.

소동파는 유방과 항우의 대결 역시 이런 관점으로 평가했다.

"항우가 실패한 원인은 전체적인 국면을 소홀히 하고 작은 이익에 연연하여 스스로 백전백승의 용맹함을 헛되이 낭비했기 때문이다. 반면 유방이 승리한 원인은 작은 이익을 버리고 대업을 도모하는 이치를 깨우친 데 있다. 그랬기에 정예병을 양성하고 때를 기다렸다가 마침내 승리를 거머쥘 수 있었다."

물론 작은 이익을 버릴 때도 원칙과 목표가 있어야 한다. 버림 후에 얻는 것이 지금 버리는 것보다 더 클 때만 효력을 발휘할 수 있기 때문이다. 고수高手란 바로 사전에 이를 정확히 간파하고 과감히 작은 이익을 버릴 줄 아는 사람이다.

나만의 새로운 길을 찾아 과감히 개척하라

성공으로 통하는 길은 결코 하나가 아니다. 자신이 선택한 방법이 기대한 만큼 효과를 내지 못할 때, 평면적인 사고를 버리고 다른 방면이나 시각으로 접근하여 방향을 전환하면 순조롭게 일이 풀리고 더 큰 성공을 거두는 경우도 많다. 나만의 길을 내고 패기 있게 걸어가라.

────── 한 동물심리학자가 승냥이와 여우를 대상으로 실험을 진행했다. 이들을 각기 다른 우리에 가두고 음식물 주위에 철망을 쳐놓았다. 승냥이는 음식을 보자마자 곧장 달려들었지만 철망 때문에 아무리 먹으려 해도 음식이 입에 닿지 않았다. 반면 여우는 그 앞에 쭈그리고 앉아 음식물과 철망을 유심히 관찰하다가 마침내 한쪽 구석에 작은 구멍이 난 걸 발견하고 그 안으로 들어가 음식을 먹을 수 있었다. 여우의 관찰력과 지혜가 돋보이는 대목이다.

승냥이처럼 오로지 마구잡이로 일을 처리하다가는 잃는 것이 더 많다. 새로운 길을 개척하거나 돌아서 갈 줄도 알아야 한다. 고정관념에서 벗어나 측면 사고나 역발상을 채택한다면 매우 수월하게 성공을 거둘 수 있다. 이것이 바로 지혜의 힘이다.

한 목사가 매일 너무 시끄럽게 떠드는 아들의 입을 다물게 하려고 잡지 한쪽을 뜯어 여러 조각으로 찢은 다음 아들에게 다시 맞추도록 했다. 목사는 시간이 오래 걸릴 것이라고 예상했지만 아들은 겨우 10분 만에 그림 조각을 완성했다. 목사가 깜짝 놀라 어떻게 금방 맞출 수 있었는지 묻자, 아들은 잡지의 뒷면에 인물 사진이 있어서 거기에 맞게 조각을 맞추었다고 대답했다. 아들의 이런 역발상 사고는 사람이 머리를 쓰면 어떤 일도 쉽고 빠르게 해결될 수 있음을 보여준다.

수많은 사람이 발전 기회를 찾는 길에서 끝없는 노력을 기울이지만 끝내 행운의 여신을 만나지 못하고 자신의 청춘을 허비하고 만다. 그러나 사실 기회는 어디에나 존재하며 다만 이를 발견하지 못할 뿐이다. 독자적으로 길을 개척한다는 것은 이전의 태도와 생각을 바꿔 문제의 핵심을 찾아내 깨달음을 얻고 새로운 길을 찾게 된다는 것이다. 이는 결코 기회를 틈타 사리사욕을 취하는 것이 아니다.

미국 실리콘밸리에 위치한 한 회사는 직원이 수백 명밖에 안 되는 중소기업으로 경쟁력이 막강한 다른 반도체 회사와 비교해 상대가 되지 않았다. 이에 이 회사 대표는 당시 미국에 에너지 위기가 찾아와 기름 절약이 한창이라는 정보를 접하고 즉시 '연료 제어' 칩 개발에 착수해 이를 자동차 제조업체에 공급했다. 겨우 5년 만에 이 회사의 연간 매출액은 200만 달러에서 2,000만 달러로 급등했고, 원가도 건당 25달러에서 4달러까지 낮출 수 있었다.

사람은 누구나 가장 빠른 시간 안에 최대의 성공을 거두길 바란다. 하지만 경쟁이 치열한 현대사회에서 매번 승리하기란 결코 쉽지 않다. 실리콘밸리의 이 회사는 어떤 상품을 팔아도 경쟁 상대가 늘어나면 늘어날수록 손해를 볼 수밖에 없다는 이치를 일찌감치 깨달았다. 이에 당시 떠오르는 시장을 포착해 상품을 개발하고 고객의 마음을 사로잡아 그들이 자발적으로 찾아오도록 만들었다. 광고에 많은 돈을 쏟아 붓는 것보다 훨씬 큰 효과를 본 것이다.

세상 어디에도 처음부터 길이 있었던 곳은 없다. 사람들이 많이 다니는 곳에 비로소 길이 생겼다. 사람들이 감히 가지 않는다면 길도 영원히 생길 수 없다. 돌아서 가든 새로운 길을 개척하든, 이는 인생의 신호등 앞에서 걸음을 멈추거나 포기를 의미하는 것이 아니라 발전 방향을 정확히 예측하는 것이다. 과감하게 남들이 가지 않는 길을 걸으며 제3의 길을 찾는 패기를 갖춘다면 성공은 그리 멀지 않다.

가능성이 높은 분야를 사전에 냉철히 분석하라

쉽게 성공하는 두 가지 부류가 있다. 하나는 스스로 대가를 지불하고 경험을 얻는 사람이고, 다른 하나는 남을 유심히 관찰해 많은 것을 배우는 사람이다. 남을 통해 미래의 발전 가능성을 통찰한다는 점에서 당연히 후자가 더욱 영리한 사람이다. 푸대접 받거나 주의를 끌지 못하는 분야는 보통 사람 눈에 거들떠볼 가치도 없는 것이지만 성공하는 사람의 눈에는 둘도 없는 기회가 된다.

────── 여우 무리 가운데에는 간혹 농가의 닭이나 오리를 훔치러 가지 않는 여우가 있다. 쉽게 먹이를 얻는 방법을 버리고 작은 새를 사냥하거나 열매를 따서 먹는 등 한가한 삶을 택한다. 사람이나 농가를 지키는 흉포한 동물과 싸우기보다 이러한 삶이 더욱 안전하다고 여긴다. 다른 여우들이 선택한 방법을 따르지 않는 여우의 삶은 나름의 윤택함을 누리기도 한다.

푸대접 받는 분야를 눈여겨보는 것은 도박 행위로 비춰진다. 대다수 상황에서 사람들은 이를 선택하지 않지만 만약 이 선택이 옳다면 한 걸음에 최정상에 오를 수 있다. 남들이 눈여겨보지 않지만 가능성이 높은 분야를 알아보는 데는 반드시 혜안이 필요하다. 혜안은 타고나는 것이 아니다. 대부분 냉정한 분석에 의존한다.

뛰어난 분석력은 비인기 분야와 기타 인기 분야를 꿰뚫어보는 데 도움이 된다. 이 방면에 잠재된 소질이 있는 사람이라면 일정한 범위 내에서 역량을 투입해 보는 것도 좋은 방법이다. 손해를 볼 가능성도 배제할 수는 없지만 일단 성공을 거둔다면 블루오션이 될 가능성이 높다.

명나라 때 소금 사업은 이윤이 매우 높은 사업이라 대부분 정부가 관리했다. 그래서 개인이 이 사업에 진입할 수만 있다면 하룻밤 새에 벼락부자가 되는 것은 식은 죽 먹기였다. 명나라 초기에 소금 상인들은 창주염보다 주로 회염을 내다팔았다. 창주의 특수한 지리적 요소와 부패한 관리들에 의한 밀매 소금의 대량 유입, 현지 주민의 자체적인 소금 생산 등이 복합적으로 영향을 미쳐 창주염의 판매량은 바닥을 쳤다. 창주염을 판매하는 상인들은 이윤이 크게 줄자 잇달아 다른 곳으로 일자리를 찾아 떠났다. 한때 전성기를 누렸던 창주염이 찬밥 신세가 되고 말았지만 혜안을 가진 상인 전옥천은 창주염에 반전의 여지가 있다고 확신했다.

그의 집안도 대대로 창주염 장사를 했는데, 전옥천의 아버지는 다른 상인들과 함께 창주를 떠나 다른 사업을 모색해볼 생각을 가졌다. 하지만 전옥천은 이 계획에 단호하게 반대하며 아버지에게 말했다.

"창주가 다시 소금 사업의 중심지가 되기 전에 얼른 고객의 신뢰를 쌓고 지명도를 높여야 하지 않겠습니까? 비록 지금은 찬밥 신세지만 다시 각광을 받게 되면 가만히 앉아 있어도 돈이 굴러들어오는 복을 누릴 수 있습니다. 지금은 그저 숨죽이고 추이를 지켜보는 것이 최선입니다. 다른 상인들처럼 밖으로 나간다고 뾰족한 수가 없지 않습니까?"

아버지는 조리 있고 논리적인 전옥천의 분석을 듣고 고개를 끄덕였다. 어느 정도 시간이 흐르자 전옥천의 예상은 그대로 들어맞았다. 소금 제도가 개혁을 거쳐 안정을 되찾자 밀매 소금이 범람하던 현상도 크게 개선되었다. 창주염을 파는 상인들이 큰돈을 벌게 되면서 상인들이 다시 창주로 구름처럼 모여들어 과거보다 상인 수가 십여 배나 늘어났다. 한편 다른 상인들이 모두 떠날 때도 진지를 굳게 지키고 있던 전옥천 집안은 이미 단골을 대거 확보하여 창주에 누구도 감히 넘보지 못하는 자신만의 상업 제국을 형성했다.

푸대접 받는 분야를 사수한 전옥천의 책략으로 그의 가문은 명나라 초기에 유명한 소금 기업이 되었다. 옛말에 "남과 이익을 다투는 것이 세상에서 가장 어려운 일"이라고 했다. 이 말은 남들과 산봉우리를 차지하려 다투는 것보다 자신이 소유한 구덩이를 지키는 것이 낫다는 의미다.

경쟁이 치열한 사회에서 자신의 상황과 외부 상황을 자세히 분석해 유망하지만 친밥 신세인 분야를 포착한다면 분명 큰 이이을 가져다줄 것이다. 이는 기회를 틈타 사리사욕을 취하는 행위가 아니다. 오늘날 커다란 성공을 거둔 기업가들 대부분은 애초에 남들이 관심을 가지지 않거나 푸대접 받는 분야를 파고들어 사업을 일으켰다. 그들의 성공 요인은 당연히 운이 아니라 시장 전망을 정확히 분석한 결과였다.

적절한 속임수가
팽팽한 균형을 무너뜨린다

도를 지킨 속임수는 훌륭한 책략이 된다

선의든 악의든 속임수가 일단 도를 넘어서면 정반대 결과를 얻게 된다. 하지만 도를 적절히 지킨 속임수는 난감한 상황을 타개하는 기지가 될 수 있다. 이런 기지를 적시적소에 발휘하는 사람만이 적을 속여 자신에게 유리한 형세를 만들어낼 수 있다.

──── 여우의 가장 큰 특징은 꾀가 많다는 것이다. 어떤 일이든 전략적인 속임수는 성공으로 가는 지름길이 된다. 잦은 속임수는 분명 나쁜 습관이다. 하지만 성실함을 따르다가 큰 손해를 보게 될 경우라면 '절대적 진실'에 대한 고집을 버리고 적절한 속임수를 써야 성공을 거둘 수 있다. 속임수는 사람들에게 부도덕한 행위로 여겨진다. 하지만 고대 그리스의 철학자인 소크라테스는 속임수가 도덕과 무관하

다고 말했다. 악의적인 속임수야 당연히 용서받을 수 없지만 선의의 거짓말은 용서가 된다. 후자는 도의에 부합하기 때문이다. 실제 생활에서 선의의 거짓말이 솔직한 말보다 오히려 나을 때가 많다는 점을 떠올려 보라. 도덕의 의미를 진정으로 깨달은 사람은 속임수를 부도덕한 일로 간주하지 않는다.

북송 시대에 조정이 싸움에 능한 적청狄靑에게 남쪽 오랑캐를 정벌하라고 명했다. 당시 조정에는 화친을 주장하는 자들이 득세했고, 적청이 거느린 부대 역시 싸움을 두려워해 심지어 송나라가 남방을 정벌하면 귀신의 조회로 반드시 패한다는 유언비어가 널리 퍼져 있었다. 일시에 군대의 사기가 떨어지자 적청은 "우리 군대는 정의로운 군대라 싸우면 반드시 승리하고 공격하면 반드시 이길 것이다."라며 군심을 무마하려 애썼다. 하지만 군대 내부에 미신 사상이 널리 퍼져 적청의 말도 별 효과를 거두지 못했다. 이에 적청과 핵심 장수들은 좋은 계책이 없을까 머리를 싸고 고심했다.

대군이 계림에 이르렀을 때 몇 날 며칠 동안 큰비가 쏟아지고 먹구름이 온통 하늘을 가려 도저히 행군이 불가능한 지경이 되었다. 그러자 군중에 유언비어가 더욱 심해져 불리한 싸움에 군대를 동원하는 바람에 하늘이 흉한 비를 내리니 서둘러 회군해야 한다는 말까지 돌았다. 적청은 몇몇 장수들과 비를 뚫고 순시에 나섰다가 우연히 옛 절을 발견했는데, 큰비를 무릅쓰면서까지 향을 사르러온 사람이 많은 것을 보고 절을 찾아가 이유를 물었다. 이에 스님이 대답했다.

"이 절에 모신 신불이 영험하여 비는 대로 들어준다고 합니다. 그래서 날마다 부처님께 절하고 길흉화복을 점치러오는 사람이 끊이지 않습니다."

적청은 이 말을 듣고 문득 묘책이 떠올랐다. 다음날 아침 그는 갑옷을 차려입고 장수와 군사를 모두 거느리고서 그 절을 찾아가 경건하게 향을 사르고 절을 올린 후에 군사들에게 말했다.

"이 절의 신불이 영험하다고 하여 이번 남방 정벌의 길흉을 점쳐보려고 하오."

그러고는 절을 관리하는 사람에게 동전 백 개를 준비하여 한쪽 면에는 붉은색으로 칠하고 반대쪽은 검은색으로 칠하게 한 다음 군사들과 합장하고 기도를 올리며 말했다.

"적청이 이번에 남방 정벌에 나섰는데 만약 대승을 거둔다면 동전의 붉은 면이 모두 위로 향하게 해주십시오."

그가 동전을 땅에 던지자 정말로 모두 붉은색이 나온 것이 아닌가. 군사들은 깜짝 놀라면서도 기쁨에 함성을 지르며 곧 사기가 크게 진작되었다.

적청은 효험이 떨어지지 않도록 누구도 동전을 건드리지 못하게 한 다음 동전 주변에 못을 박고 울타리를 치고서 전군에게 말했다.

"하늘이 돕고 있으니 이번 전쟁은 우리가 반드시 승리할 것이오. 회군할 때 이곳을 들러 신령에게 감사하고 동전을 거두어들입시다!"

다음날 아침 비가 그치고 날이 개자 사기가 충천한 송나라 군대는 곧장 국경까지 쳐들어갔다. 송나라 군사들이 용기를 내 진격하며 적군을 향해 돌진하자 적군은 금세 궤멸되고 잇달아 항복하여 다시는 송나라 국경을 침범하지 않겠다고 약속했다. 적청이 회군하는 길에 그 절에 들러 신령에게 감사를 드리고 동전 주변의 울타리를 뽑았을 때 한 장수가 기이한 광경을 목격했다.

"앗, 이상하네! 왜 동전 양면이 모두 붉은색이지?"

적청은 이 말을 듣고 큰소리로 웃으며 대답했다.

"이번 승리는 신령의 도움이 아닐세. 사실은 내가 신불의 영험함을 빌려 군사의 사기를 진작시킨 것뿐이네."

알고 보니 적청이 심복 장수들을 시켜 몰래 동전 양면에 모두 붉은색을 칠하라고 명했던 것이다. 그런 다음 미신 때문에 전쟁을 회피하려는 군사들의 마음을 바꿔 전쟁에서 승리를 이끌어냈다.

적청이 동전으로 점을 친 것은, 표면적으로는 군사들을 속인 것이지만 실제로는 군사들의 사기를 진작하고 자신감을 불어넣음으로써 전쟁을 두려워하다 목숨을 잃는 불상사를 막을 수 있었다. 누가 과연 이런 속임수를 부도덕하다고 말하겠는가? 어떤 속임수는 일종의 책략일 따름이다. 이처럼 도를 지킨 속임수는 좀 더 쉽게 성공에 다가가도록 이끌어준다.

소수로 다수를 물리치는 전략

'공성계空城計'는 전형적인 심리전술이다. 적으로 하여금 성 안에 매복이 있는지 없는지 갈피를 못 잡게 만든다는 점에서 절묘한 계책으로 여겨진다. 공성계를 잘 활용하면 위기가 닥쳤을 때 적의 예봉을 피할 수 있고, 적을 현혹하여 함부로 공격하지 못하게 함으로써 한숨 돌릴 기회를 얻게 된다.

───── 한 사냥꾼이 여우 사냥을 나섰을 때의 이야기를 들려주었다. 당시 사냥개가 여우의 족적을 발견하고 급히 그 뒤를 쫓았다. 사냥꾼도 뒤따를 준비를 하고 있는데 갑자기 금빛 여우 한 마리가 앞에 나타나 쉬지 않고 기이한 동작을 취하더니 달아나는 것이 아닌가. 사냥꾼은 이것이 자신을 다른 길로 유혹하려는 여우의 계략임을 직감적으로 알아챘다. 여우 굴이 이 근처에 있을 가능성이 매우 높았다.

사냥꾼은 여우의 꾐에 빠지지 않고 그 부근의 풀밭과 나무 사이를 샅샅이 뒤지기 시작했다. 잠시 후 그는 큰 나무 아래에서 예상대로 여우 굴을 발견했다. 하지만 굴 안에는 한 마리의 여우도 보이지 않았다. 아직 온기가 남아 있는 것으로 보아 방금 그 여우가 사냥꾼을 현혹할 때 모두 도망간 것이 틀림없었다. 여우는 똑똑하게도 허장성세를 이용해 사냥꾼을 멋지게 속인 것이다.

세상에는 무수한 싸움의 지혜가 존재하는데, 그중 공성계는 전형적인 심리전이라고 할 수 있다. 쌍방이 대치하는 상황에서 우리 쪽 실력이 모자라다면 전면전을 펼치기보다 허장성세로 상대방을 현혹하는 것이 훨씬 좋은 방법이다. 그러면 상대방은 의심이 생겨 주저하며 앞으로 나오지 못한다.

춘추시대에 초나라의 재상인 공자원公子元은 형인 문왕文王이 죽자 아리따운 형수를 취하려는 마음이 간절했다. 온갖 방법을 동원해 형수의 마음을 사려 했지만 그녀는 조금도 마음이 흔들리지 않았다. 이에 그는 큰 공을 세워 자신의 능력을 보여줌으로써 형수의 환심을 사기로 마음먹었다. 기원전 66년에 공자원은 대군을 이끌고 호탕하게 정나라로 쳐들어갔다. 정나라는 국력이 미약한 데다 성 안에 군사도 많지 않아 초나라의 침공을 당해내기 어려웠다.

정나라가 매우 위급한 상황에 처하자 당황한 신하들은 어찌해야 좋을지 몰라 싸우자는 쪽과 화친하자는 쪽 두 편으로 갈려 의견이 분분했다. 이때 상경인 숙첨叔詹이 나서서 말했다.

"화친을 청하지는 것과 결전을 벌이자는 것 모두 최선책이 아니오. 굳게 지키며 원군을 기다리는 것이 취할 만한 방법이오. 우리가 제나라와 동맹을 맺었으니, 지금 우리의 어려운 상황을 보고 제나라가 분명 원군을 보내 도울 것이오. 다만 굳게 지키자고 떠들기만 해서는 버티기 어려울 것이오. 공자원이 정나라를 치려는 목적은 사실 공명을 떨쳐 형수의 환심을 사려는 것이라 필시 조급하게 나설 것이고, 특히 실패를 두려워하고 있소. 나에게 초나라 군대를 물리칠 계책이 하나 있소."

정나라는 숙첨의 계책에 따라 적에게 들키지 않고 군사들을 성 안에 매복해놓았다. 또한 상점들도 정상적으로 모두 문을 열고 백성들도 평소처럼 왕래하도록 해 한 치의 혼란한 모습도 보이지 않았다. 성문도 활짝 열어젖히고 현수교도 내려 아무런 방비도 없는 듯했다.

초군의 선봉이 정나라 도성 앞에 도착해 이 광경을 보자 덜컥 의심이 들었다. 성 안에 군사를 매복해놓고 우리를 유인하려는 작전이 아닐까? 이에 경거망동하지 못하고 공자원이 올 때까지 기다렸다. 공자원도 도착해 보니 역시 이상한 생각이 들었다. 그가 장수들을 이끌고 높은 곳에 올라가 바라보니 성 안은 분명 비어 있었지만 흐릿하게 정나라의 깃발과 갑옷들이 보였다. 공자원은 여기에 분명 속임수가 있다고 판단해 함부로 진공 명령을 내리지 못했다. 먼저 성 안으로 사람을 보내 허실을 파악할 때까지 군사를 움직이지 않았다.

이때 제나라는 정나라의 구원 요청 편지를 받고 즉시 노, 송 두 나라와 연합해 구원병을 출격시켰다. 이 첩보를 들은 공자원은 삼국 연합군이 오게 되면 초나라가 도저히 이길 수 없음을 알고 신속히 철군하기로 결정했다. 그는 철군 시에 정나라 군대가 성 밖까지 나와 추격할까 두려워 전군에 밤을 틈타 달아나라는 명령을 내렸다. 쥐도 새도 모르게 철군하면서 영채를 하나도 부수지 않고 깃발도 그대로 꽂아두었다. 다음날 아침 숙첨은 성루에 올라 초군이 이미 퇴각했다고 말했다. 사람들은 적의 영채에 여전히 깃발이 날리는 것을 보고 철군했다는 말을 믿지 않았다. 그러자 숙첨은 이렇게 설명했다.

"만약 영채에 사람이 있다면 저리 많은 새들이 자기 머리 위로 선회하도록 내버려두겠소? 공자원 역시 공성계로 우리를 속이고 급히 달아난 것이오."

징나라와 초나라의 싸움에서 병력은 초나라가 절대 우위를 점했지만 정보 면에서는 정나라가 오히려 우세를 보였다. 정나라가 초나라의 각종 상황을 손바닥 보듯 훤히 꿰뚫어 공성계로 승리를 취한 것은 정말 뛰어난 전략이었다. 이처럼 공성계는 위기가 닥쳤을 때 적의 예봉을 피할 수 있고, 적을 현혹하여 함부로 공격하지 못하게 하는 효과가 있다.

한편 비즈니스 전쟁에서도 공성계를 절묘하게 활용해 큰 이익을 올릴 수 있다. 예를 들어 광고를 하려면 어느 정도 자금이 반드시 필요하다. 자금이 풍부한 기업에게는 별 문제가 되지 않지만 소규모 기업이나 상점에게는 큰 부담이 되기 일쑤다. 돈을 쓰지 않고 광고 효과를 낼 수 있다면 정말 멋진 일이 아닐까!

광둥의 한 음식점은 자금이 넉넉지 않아 영업을 개시한 후 광고를 낼 돈이 없었다. 고심하던 음식점 주인은 한 가지 방법을 생각해냈다. 그는 종업원들에게 가게 상호명이 적힌 빈 상자를 들고 바쁘게 뛰어다니도록 하여 마치 배달 주문이 끊임없이 들어오는 것처럼 보였다. 주위의 사람들은 종업원들이 이렇게 바쁜 모습을 보고 대체 음식이 얼마나 맛있기에 손님들이 많이 찾는지 알고 싶어 속속 음식점을 방문했다. 돈 한 푼 들이지 않은 이 선전 방식은 금세 효과를 봐 음식점은 매일 문전성시를 이루었다. 공성계를 역으로 이용한 주인의 기지였다.

엄밀히 말해 '공성계'는 결코 속임수가 아니라 이윤을 얻기 위한 일종의 수단이다. 일상생활에서 공성계를 절묘하게 활용한다면 자신을 지킬 수 있음은 물론 이익까지 취할 수 있다. 이것이야말로 일거양득의 생존 전략이 아닐까.

상대의 주의를 빼앗은 뒤 허점을 공략하라

성동격서聲東擊西란 동쪽을 공격한다고 떠들고 실제로는 서쪽을 공격하는 것으로 상대방에게 착각을 일으키도록 유도하여 예상치 못한 방법으로 승리하는 전술이다. 이는 전쟁터나 비즈니스 전장에서 적극 참고할 만한 임기응변 기술이다. 어떤 일에 관심이 많을수록 겉으로는 전혀 거들떠보지 않고 오히려 다른 일에 흥미가 있는 척한다면 경쟁자를 혼란에 빠뜨려 허점을 노릴 수 있다.

─── 볍씨를 뿌리던 한 농부가 토끼 우리 앞을 배회하는 여우를 발견하고 즉시 몽둥이를 들고 쫓아갔다. 이를 눈치 챈 여우는 재빨리 풀숲으로 달아났지만 꼿꼿이 솟은 꼬리 때문에 행방이 그대로 노출되었다. 여우의 꼬리는 쉬지 않고 흔들리며 계속 서쪽을 향해 나아갔다. 농부가 흥분해서 꼬리를 따라 계속 추격하는데 갑자기 여우가 자취도 없이 사라진 것이 아닌가. 허탈한 마음에 농장으로 돌아온 농부는 토끼 두 마리가 없어진 것을 보고 털썩 땅에 주저앉고 말았다.

성동격서는 거짓으로 행동 방향을 노출하여 적이 판단 착오를 일으키는 틈을 타 공격하는 책략이다. 동서고금을 막론하고 전쟁에서 크게 환영받는 전략 중 하나였다. 동한 시대에 반초班超는 서역에 사신으로 가 흉노에 공동으로 대항할 연합 전선을 구축하려 했다. 하지만 사막 서쪽에 위치한 사차국이 주변의 작은 나라들을 선동해 흉노에 귀순한 뒤 한나라에 대항했다. 이에 반초는 먼저 사차국을 정벌하기로 결정했다. 사차국 왕이 급히 북쪽에 있는 구자국에 구원을 요청하자 구자국 왕은 친히 군사 5만 명을 거느리고 사차국을 구원하러 달려왔다.

반초는 우전국 등과 연합했지만 병력이 2만 5,000명에 불과해 힘으로는 싸우기 어려워 반드시 지략을 활용해야 했다. 이에 반초는 성동격서 전법으로 적을 유인하기로 결정했다. 그는 먼저 군중에 사람을 보내 반초에 대한 불만 여론을 조성하고, 구자국을 무찌를 자신이 없어 철군을 준비 중이라는 거짓 정보를 퍼뜨렸다. 특히 사차국 포로들 귀에 이 말이 똑똑히 들어가도록 했다.

그날 저녁 반초는 우전국 군대에게 동쪽으로 후퇴하라고 명령하고, 자신은 부대를 이끌고 서쪽으로 후퇴하면서 겉으로 매우 당황한 척하여 일부러 포로들에게 달아날 틈을 주었다. 포로들은 사차국으로 도망쳐 한나라 군대가 서둘러 퇴각 중이라는 급보를 전했다. 구자국 왕은 크게 기뻐하며 반초가 자신을 두려워해 황급히 도망간다고 오인하고 이 기회에 반초를 죽이려고 했다. 그는 즉시 군대를 두 방향으로 나누어 도망가는 적을 추격하라고 명령한 뒤 자신은 직접 정예병 1만을 거느리고 서쪽으로 반초를 추격했다.

반면 이미 모든 계획을 세워놓은 반초는 서쪽으로 10리만 후퇴한 다음 군대를 은폐시켜 적을 기다리고 있었다. 승리에 대한 욕심이 너무 컸던 구자국 왕은 반초가 군대를 은폐시켜놓았다는 사실도 모른 채 그곳을 지나쳐버리고 말았다. 반초는 즉시 부대를 집합시키고 사전에 약속한 동쪽의 우전국 부대와 함께 군사를 돌려 사차국으로 돌진했다. 반초의 군대가 달아났다는 정보만 믿고 아무런 대비도 하지 않았던 사차국은 반초 연합군의 공격에 손 한 번 제대로 써보지 못하고 순식간에 와해되었다.

혼비백산이 된 사차국 왕은 미처 달아나지 못하고 반초에게 항복을 청했다. 구자국 왕은 기세등등하게 밤새도록 추격했지만 아무리 달려도 반초 군대의 그림자조차 찾을 수 없었다. 이때 사차국이 이미 평정되고 자국의 군대도 크게 패했다는 보고를 받은 구자국 왕은 대세가 이미 기울었음을 깨닫고 남은 부대를 수습하여 씩씩거리며 구자국으로 돌아갔다.

병법에서는 "실한 것은 허하도록 보이게 하고, 허한 것은 실하도록 보이게 하는 것"을 중시한다. 이곳을 공격할 것처럼 보여 적의 모든 주의력을 집중시킨 다음 실제로는 무방비 상태인 다른 곳을 공격하여 상대의 허를 찌르는 작전이야말로 기막힌 용병술이라 할 것이다. 이 정도면 현대사회의 비즈니스 전장에서도 충분히 활용해볼 만하지 않겠는가?

적에게 준비할 시간을 주지 마라

적이 충분한 준비를 갖추기 전에 공격을 가하고, 적이 전혀 예상치 못한 곳을 찾아 기습공격하면 반드시 승리를 취할 수 있다. 적이 만반의 준비를 갖추기 전에 선제공격을 취하는 전략은 전쟁뿐만 아니라 다양한 분야에서도 활용이 가능하다. 물론 이 전략을 구사하려면 실행 전에 먼저 상대방의 상황을 손바닥 뒤집듯 꿰뚫고 있어야 한다.

────── 여우는 체구가 작은 육식동물인 데다 빠른 발이나 날카로운 이빨 같은 장점도 없기 때문에 힘으로 사냥에 나서면 반드시 실패하고 만다. 그래서 여우는 각종 유인책을 활용해 사냥감이 준비를 갖추지 않은 틈새를 공략한다. 《손자병법》에서도 "적의 방비가 없는 곳을 공격하고 적이 예상치 못한 곳으로 나아가라"고 말한다. 이처럼 적의 허를 찌르는 공격이야말로 정말 멋진 전략이다.

오대십국 시대에 후주는 군사력이 가장 막강했고, 국왕인 세종世宗 시영柴榮은 용맹과 지략을 두루 갖추어 민심을 크게 얻었다. 세종은 이 여세를 몰아 각지에 할거한 세력들을 하나하나씩 점령해나갔다. 당시 남당은 회남의 풍요로운 지역을 점거하고 있었지만 국왕인 이종가李從珂가 아둔하고 우매한 데다 부패가 만연해 국내 정세가 매우 불안정했다. 이에 세종은 친히 군사를 거느리고 남당의 회남 지역 정벌에 나섰다. 이때 선봉에 선 장수가 후주의 뒤를 이어 중국을 통일하고 송나라를 건국한 조광윤趙匡胤이었다.

조광윤은 선봉 부대를 거느리고 신속히 회남 지역으로 돌진해 와구에서 남당 군대를 대파했다. 이에 크게 당황한 남당은 절도사인 황보휘와 요봉에게 10만 대군을 이끌고 요해처인 청류관으로 급히 달려가 후주 군대의 남하를 막도록 했다. 산을 등지고 물을 끼고 있는 청류관은 지세가 험준하기로 유명했다. 여기에 황보휘와 요봉이 대군을 거느리고 이곳을 굳게 지키자 아무리 용맹한 군대라도 함락하기가 매우 어려웠다. 시영은 이 소식을 듣고 초조해 안절부절못했다. 이때 조광윤이 앞으로 나와 청류관을 공격해 빼앗겠다고 호언장담했다. 그러자 시영이 물었다.

"그대가 용맹 무쌍하고 지략이 뛰어남을 모르는 바 아니지만 이렇게 견고한 청류관을 무슨 수로 공격한단 말이오?"

시영의 말이 채 끝나기도 전에 조광윤이 대답했다.

"용병은 조금도 머뭇거리지 않고 신속하게 행동하는 것이 가장 중요합니다. 우리 군대가 막 와구를 함락해 적은 우리가 곧바로 청류관을 공격하리라고는 생각지 못할 것입니다. 게다가 황보휘와 요봉의 대군은 방금 청류관에 도착해 아직 방어 태세를 갖추지 않았을 것이니, 이 틈을 타 기습공격을 감행한다면 단숨에 청류관을 점령할 수 있습니다."

시영은 이 말을 듣고 조광윤을 크게 칭찬하며 즉시 군대를 거느리고 출동할 것을 허락했다. 조광윤도 즉시 2만 군대를 소집해 밤새도록 청류관을 향해 내달렸다. 청류관까지는 100여 킬로미터나 떨어져 있어서 정상적인 행군 속도라면 이틀 만에야 겨우 다다를 수 있었다. 그러나 모두 기병으로 구성된 후주 군대가 밤을 새워 달린 덕에 다음 날 아침이 되었을 때 이미 청류관 턱밑까지 이르렀다. 조광윤은 군대를 향해 물샐 틈 없이 청류관을 에워싸라고 명령했다.

청류관을 지키던 남당 군사들은 깊은 잠에 빠져 있다가 닭이 울고 해가 동쪽에 솟자 그제야 일어나 성문을 열고 정탐에 나섰다. 그런데 성문이 열리고 정탐병이 채 나오기도 전에 한 장수가 갑자기 뛰어 들어와 고함을 지르고 칼을 휘두르자 아무도 당해낼 수 없었다. 그의 뒤를 따르는 후주 군대도 벌떼처럼 난입하여 수비군을 일거에 제압했다. 후주 군대가 이렇게 빨리 청류관에 도착하리라고는 꿈에도 생각지 못한 수비군은 혼비백산이 되어 감히 저항 한 번 못하고 사방으로 뿔뿔이 흩어져 달아났다.

황보휘와 요봉도 이제 막 잠에서 깨어 후주 군대가 벌써 청류관에 진입했다는 소식을 듣고 다급히 말에 올라타 도망쳤다. 10만이나 되는 남당 군대는 후주 군대의 기습공격에 부지기수로 죽고 부상을 당해 도망친 군사는 고작 4만 명에 불과했다.

사회생활에서도 철저하게 준비한 쪽이 아무 준비 없이 싸우는 쪽보다 일반저으로 승산이 높다. 또한 시간적이나 공간적으로 신속하고 느닷없고 강경하게 싸우는 쪽이 느리고 둔하고 무른 쪽에게 대부분 승리를 거둔다. 여기에 상대방의 상황을 손바닥 뒤집듯 꿰뚫고 자신의 실력을 냉정하게 평가할 수 있다면 승리의 권좌에 더욱 쉽게 오를 수 있다.

속마음을 감춰 때가 무르익기를 기다려라

진짜 똑똑한 사람은 바보처럼 위장할 줄 아는 사람이다. 그들은 아무 데서나 지혜가 뛰어나다고 자랑하지 않을 뿐 아니라 바보 연기를 절대 남에게 들키지 않는다. 그들은 마음속에 치밀한 계획을 가지고 있고 일찌감치 사건의 발전 추이를 간파하고 있다. 다만 출격할 가장 좋은 기회를 노리고 있을 뿐이다.

───── 여우는 자신을 감추는 데 매우 능한 동물이다. 여우는 토끼가 겁이 많고 호기심 많고 민첩하고 쉽게 잡히지 않는 특징을 간파하여 이를 미끼로 토끼를 속인다. 여우는 토끼를 발견하면 펄쩍펄쩍 뛰거나 자기들끼리 일부러 싸우는 척하며 마치 토끼를 못 본 것처럼 행동한다. 그러면 토끼도 서서히 경계심을 풀고 멀리 떨어지지 않은 곳에서 여우들이 노는 모습을 멍청히 지켜본다. 이때 불시에 달려들어 얼이 빠져 있는 토끼를 사냥한다.

자신을 감추는 것은 실력을 드러내지 않는 아주 좋은 방법이자 적을 유인하는 책략이다. 자신을 숨기는 데 능해야 방어하거나 공격할 때 유리한 고지를 점할 수 있다. 자신을 감출 줄 모르는 사람은 아무리 능력과 지혜가 뛰어나도 상대를 이기기 어렵다. 만약 자신이 지닌 장점과 약점, 모든 실력을 숨김없이 드러낸다면 강력한 적수를 만났을 때 상대방이 형세에 따라 전략을 변화하고 계획적인 공격을 가할 경우 과연 적시에 반격할 기회를 얻을 수 있을까? 큰일을 이루려면 조용히 실력을 감출 줄도 알아야 한다.

삼국시대에 위나라 명제가 죽고 어린 아들 조방曹芳이 즉위했다. 명제는 유서에서 대장군 조상曹爽과 태위 사마의司馬懿에게 함께 정사를 돌보도록 했다. 초창기에는 조상이 경륜이나 명망, 경험, 재능 면에서 모두 사마의에게 미치지 못해 사마의를 두텁게 신임하며 웃어른으로 공경했다. 큰일이 있을 때마다 절대 독단적으로 처리하지 않고 항상 사마의에게 자문을 구해 두 사람의 관계는 그런대로 좋은 편이었다.

그러나 훗날 조상은 사마의가 매우 위협적인 존재라고 여겨 어린 황제를 협박해 사마의를 태부에 임명했다. 이는 겉으로는 승진한 것처럼 보이나 실제로는 좌천당한 것으로, 사마의의 병권을 모두 빼앗은 것이나 마찬가지였다. 이후 조상이 대권을 독점하고 온갖 요직을 조상의 무리가 차지하면서 일시에 조상의 막강한 권력이 조정과 재야에 미쳤다.

사마의는 조상과 그 무리들이 정권을 독차지하려는 속셈을 미리 간파했지만 결코 경거망동하지 않았다. 그는 형세를 꿰뚫어보고 자신이 현재 불리한 위치에 있음을 분명히 인식했다. 조상은 황실 종친인데다 공신인 조진의 후손인 반면, 자신은 그저 조씨 정권이 시기하고 경계하는 외부 인물일 뿐이었다. 이 상황에서 당장 과격하게 저항하기는 어려웠다.

사마의는 기세등등한 조상 앞에서 과감하게 물러나 정권을 조상의 손에 모두 넘기고 연로하고 병약하다는 핑계로 정사에서 손을 뗐다. 조상은 사마의에 대한 경계심을 점점 늦추었지만 사마의가 꾀병을 앓는 것은 아닌지 의심이 돼 허실을 탐문해보고 싶었다. 때마침 조상의 측근인 이승李勝이 형주자사로 부임하게 되자 사마의에게 작별 인사를 하는 척하며 사마의가 진짜 병에 걸렸는지 알아보도록 했다.

사마의는 당연히 이승이 찾아온 진짜 목적을 알고 있었다. 그래서 그는 일부러 중병에 걸리고 귀가 먹은 척하며, 자신은 이미 늙어 국가대사를 모두 조상에게 맡겨야 한다는 의사를 표시했다. 이승은 이를 사실로 믿고 조상에게 돌아가 그대로 보고했다. 그제야 조상은 사마의에 대한 경계심을 모두 풀고 걱정 없이 베개를 높이 베고 잘 수 있겠다고 여겼다.

몇 년 후 정월이 되자 조방은 관례에 따라 종실과 문무백관을 거느리고 성 밖에 있는 명제의 무덤을 성묘했다. 경계심이 사라진 조상 형제 및 측근들은 기세등등하게 어린 황제 조방을 따라 나섰다.

오랫동안 거짓으로 병든 체하며 병상에서 일어나지 않았던 사마의는 마침내 기회가 왔다고 판단하고, 장기간 주도면밀하게 획책한 계획과 심혈을 기울여 준비한 역량을 한곳에 모아 정변을 일으켰다. 그는 매우 신속한 기세로 성문과 창고 등 전략적 요해지와 주요 거점을 점령하고, 태후에게 아뢰어 조상의 대장군 직무를 박탈하고 병권을 빼앗아버렸다. 그리고 모반죄를 이유로 조상 일당을 모조리 감옥에 집어넣고 사형에 처했다.

사마의는 승상 자리에 올라 위세를 세상에 떨치고 조 씨 왕조의 실권을 모두 장악했다. 몇 년 지나지 않아 위나라는 사마 씨의 수중으로 들어가고 말았다.

역사적으로 자신을 감추는 데 능했던 인물들은 겉으로는 전혀 재능이 드러나지 않고 매우 어리석어 보였지만 실제로 가진 재주는 보통 사람과 비할 수 없을 정도로 뛰어났다. 마치 큰 뜻을 품지 않은 듯했지만 사실은 뛰어난 재능과 원대한 지략을 가지고 있었으며 남의 밑에 오래 있길 원하지 않았다.

그들이 마음속 생각을 드러내지 않은 것은 상대가 강하고 자신이 처한 위치가 불리하며 아직 때가 무르익지 않았음을 알았기 때문이다. 그리하여 상대방의 시선을 어지럽히고 자신의 진정한 의도를 감춤으로써 결국에는 원하는 것을 얻었다.

자신을 철저히 감춰
상대방의 긴장을 늦춰라

가지고 있는 모든 패를 보이지 마라

누구든지 심사숙고한 후 말하는 습관을 길러야 한다. 어떤 일이든 치밀하지 않으면 해를 입는 법이다. 남을 지나치게 믿어 꼭꼭 감춰두었던 패까지 내보였다가 막심한 손해를 보는 경우가 적지 않다. 그렇게 해서 보게 된 손해는 필연적으로 감당할 수 없는 수준에 이르게 된다. 감춰야 할 것은 철저하게 감춰야 한다.

—— 한 농장주가 여우를 쫓고 있었다. 사실 농장주는 여우를 추격할 마음이 전혀 없었다. 자신의 농장에 어떤 손해도 끼치지 않았기 때문이다. 여우도 이를 알고 있다는 듯 그가 걸으면 자신도 걷고 그가 뛰면 자신도 뛰면서 적당한 거리를 유지했다. 그러다 어느 순간 둘 사이의 거리가 몇 미터 안팎으로 좁혀지자 여우는 꼬리에 불이 붙

은 것처럼 쏜살같이 도망쳤다.

이런 여우의 행동은 오대십국 시대에 후진의 재상을 지낸 풍도馮道를 자연스레 연상시킨다.

석경당石敬瑭은 거란과 결탁하여 후당을 멸망시키고 후진을 건국했다. 그는 정국 안정을 위해 풍도를 재상으로 삼고 거란에 사신으로 보냈다. 거란은 일전에 풍도를 데려가려고 시도했다가 뜻을 이루지 못한 적이 있었다. 그런데 이번에 풍도가 사신이 되어 제 발로 찾아오는 것이 아닌가.

풍도는 거란에 도착하자마자 극진한 대접을 받았다. 풍도는 거란의 왕에게 거란과 후진은 부자의 관계를 맺었으니 자신이 거란을 섬기는 것은 후진을 섬기는 것과 같다고 말하여 거란 왕의 호감을 샀다. 또 한편으로는 부하들에게 겨울을 나기 위해 땔감과 석탄을 사들이라고 명했다. 이는 거란에 오래 머무르겠다는 표시였다. 거란 왕은 이 사실을 알고 보기 드문 충신이라고 칭찬하며 마음에 연민의 정이 생겨 고국으로 돌아가도록 허락했다.

그러나 풍도는 서둘러 돌아가지 않고 일부러 거란에 계속 머물렀다. 거란 왕이 여러 차례 재촉하자 그는 비로소 짐을 싸 어슬렁어슬렁 발길을 옮겼다. 이런 행동을 이해할 수 없었던 풍도의 수하가 물었다.

"우리는 돌아가고 싶은 마음이 굴뚝같은데 왜 서두르지 않는 것입니까?"

그러자 풍도가 대답했다.

"이는 물러남으로 나아감을 삼는 이치다. 나라고 어찌 돌아가고 싶지 않겠느냐? 날개가 없는 것이 원망스러울 따름이다. 하지만 내가 급히 서두르는 모습을 보이면 거란 왕은 지금까지 내가 보인 행동이 거짓임을 눈치 채고 분명 사람을 보내 우리를 추격할 것이다. 지금 유유자적하게 행동해야 상대방이 나를 의심하지 않을 것 아니냐?"

풍도가 애써 속마음을 감춘 이유는 다른 사람이 자신의 생각을 읽지 못하도록 함으로써 패를 자기 손에 쥐려는 의도였다. 우리는 살면서 수없이 많은 거래를 한다. 만약 너무 조바심을 내다가 비장의 무기까지 꺼내 보이면 결국 상대방에게 마지노선을 들켜 결정권을 내주고 남의 손에 좌지우지되고 만다.

비즈니스에서도 가격 협상을 할 때 처음부터 최저액을 상대방에게 공개하면 분명 상대방이 협상에서 우위를 점해 손해를 볼 가능성이 매우 높다. 반대로 가격을 높게 책정해 최저액이 얼마인지 상대가 모르게 하면 오히려 협상 과정에서 당신이 주도권을 쥘 수 있다. 이는 지극히 당연한 이치다.

누구나 자신을 보호하려는 본능을 가지고 있다. 이때 가장 좋은 방법은 상대방에게 자신이 어느 정도까지 용인할 수 있는지 밝히는 것이 아니라 자신의 마지노선이 어디이고 숨겨둔 패가 무엇인지를 스스로 명확히 인식하는 것이다. 그렇지 않으면 부득이하게 남에게 질질 끌려 다니는 기분을 맛보게 될 것이다.

드러내기보다 감출 줄 아는 능력을 길러라

살다 보면 자신의 재능을 꼭 드러내야 할 상황이 있다. 하지만 때와 장소를 가리지 못하고 재능을 드러내게 되면 결국 남의 미움을 사 실패를 초래하고 만다. 세상의 이치를 깨달은 사람은 뾰족한 의견이 있어도 상대에게 함부로 직언하지 않고, 재주가 넘쳐도 밖으로 표출하지 않아 어리석어 보일 때가 많다. 드러내기보다 감추는 것에 초점을 맞춰라.

─── 여우는 포식자를 만나면 미친 척하거나 자기들끼리 싸움을 벌여 상대의 주의력이 흐트러진 틈을 타 재빨리 달아난다. 여우는 적 앞에서 자신의 재능을 드러내는 것이 얼마나 어리석은 짓이며, 잠깐 바보짓을 하면 목숨을 부지할 수 있다는 이치를 분명히 깨닫고 있다. 사람도 이와 마찬가지로 자신의 재주와 기지를 지나치게 드러내면 질시와 미움의 대상으로 전락하게 된다. 예로부터 똑똑하다고 자부하거나 스스로 비범하다고 우쭐댄 사람치고 끝이 좋았던 사람은 거의 없었다.

대문호인 소동파의 시사詩詞와 산문은 중국문학에서 매우 중요한 위치를 차지하고 있지만, 시대의 흐름을 따르지 못해 귀양살이로 점철된 그의 정치 인생은 논쟁의 여지가 많다.

재상인 왕안석王安石이 변법變法을 시행할 당시에 소동파는 변법에 불합리한 점이 많다고 여겼다. 이에 그는 직접적으로 거론하지는 않았지만 비유를 통해 이를 비판했다. 훗날 그는 변법과 관련된 시문을

지었다가 언관言官인 하정신, 서환으로부터 나쁜 마음을 품고 군주를
비난했다는 탄핵을 당해 부임지에서 긴급 체포돼 어사대로 보내져 심
문을 받았다. 결국 그는 멀리 귀양을 가는 고초를 당했다.

소동파가 왕안석에게 미움을 산 일은 또 있었다. 하루는 소동파가
왕안석의 집을 방문했는데, 마침 왕안석이 집에 없어 서재를 둘러보
던 중 책상에 아직 완성되지 않은 시 두 구가 적혀 있는 것을 발견했
다. "지난 밤 가을바람이 화원을 휩쓸고 지나가더니, 국화가 모두 떨
어져 땅바닥이 온통 노랗구나." 소동파는 이 시를 보고 웃음을 금치
못했다. 국화가 절대 가을바람에 떨어질 리 없었기 때문이다. 이에
그는 붓을 들어 다음과 같은 시구를 추가했다.

"가을에 피는 꽃은 봄에 피는 꽃과 달라 바람이 불어도 잘 떨어지
지 않소. 시인이라면 세밀히 살피고 읊어야지요."

왕안석은 집에 돌아와 소동파가 자신의 시에 손댄 것을 알고 화가
머리끝까지 치밀어 그를 황주로 좌천시켰다.

황주로 쫓겨난 소동파가 한번은 국화를 심었는데, 어느 가을날 정
원에 나가 보니 국화가 모두 땅바닥에 떨어져 누런 물결을 이루고 있
는 것 아닌가. 소동파는 이를 보고 "왕안석이 말한 국화가 정말 있었
구나!"라고 탄식했다.

1085년에 신종이 세상을 떠나고 어린 철종이 즉위하자 조모인 고
태후高太后가 수렴청정을 하게 되면서 정국에 회오리바람이 몰아쳤
다. 그녀는 보수파인 사마광, 여공저 등을 중용하고 왕안석의 신법을
전면 폐지해버렸다. 새로 정권을 잡은 보수파는 변법에 불만이 많았

던 소동파를 한패로 여겨 높은 벼슬을 제수했다. 하지만 사람의 성품이란 쉽게 고치기 어려운 법. 상황이 바뀌자 소동파는 장점은 취해야 한다고 주장하며 변법의 전면 폐지를 강력하게 반대하다가 결국 실세들과 갈등을 빚었다. 그는 또 다시 좌천당하는 신세를 면치 못하여 후대에 불운의 이미지로 각인되었다.

소동파는 자신의 기구한 인생을 돌아보며 이렇게 탄식했다.

"사람들은 모두 자신이 똑똑하길 바라는데, 나는 똑똑함 때문에 일생을 그르쳤구나."

문학적인 업적으로만 본다면 소동파는 누구보다 똑똑했지만 자신의 재주를 감출 줄 모르고 총명함을 드러내다 결국 스스로를 다치게 하고 말았다. 이는 동서고금을 막론하고 재주가 뛰어난 인물이 뜻을 펼치지 못한 커다란 요인이다.

재주를 꼭 드러내야 할 상황에서는 자신의 모든 것을 걸고 이를 실행에 옮겨야 한다. 그러나 그럴 만한 가치가 없을 때에는 자신의 입과 행동을 단속할 필요가 있다. 성격이 직선적인 사람은 어디서든 환영받기 어렵다. 속을 드러내지 않고 암암리에 행동하거나 어리석음 속에 지혜를 감추는 사람이야말로 진정으로 지혜로운 사람이다.

적이 무사안일한 습관에 길들여질 때를 노려라

삼십육계 중에 이런 내용이 있다. "준비가 철저하면 오히려 의지가 꺾이기 쉽고, 늘 보는 것은 의심하지 않게 된다. 은밀한 계략은 드러난 사물 안에 있으니 드러난 것과 반대되는 개념이 아니다. 겉으로 훤히 드러난 것 안에 매우 은밀한 계략이 숨어 있다." 대개 사람들은 자주 접하는 일에 대해 개의치 않거나 경계심을 가지지 않는다. 가장 안전하다고 여기는 순간이 바로 가장 위험할 때다.

───── 농부들은 여우가 밭두렁이나 뜰에서 어슬렁거리는 모습을 자주 목격한다. 그들은 이 상황에 익숙해져 여우를 쫓아내거나 아니면 아예 신경을 쓰지 않았다. 그런데 나중에 보면 여우에게 닭과 양을 빼앗긴 경우가 대부분이다. 왜 이런 일이 일어나는 것일까? 비슷한 거리, 비슷한 위치에서 늘 어슬렁거리던 여우의 모습을 보는 동안 위기의식이 서서히 마비되었기 때문이다.

이것이 바로 하늘을 가리고 바다를 건넌다는 '만천과해瞞天過海' 계략이다. 이는 어떤 목적을 가지고 있더라도 평소와 다르지 않게 행동하여 상대가 의심을 품지 않도록 하는 것을 가리킨다.

남북조 시대에 진나라 황제 진숙보陳叔寶는 간신들의 농간에 넘어가 매일 먹고 마시고 노는 데에 눈이 팔려 정사를 전혀 돌보지 않았다. 이 틈을 타 간신들이 득세하고 백성들은 도탄에 빠졌다. 당시 수나라 문제文帝는 막강한 국력을 바탕으로 북방을 통일하고 눈길을 남쪽으로 돌렸다. 국력이 쇠약해진 진나라쯤은 일격에 멸망시킬 수 있을 것으로 생각했다. 하지만 천험의 요새인 장강을 무사히 건너 공격하기가 만만치 않았다.

문제가 머리를 싸매고 고민하자 고경高熲이 계책 하나를 바쳤다. 문제는 그의 의견을 듣고 크게 기뻐하며 즉각 진군 명령을 내렸다. 먼저 장강 상류와 중하류에 주둔한 진나라 부대의 연결을 끊어 서로 호응하지 못하도록 하고, 대장 하약필에게는 대군을 이끌고 진나라 수도인 건강으로 진격하도록 했다. 수나라 대군이 장강 북쪽 기슭에 이르러 장막을 빽빽이 세우고 깃발을 휘날리자 일촉즉발의 전운이 감돌았다.

진나라 장수들은 이 광경을 보고 수나라 군대가 곧 장강을 건너 공격할 것으로 여겨 전 부대를 소집해 결사전을 준비했다. 그런데 팽팽하게 대치한 지 며칠이 지나도록 수나라 군대는 공격을 감행하지 않았을 뿐 아니라 오히려 군대를 철수해 강나루에는 작은 배 몇 척밖에 남지 않았다. 진나라 군대는 수나라가 병력이 부족해 함부로 공격하지 못한다고 여겨 안도의 한숨을 쉬었다. 하지만 숨을 고를 겨를도 없이 수나라 군대가 강 북쪽에 집결해 진을 쳤다는 소식을 듣고 진나라는 황급히 다시 전쟁 채비에 들어갔다. 그러나 이번에도 수나라는 아무 움직임을 보이지 않았다.

이런 상황이 몇 차례 반복되자 진나라 군대는 사람, 말 할 것 없이 모두 지쳤고, 수나라 첩자에 의해 군량마저 모두 불타버려 인심이 흉흉해졌다. 이런 상황에 무뎌진 진나라는 결국 수나라 군대의 행동을 아예 아랑곳하지 않게 되었다. 이때 수나라가 군대가 돌연 장강을 건너 전면 공격을 감행하자 나태함에 빠져 있던 진나라 군대는 전혀 손을 쓰지 못한 채 순식간에 무너지고 말았다. 적의 심리를 무너뜨리는 만천과해 계책으로 전혀 힘들이지 않고 완벽한 승리를 거두었으니 이

어찌 뛰어난 전략이 아니겠는가?

전쟁이나 비즈니스 전략을 막론하고 만천과해로 뜻밖의 승리를 거둔 사례는 셀 수 없이 많다. 일반적으로 사람은 대비가 철저할 때 외려 방심하기 쉽고, 일단 습관이 되면 경계심이 완전히 사라진다. 이렇게 스스로를 위기에 빠뜨린 상대에게 만천과해 전략을 사용하는 것은 더할 나위 없이 좋은 방법이다. 만천과해는 속임수가 다분히 포함되어 있는 전략이지만 상대의 심리를 마비시켜 원하는 결과를 얻는 데 분명 효과적이다.

적이 눈치 채지 못하게 위험에서 벗어나라

매미가 허물을 벗듯 껍질은 그대로 두고 몸만 빠져나가는 '금선탈각金蟬脫殼'은 가장 멋진 후퇴 방법이다. 허물을 벗는 것은 소극적인 도망 또는 줄행랑이 아니다. 다른 적진을 습격하기 위해 몰래 정예 부대를 이동시키는 것이다. 겉으로는 후퇴하는 것처럼 보이지만 실제로는 적을 속이고 요해처를 공격할 때 사용한다.

─── 한 농부가 엽총을 들고 하루 종일 여우를 쫓다가 마침내 굴속으로 들어가는 여우를 발견했다. 그는 전처럼 굴 하나만 남겨놓은 채 나머지를 모두 막아버렸다. 이때 굴속에서 뭔가가 계속 꿈틀거리고 부르르 떠는 모습이 보였다. 이때다 싶은 농부는 두꺼운 가죽 장갑을 끼고 안쪽을 휘젓기 시작했다. 하지만 그 물체가 손에 닿는 순

간 여우에게 속았음을 깨달았다. 그것은 목덜미를 절반 이상이나 물어뜯긴 수탉이었다. 게다가 그 수탉은 자신의 농장에서 기르던 것이었다. 물론 여우는 굴속의 상황을 가상으로 꾸며 농부의 발걸음을 지연한 다음 이미 다른 곳으로 멀리 도망쳐버린 뒤였다.

삼십육계에는 "원래의 형태를 유지하고 완벽한 기세를 갖춰 우군도 의심하지 않고 적군도 감히 움직이지 못하도록 한다. 이때 아군은 주력부대를 몰래 이동해 다른 곳의 적을 공격한다."라는 말이 나온다. 강적과 맞닥뜨려 함부로 응전하기 어려울 때 무사히 위기를 넘기는 이 방법이 바로 '금선탈각' 전략이다.

남송 시대에 금나라와 맞서 싸운 명장 필재우畢再遇는 지략이 뛰어나기로 유명했다. 한번은 그가 금나라 군대와 장기간 대치했지만 승부가 쉽게 나지 않았다. 이때 금나라의 구원병이 당도했는데 병력이 송나라 군대의 열 배가 넘어 중과부적인 상황이 되자 퇴각을 결정했다. 하지만 성급하게 퇴각하다가는 적의 추격을 받아 군대가 궤멸되지 않을까 우려되었다.

필재우는 한참 동안 고민하다가 마침내 한 가지 방법을 생각해내고 비밀리에 준비 작업에 들어갔다. 그는 먼저 취사병에게 사흘치 비상식량을 준비하여 모든 군사들에게 나누어주도록 지시했다. 그런 다음 깃발을 모두 제자리에 두고 양 몇 마리를 잡아다가 거꾸로 매달아 앞다리가 북에 닿게 해두라고 명령했다. 한밤중이 되자 필재우는 말에게 재갈을 물리고 군사들에게는 나무막대기를 물려 소리가 밖으로 새나가지 않게 한 다음 어둠을 틈타 조용히 남쪽으로 철수했다.

한편 금나라 진영에서는 대군에게 잠시 휴식을 주고 전열을 정비한 다음 이튿날 총공격을 감행하기로 결정했다. 그러나 금나라 대장은 형세 판단이 뛰어난 필재우가 매우 불리한 상황에 직면해 필시 군대를 철수할 것으로 여겼다. 이에 주력 부대를 주요 길목에 배치하고 송나라 진영을 주시하다가 퇴각하는 낌새가 보이는 즉시 쳐들어가 적을 섬멸하라고 지시했다.

보초병들이 높은 곳에 올라 송나라 진영을 지켜보는데, 전날과 마찬가지로 밤이 되자 불을 끄고 모두 잠든 듯했다. 깃발은 제자리에 그대로 꽂혀 있고 둥둥 하며 계속 북소리가 울렸다. 하지만 이 북소리는 거꾸로 매달린 양들이 고통에 못 이겨 발버둥을 치다가 앞발로 북을 두드리는 소리였다. 한바탕 발길질을 하던 양은 지치면 잠시 쉬었다가 다시 북을 두드리길 반복했다. 멀리서 이 소리를 들으면 꼭 사람이 북을 치는 듯했다.

일상적으로 벌어지는 일인지라 보초병 중 누구도 이상한 낌새를 전혀 알아채지 못했다. 날이 밝자 금나라 대장은 전군에 출격 명령을 내려 송나라 군대를 섬멸하고 필재우를 사로잡고자 했다. 그런데 높은 언덕에 올라 송나라 진영을 바라보던 대장은 그림자 하나도 없는 것을 보고 불길한 예감이 들어 즉시 보초병에게 살펴보도록 명령했다. 과연 송나라 군대는 이미 철수하여 진영이 텅텅 비어 있었다. 금나라 대장은 송나라 진영에 진입하여 거꾸로 매달린 양을 보고 필재우의 꾀에 혀를 내둘렀다.

중과부적인 상황에서 소수로 다수를 이기면 물론 좋겠지만 위험성이 매우 높다. 이처럼 피해를 최소화하는 선에서 물러나려고 할 때는 '금선탈각' 계책을 활용하는 것이 상책이다. '껍질'은 반드시 진짜처럼 위장해 내가 도망간다는 것을 상대가 눈치 채지 못하도록 해야 성공적으로 위험에서 빠져나갈 수 있다.

때를 알고 도망칠 줄 아는
여우가 살아남는다

실패는 끝을 의미하지 않는다

실패를 두려워해서는 안 된다. 실패를 돌아보고 이를 통해 끊임없이 부족한 측면을 메워 나간다면 실패는 또 다른 의미에서 성공이 될 수 있다. 진정한 승자는 승리한 후에도 평정심을 유지할 줄 알고 실패한 후에는 강인함을 가질 줄 아는 사람이다.

───── 여우는 기꺼이 패배를 인정할 줄 아는 동물이다. 그렇다고 '패배'가 '끝'을 의미하지는 않는다. 여우는 위기 속에서도 반격을 도모해 결국엔 목표했던 사냥감을 취하고야 만다. 여우처럼 '지는 방법'도 잘 활용할 줄만 안다면 열세에 놓인 상황을 극복하고 성공에 도달할 수 있다.

사람은 살면서 항상 어려움과 좌절에 부딪힌다. 한때의 위기를 극복하고 재기의 발판을 마련하는 것은 모두 자신이 어떻게 하느냐에 달려 있다. 성공하는 사람과 똑똑한 사람은 패배를 인정했을 때 성공률이 얼마나 높아지는지 꼼꼼히 계산해본 후, 일단 성공 확률이 매우 높다고 판단되면 살을 도려내는 아픔도 기꺼이 감수한다.

전국시대에 위나라 사람인 범수는 재주가 뛰어났지만 출신이 미천하여 위나라 중대부인 수가須賈의 관저에서 잡일을 도맡아 하는 한직에 머물러 있었다. 한번은 수가가 위나라 왕의 명을 받고 제나라에 사신으로 갈 때, 범수도 수가를 수행하여 함께 제나라로 갔다. 제나라 양왕은 범수의 말재주가 뛰어남을 익히 알고 있던 터라 수가를 제쳐두고 그에게 황금과 맛난 술을 선물로 주며 경의를 표했다. 범수는 제나라 왕에게 감사의 뜻을 전하되 선물은 정중히 거절했다. 이 일로 기분이 상한 수가는 위나라로 돌아와 재상인 위제에게 범수가 제나라와 내통했다고 모해했다.

위제는 진위 여부를 따지지도 않고 범수를 체포하여 모질게 매질을 가했다. 억울하게 누명을 쓰고 변호할 기회조차 갖지 못한 범수는 화를 모면하기 위해 일부러 죽은 척했다. 위제는 그가 죽은 줄 알고 그의 시체를 멍석에 말아 변소에 버리도록 했다. 겨우 목숨을 건진 범수는 변소를 지키던 간수를 매수하여 간신히 달아나 친구인 정안평의 집에 숨어 지내며 이름을 장록張祿으로 바꾸었다.

이때 왕계王稽라는 진나라 사신이 위나라에 도착했다. 정안평은 이 사실을 알고 군졸로 변장하여 왕계를 시중들며 범수를 추천할 기회를 엿보았다. 하루는 왕계가 정안평에게 위나라에 데려갈 만한 인재가 있는지 묻자 정안평은 즉각 범수의 재주가 매우 뛰어나다고 대답했다. 이에 왕계는 범수를 만나보고 그의 재능에 깊이 탄복해 그를 데리고 진나라로 돌아갔다.

스스로 술통에 숨어 두 차례의 삼엄한 검문을 무사히 통과한 범수는 진나라 도성에 들어온 후 소왕에게 국가대사를 거침없이 논하여 신임을 얻었다. 소왕은 범수의 책략을 받아들여 안으로 중앙집권을 강화하고 밖으로 원교근공遠交近攻(먼 나라와 화친하고 가까운 나라를 공격함)의 외교 전략을 펼쳐 마침내 패업을 이룩했다. 수년 후 범수는 소왕을 보좌하여 대업을 이룬 공로로 재상 자리에 임명되었다.

범수는 계속되는 불운에도 기죽지 않고 오히려 스스로를 신뢰해 마침내 위대한 업적을 달성했다. 이것이 바로 지혜로운 자가 세상을 살아가는 방법이다. 아무런 노력도 기울이지 않는 경우를 제외하고 일생 동안 한 가지 일도 이루지 못하는 사람은 없다. 그 성공 확률을 높이는 방법은 패배나 위기에서 얼마나 승리를 취할 수 있는지 여부에 달려 있다.

기꺼이 실수를 인정하는 것도 현명한 선택이다

스스로 어떤 일에 대해 잘못된 결정을 내렸다고 깨달았을 때는 즉시 눈앞의 실패를 인정하고 미래의 가능성에 역점을 두는 것이 최선의 선택이다. 그래야만 순탄하게 재기에 성공할 수 있다. 자신의 잘못을 인정할 줄 알아야 더 크게 성장할 수 있다.

───── 여우는 산토끼나 꿩 등을 사냥하는 과정에서 수많은 실패를 경험한다. 이때 그들은 놓친 동물을 필사적으로 쫓는 대신 즉각 실패를 인정하고 다른 사냥감에 눈을 돌린다. 여우의 생존환경은 늑대의 그것과는 엄연히 다르다. 포기는 결코 나약함과 같은 뜻이 아니라 피해를 최소화하기 위한 전략이다. 일이 예상과 달리 안 좋은 방향으로 흘러갈 때는 최대한 빨리 발을 빼는 것도 현명한 선택이다. 이것이 여우가 우리에게 가르쳐주는 교훈이다.

1960년대에 영국과 프랑스 정부는 초음속 여객기인 콩코드를 공동으로 투자 개발하기로 결정했다. 당시에 상업용 비행기를 새로 개발하는 것은 도박이나 다름없었다. 신형 엔진을 설계하는 데만 수억 달러가 들고, 나머지 비용은 더 말할 필요도 없어 개발사에게는 커다란 압력이 되었다. 하지만 영국과 프랑스 양국은 이미 결정을 내리고 과감하게 투자 개발에 나섰다.

하지만 비행기를 연구 제작하는 과정에서 투자를 계속 이어나가다 보면 천문학적인 비용이 들어갈 게 불 보듯 뻔했고, 이 비행기가 과연 시장성이 있는지도 확신할 수 없었다. 그렇다고 개발을 중단하면 지금까지의 투자가 모두 수포로 돌아갈 판이었다. 개발이 심화 단계에 접어듦에 따라 양국 정부는 이러지도 저러지도 못하는 상황에 봉착하고 말았다. 1971년 마침내 콩코드 정식 항공기가 선보였다. 하지만 기름을 많이 먹고 소음이 크고 오염이 심각하다는 등의 결함이 발견되었다. 비싼 요금도 한몫했다. 추가 비용이 너무 많이 들고 시장 경쟁에서도 뒤처진 콩코드는 결국 시장에서 도태되어 영국과 프랑스 양국에 커다란 손실만 입히다가 2003년 역사 속으로 사라졌다.

양국 정부가 비행기 연구 제작 과정에서 조속히 개발을 중단했다면 그나마 손실을 최소화할 수 있었다. 그러나 이들은 문제의 심각성을 깨닫지 못해 현명한 선택을 내리지 못함으로써 참혹한 실패를 경험하게 되었다.

"사람이 성현이 아닌 이상 누군들 잘못이 없을 수 있겠는가!"라는 옛말이 있다. 생각이 시종 올바르거나 하는 일마다 실수 없이 정확히 해내는 사람은 어디에도 없다. 실수를 면하기 어려운 상황에서 관건은 실수 후에 어떻게 대처하느냐에 달려 있다. 이는 실수로 인해 치를 대가의 크기와도 밀접한 관련이 있다.

일에 실수가 발생하거나 혹은 일을 진행하다가 넘기 힘든 장애에 부딪히면 전 과정을 되돌아보고 포기를 선택할지 아니면 전력을 다해 계속 추진할지 결정해야 한다. 이때 기꺼이 자신의 실수를 인정할 줄 아는 사람이 재기에 성공할 가능성이 훨씬 더 높다. 한 번의 실수는 영원한 실패를 뜻하지 않으며, 실수를 인정하지 않으려다가 오히려 후회 막급한 상황을 맞을지도 모른다.

중국의 대부호인 장궈시는 하이난에 2억 위안을 투자해 궈시 호텔을 세우려 했다. 공사가 절반쯤 진행되었을 때, 국가에서 거시적인 경제 조절 정책에 나서자 하이난의 관광 시장도 크게 얼어붙었다. 이에 장궈시는 "당시 저는 하이난의 관광 시장이 몇 년 동안 조정기를 거칠 것으로 예상했습니다. 그때 만약 계획대로 투자를 계속 진행했다면 분명 막대한 손실을 입었을 것입니다."라고 말했다. 장궈시는 과감하게 포기를 선택하여 더 큰 손실을 줄일 수 있었다. 이처럼 기꺼이 실수를 인정하는 행동이야말로 현명한 선택이다.

스스로를 낮추면 큰 화를 피해갈 수 있다

자신을 낮추면 큰 폭포처럼 단번에 세찬 물줄기를 뿜어내지는 못하지만 작은 시냇물처럼 장애물을 휘감으며 자유자재로 흘러갈 수 있다. 졸졸 흐르는 작은 시내가 큰 바위를 만나면 부드럽고 조용히 바위를 우회해서 흐른다. 그러다가 어느 순간 여러 물줄기가 하나로 모여 거대한 물보라를 이룬다. 막강한 힘은 이처럼 몸을 낮추는 가운데 서서히 생겨난다.

───── 여우는 맹수들과 함께 있을 때 자신을 절대 뽐내지 않는다. 이윽고 맹수가 사냥물을 잡으면 조금도 힘들이지 않고 먹다 남은 찌꺼기를 얻는다. 몸을 낮추는 이런 행동은 여우의 생존을 보장해준다. 때때로 약자처럼 위장하거나 몸을 낮추는 것은 결코 나약한 행동이 아니라 일종의 자신을 보호하는 방법이다. 어디에서든 자신을 드러내는 것은 기회를 잡는 좋은 방법이긴 하지만 그만큼 질투의 대상이 되기도 한다. 나무가 너무 단단하면 쉬 꺾이기 마련이다. 이는 자연의 법칙이자 살면서 마음에 새겨야 하는 이치다.

청나라 말기의 영웅 중 하나인 증국번曾國藩은 일생 동안 혁혁한 공을 여러 차례 세웠다. 그는 수차례 전쟁을 승리로 이끌어 높은 자리에 올랐지만 남들에게 전혀 시기를 받지 않았다. 이는 그가 몸을 낮추면서도 결코 나약한 모습을 보이지 않고, '도광양회韜光養晦'(자신의 재능을 드러내지 않고 참고 기다림)라는 계책을 활용하는 데 능했기 때문이다.

증국번이 창설한 상군湘軍은 '병사는 장군을 위해 존재하는 것이다.'라는 원칙을 가지고 일반 사병에서 군관에 이르기까지 모두 증국번 한 사람에게 절대 복종했다. 태평천국 기의군의 세력이 날로 확장돼 무능한 청나라 정규군으로는 도저히 막을 수 없는 상황이 되자, 청나라 정부는 증국번에게 강소, 안휘, 강서, 절강 4개 성의 군무를 통솔하도록 했다. 증국번은 막강한 실권을 쥐게 됐지만 결코 기쁜 내색을 하지 않았다. 비록 지금은 높은 자리에 올라 대군을 거느리고 있지만 황실과 비교하면 여전히 약세에 놓여 있음을 잘 알았기 때문이다. 그래서 그는 항상 몸을 낮추면서 경계하고 두려워하는 마음을 품었다.

이후 증국번은 태평천국 기의군을 진압하는 데 큰 공을 세워 대대로 세습되는 높은 벼슬에 임명되었다. 그러나 이번에도 그는 득의양양한 모습을 보이지 않고 오히려 매우 두려워하며 더욱 신중한 태도를 취했다. 그는 동생인 증국전에게도 편지를 보내 나중에 기회가 되는 대로 얼른 몸을 빼 물러나라며 '시작과 끝이 모두 좋아야 큰 화를 면할 수 있다.'라는 이치를 실현하라고 권고했다.

한번은 상군이 태평천국의 수도인 남경에 진입한 후 금은보화를 깡그리 약탈했는데, 증국전이 그중 가장 많은 양을 차지했다. 좌종당

등은 증국번 형제의 재물 횡령을 문제 삼아 이들을 탄핵하는 상소를 올렸다. 청나라 조정도 이들을 조사할 계획이었으나 눈치 빠른 증국번은 성에 들어오자마자 재빨리 세 가지 작업에 착수했다.

첫째는 과거 시험장을 세우고 그해에 향시를 열어 강남의 인재를 선발하는 것. 둘째는 남경에 기병旗兵 병영을 설치하여 북경에서 놀고 있는 기병들을 모아 주둔시키고 급료를 지급하는 것. 셋째는 상군 4만 명을 해산하여 자신이 절대 권력을 도모하지 않았음을 보여준 것이었다. 이 세 가지 일을 추진하자 거센 비난이 점점 수그러들었고 탄핵을 준비하던 관료들도 상소를 올리지 않았으며 청나라 조정도 하는 수 없이 조사를 중단했다.

증국번은 상군 해산을 요청하는 상주문을 올리면서도 자신의 거취 문제에 대해서는 한마디도 언급하지 않았다. 조정에 남아 충성을 다하겠다고 말하면 권력에 욕심이 있고 관직에 연연한다는 의심을 살 것이고, 해직하여 고향으로 돌아가겠다고 하면 수많은 억측을 불러일으킬 것이 뻔했기 때문이다. 이를테면 더 이상 나라를 위해 일하지 않겠다는 오해를 사거나 상군의 장수들이 그를 대장으로 받들어 따로 군대를 조직하지 않을까 하는 의심을 사는 것 따위다.

증국번의 예상은 한 치도 틀리지 않았다. 태평천국의 난이 진압된 후 청나라 조정은 사실 증국번 문제를 신속히 처리하려고 했다. 그가 조정도 통제할 수 없는 막강한 군대를 거느리고 있어서 청나라에 잠재적 위협이 되기 때문이었다. 바로 이 시점에 증국번이 알아서 상주문을 올리자 청나라 조정은 옳거니 하고 무릎을 치며 이 기회를 빌려

상군을 모두 해산시켰다. 그리고 증국번을 위로하기 위해 계속해서 강소와 강서 총독을 맡겼다.

증국번은 화려한 전공을 세웠지만 결정적인 순간에 몸을 낮추고 뒤로 물러서 목숨을 보존했을 뿐 아니라 참담한 결과에도 이르지 않았다. 이것이 바로 한나라 초기의 한신과 크게 대비되는 지점이다. 한신은 성품이 지나치게 강직하고 공로가 뛰어나다고 자랑하다가 결국 유방에게 피살되었다. 동서고금을 막론하고 능력을 뽐내고 자신을 과시하는 사람은 아무리 훌륭한 공을 세우고 높은 자리에 있더라도 결국 천수를 누리지 못하는 법이다. 역사가 우리에게 남긴 큰 교훈이다.

몸을 낮출 줄 아는 사람은 겸손과 융합, 온화함이라는 성품을 드러내 주위에 많은 사람들이 모이고, 적어도 적을 만들지 않아 뜻밖의 피해를 입을 일이 없다. 뿐만 아니라 몸을 낮추면 자신의 능력을 배양하고 각종 경험을 쌓을 기회를 얻어 더 크게 성장할 수 있다. 날개를 펴고 높이 떠오를 때가 오기를 기다려라.

자신을 희생하여 더 큰 것을 얻는다

삼십육계에 "사람은 자신을 해하지 않으므로 해를 입으면 반드시 남의 소행으로 여긴다. 거짓을 진실로, 진실을 거짓으로 혼란스럽게 한 다음 적을 속여 그 안에서 이득을 얻는다."라는 말이 있다. 이런 보편적 이치를 잘 활용해 자기 자신에게 상해를 입혀 상대의 눈을 속이면 예상한 목표를 쉽게 달성할 수 있다.

―――― 여우는 자기 새끼가 도망갈 시간을 벌기 위해 간혹 자해라는 수단으로 상대의 주의를 끈다. 그러면 상대는 이 광경에 온 신경이 집중돼 여우가 고육계를 통해 새끼를 보호하려 한다는 사실을 전혀 눈치 채지 못한다.

삼십육계 중에 '고육계'는 보통 부득이할 경우에 쓰는 방법으로 '사소취대捨小取大'(작은 것을 버리고 큰 것을 취하는 계책)보다 훨씬 더 큰 고통이 따른다. 그러나 고육계는 심각한 위기에서 벗어나는 가장 좋은 방법이며, 때로는 커다란 이익을 가져다주기도 한다.

남송 시대에 금나라의 왕자 올술兀術이 군대를 이끌고 대거 남하하자 남송의 무사 악비岳飛가 국경에서 결전을 준비하고 있었다. 올술에게는 육문룡陸文龍이라는 양아들이 있었는데, 열여섯이라는 어린 나이지만 무예가 출중하고 매우 용맹하여 악비에게 큰 위협이 되었다.

사실 육문룡은 원래 남송의 노안주 절도사인 육등의 아들이었다. 올술이 노안주를 함락했을 때 육등 부부를 죽이고 젖먹이 육문룡을 금나라로 데려가 양아들로 삼았던 것이다. 자신의 출신 배경을 전혀 모르는 육문룡은 원수를 아버지로 여기고 금나라의 앞잡이가 된 꼴이었다.

한편 악비가 적을 물리칠 방법을 고민하고 있을 때, 그의 부장인 왕좌王佐가 갑자기 막사 안으로 뛰어 들어왔다. 그런데 왕좌의 오른팔이 잘려 있는 것이 아닌가. 알고 보니 왕좌는 홀로 금나라 진영에 들어가 육문룡에게 모든 사실을 알리고 그를 송나라로 데려올 계획이라고 했다. 하지만 올술의 의심을 사지 않고 적진에 들어갈 방법은 오직 고육계밖에 없어 팔을 자른 것이었다. 악비는 그 말을 듣고 왕좌의 충정에 크게 감동해 한없이 눈물을 흘렸다.

그날 밤 왕좌는 금나라 진영에 당도해 계획대로 올술에게 자신이 오게 된 이유를 설명했다.

"소인 왕좌는 본래 양마楊麽의 부하였습니다. 양마가 전쟁에서 패한 후 부득이하게 악비에게 귀순했습죠. 어젯밤에 장중에서 회의를 할 때 소인은 금나라 군대가 막강하여 당해내기 어려우니 화친을 하느니만 못하다고 진언했습니다. 그러자 악비가 제게 불같이 화를 내며 죽음이 두려워 구차하게 살려 한다고 욕하더니 한쪽 팔을 잘라버렸습니다. 게다가 금나라 진영으로 가서 머지않아 올술을 사로잡고 금나라 진영을 쑥대밭으로 만들겠다는 말을 전하라 했습니다. 만약 가지 않으면 남은 한쪽 팔마저 자르겠다고 협박해 부득이 장군께 귀순한 것입니다."

올술은 이 하소연을 듣고 왕좌를 불쌍히 여겨 자신의 진영에 머물도록 했다. 왕좌는 올술이 경계를 늦추고 금나라 진영에서 자유롭게 활동할 수 있게 되자, 예전에 육문룡과 함께 잡혀온 유모를 몰래 찾아가 육문룡에게 집안 내력을 털어놓으라고 설득했다. 육문룡은 올술이 자신의 부모를 죽인 원수라는 사실을 알고 한바탕 눈물을 쏟으며 당장 복수하기로 마음먹었다. 하지만 왕좌는 그가 충동적으로 행동할까 염려돼 기회를 엿봐 움직이라고 신신당부했다.

얼마 후 금나라 군대는 엄청난 위력을 지닌 대포를 들여와 심야에 악비 진영을 포격할 계획을 세웠다. 육문룡은 즉시 이 사실을 알리는 편지를 화살에 매달아 악비 진영으로 쏘아 보냈다. 악비는 이 편지를 받고 서둘러 군량과 군사들을 대피시켜 막대한 재난을 피할 수 있었다. 그날 밤 왕좌도 육문룡과 유모를 데리고 몰래 송나라 진영으로 도망쳤다.

고육계는 자신에게 상해를 입히는 계책이지만 이를 통해 상대의 경계심을 늦추고 신임과 동정을 얻어 기회를 틈타 목표한 바를 달성할 수 있다. 일반적인 생각을 뒤집는 이러한 역발상은 상대를 속이고 혼란에 빠뜨리는 데 큰 역할을 한다. 그러나 고육계는 신중하게 사용해야만 한다. 매우 위급하거나 부득이한 상황에서는 고육계가 비교적 효과를 볼 수 있지만 만에 하나 실패로 돌아간다면 오히려 말로 다할 수 없는 고통만 남게 된다. 훔치려던 닭은 훔치지 못하고 공연히 쌀만 한 줌 손해 보는 꼴이 될 수 있으니 심사숙고해서 실행해야 한다.

민첩하게 물러서는 것도 공격의 기술이다

'양보하고 물러나 후퇴로써 전진의 계기를 삼는 것'은 임기응변의 처세술이다. 고집과 양보 사이에서 민첩하게 인내와 회피를 선택하면 정면충돌에서 발생하는 피해를 줄이는 동시에 훗날 반격할 기회도 잡을 수 있다. 양보하고 물러나는 것이 곧 공격이 된다.

───── 어떤 동물 집단 내에도 강자와 약자가 존재하며 여우 역시 예

외가 아니다. 여우는 자기 집단을 보호하기 위해 사냥 영역을 절대 다른 여우에게 양보하지 않는다. 그러나 생존 환경이 최악의 상태에 이르면 자발적으로 물러나 상대에게 선심 쓰듯이 영역을 양보한다.

자기 기반을 내주는 것은 얼핏 실패로 보이지만 이야말로 진정한 싸움의 지혜다. 자기 이익의 일부분을 양보하여 손해를 보더라도 이를 통해 상대의 호감을 사고 체면을 세워줄 수 있다. 얼마나, 어떻게 양보할 것인가, 또 양보한 후에 상대에게 얼마만큼 보상을 얻어내느냐가 관건이다.

춘추시대에 초나라는 진陳, 채蔡, 정鄭, 허許 네 나라와 연합해 송나라의 도성인 상구를 공격했다. 다급해진 송나라는 공손고를 진晉나라에 파견해 구원을 요청했다. 진나라 문공은 여러 신하들과 대책을 논의하면서 전에 자신이 떠돌이 신세였을 때 송나라가 후하게 대접해준 은혜에 보답코자 파병을 결정했다. 물론 초나라도 문공에게 은혜를 베푼 적이 있었지만 지금은 천하를 다투는 관계라 반드시 초나라를 꺾어야 패업을 이룩할 수 있었다.

진나라 대부인 선진도 문공에게 출병을 극력 권했고, 부장인 호언은 계책 하나를 바쳤다. 초나라에 종속된 조나라와 위나라를 공격하면 초나라가 분명 군대를 차출해 구원병을 파견할 것이므로 자연스럽게 송나라에 대한 포위가 풀릴 수 있다고 말했다.

문공은 호언의 계책을 받아들여 조, 위 두 나라를 공격하고 손에 넣는 데 성공했다. 초나라 왕은 진나라 군대가 이미 두 나라를 함락했다는 소식을 듣고 급히 자옥子玉에게 송나라를 포위하고 있는 군대를 나눠 두 나라를 구원하도록 했다. 성격이 교만하고 자존심이 센 자옥은 진나라 군대를 우습게보고 곧장 그들을 향해 진격했다. 자옥은 일부러 진나라를 자극하려고 먼저 부장인 완춘을 보내 휴전을 제의했다. 만약 진나라가 조, 위에서 철수하여 두 나라가 국력을 회복하면 초나라 군대도 송나라의 포위를 풀겠다는 조건이었다.

호언은 이 말을 듣고 자옥이 너무 무례하다며 즉각 공격에 나서려고 했다. 그러자 선진이 이를 만류하며 적의 계략을 역이용하자고 제안했다. 조, 위 두 나라에게 초나라와 단교하면 독립시켜주겠다고 약속하는 한편 초나라의 사신을 억류하여 자옥의 화를 돋우자는 것이었다. 문공이 초나라를 고립시키는 선진의 계책을 즉각 받아들이자 조, 위 두 나라는 초나라와 단교를 선언했다. 상황이 이렇게 되자 자옥은 크게 노하여 군대를 이끌고 공격에 나섰다.

하지만 초나라 군대가 공격해오는데 문공이 뜻밖에 철수 명령을 내리자 사람들이 의아해하며 호언에게 이유를 물었다. 이에 호언이 대답했다.

"우리가 후퇴하는 것은 문공께서 전에 전국을 떠돌 때 초나라 왕에게 입은 은혜에 보답하기 위해서다. 당시 문공께서는 90리를 물러나 피하겠다고 약속하셨다. 만약 지금 은혜를 잊고 약속을 저버린다면 적의 투지만 높여주는 꼴이 된다. 반대로 우리가 90리를 물러났는데 초나라가 추격해오면 그들이 도리에 어긋난 것이니 공격할 명분이 생긴다."

문공이 90리를 물러난 것은 은혜에 보답코자 취한 조치였지만 아무런 목적 없이 후퇴한 것은 아니었다. 이렇게 그들은 교만해진 초나라 군대를 가장 유리한 지형으로 유인하여 큰 승리를 거둘 수 있었다. 이 전투가 바로 춘추시대의 향방을 가른 유명한 성복전투城濮戰鬪다. 이로써 진나라는 초나라를 물리치고 중원의 패권을 차지하게 된다.

자발적으로 물러났다가 기회를 엿봐 행동하는 계략은 역사 속 전쟁에서도 자주 활용되었다. 심리전이 치열한 현대사회에서도 이를 잘 활용한다면 좋은 결실을 맺을 수 있다.

굳이 내 손에
피를 묻히지 마라

상대의 역량을 나에게 유리한 쪽으로 이용하라

개인의 능력은 늘 한계가 있기 마련이다. 이를 극복하려면 정세에 따라 자신에게 유리한 요소를 십분 활용할 줄도 알아야 한다. 그래야 힘들이지 않고 큰 성과를 올릴 수 있다. 기존의 규칙을 고수하지 않고 기민하게 시류에 따라 움직이는 사람이 남보다 한 발 앞서 성공할 가능성이 높다.

───── 호가호위狐假虎威라는 성어가 비록 부정적인 의미로 많이 쓰이지만 어떤 일에 필사적으로 매달리는 사람에게는 어쩌면 꼭 필요할지도 모른다. 경쟁이 점점 치열해지는 현대사회에서 청운의 꿈을 품고 자수성가하려는 사람일수록 갖가지 시련에 부딪히는 경우가 많다. 물론 자신의 한계를 넘어서기 위한 필사적인 노력이 최우선이 되

어야 하겠지만, 이조차도 여의치 않을 땐 나보다 뛰어난 상대방의 역량을 십분 활용하는 것도 한 가지 방법이 될 수 있다.

이는 유리한 정세를 십분 활용할 줄 아는 것과도 일맥상통한다. 똑같은 일도 서로 다른 시간에 처리하면 결과가 달라진다. 이것이 바로 일을 완벽히 해내는 사람과 그러지 못하는 사람이 생기는 이유다. 일을 완벽히 해내는 사람은 기회 포착에 능하고 주변의 유리한 조건을 잘 이용한다. 이것이 곧 삼십육계에서 말하는 '차도살인借刀殺人'(남의 칼을 빌려 남을 죽임) 계책이다.

청나라 말기에 황란계黃蘭階는 이 이치를 깊이 깨달은 사람이다. 그는 좌종당左宗棠이라는 대신의 이름을 빌려 관직을 얻어낸 뛰어난 고수였다. 당시 좌종당이 군기대신이라는 중임을 맡고 있을 때, 그의 친한 벗의 아들인 황란계는 복건성에서 몇 년 째 지사 후보에 올랐지만 좀처럼 발탁되지 않았다. 황란계는 다른 사람들이 고관대작의 추천을 받아 관리가 되는 것을 보고 아버지가 생전에 좌종당과 막역했던 기억이 떠올라 북경으로 그를 찾아갔다. 좌종당은 옛 친구의 아들을 보자 너무 반가워 날마다 섭섭지 않게 대접했다. 그러나 황란계가 복건 총독에게 추천서를 써달라는 뜻을 내비치는 순간 얼굴색이 변하더니 크게 꾸짖고 쫓아내버렸다.

황란계는 분하고 원망스런 생각이 들어 거리를 한가로이 거닐며 책과 그림을 구경하면서 마음을 삭였다. 그러다 문득 그 근처에서 그림과 글씨를 파는 한 사람이 생각났다. 사실 이 사람은 좌종당의 글씨체를 똑같이 흉내 내기로 유명했다. 다만 성격이 괴팍하고 돈밖에 몰라 사귀기가 매우 어려웠다.

그때 문득 황란계의 머릿속에 한 가지 꾀가 떠올랐다. 그는 먼저 이 괴팍한 사람에게 애걸복걸하여 부채에 좌종당이 직접 찍은 듯 똑같은 낙관을 만들어 찍고 득의양양하게 복주로 돌아왔다. 얼마 후 총독을 알현하는 날, 황란계는 손에 든 부채를 흔들며 곧장 총독의 집으로 들어갔다. 총독이 그 모습을 보고 이상하게 여겨 물었다.

"밖이 그렇게 더운가? 곧 입추가 다가오는데 부채질이 멈추질 않는구나."

황란계가 계속 부채를 흔들며 대답했다.

"솔직히 말씀드리면 바깥 날씨는 그다지 덥지 않습니다. 다만 이 부채는 이번에 북경에 갔을 때 좌종당 대인께서 친히 선물하신 것입니다. 그래서 손에서 놓기 아쉬워 그런 것입니다."

이 말에 총독은 흠칫 놀라며 속으로 생각했다.

'이 황가 놈의 뒤를 봐주는 사람이 없다고 여겨 몇 년 동안 물을 먹였는데, 이렇게 대단한 사람이 뒤를 봐주고 있을 줄은 꿈에도 몰랐구먼. 매일 황제를 알현하는 좌종당의 눈 밖에 났다가 황제 앞에서 날 모함하기라도 하면 그날로 끝장인 게지.'

총독이 황란계의 부채를 유심히 살펴보니 좌종당의 필체가 틀림없었다. 그는 부채를 황란계에게 돌려주고 답답한 마음에 후당으로 돌아가 심복과 이 일을 의논하더니 바로 다음날 황란계를 모 지방 지사로 임명했다.

황란계는 몇 년이 채 안 돼 4품 벼슬인 도대道臺(청대에 각 성 부처의 장관이나 지방 행정을 감찰하는 관리)까지 고속 승진했다. 훗날 총독은 북경에 갔다가 좌종당을 만나 아첨하며 말했다.

"대인의 친구 분 자제인 황란계가 현재 제 관할 성에서 도대를 맡고 있습니다."

좌종당은 이 말을 듣고 웃으며 말했다.

"그렇소? 지난번에 그가 날 찾아왔을 때 능력만 뛰어나다면 언젠가 알아봐주는 이가 있을 것이라고 얘기해주었는데, 노형이 인재를 알아보았구려!"

황란계가 높은 벼슬에 오르게 된 이유는 좌종당이라는 든든한 배경을 무기로 권력을 두려워하는 총독의 약점을 정확히 찔렀기 때문이다. 실로 고단수가 아닐 수 없다.

여기서는 당시 청나라 관료 계급의 부정부패나 세상을 속이고 명예를 훔친 황란계의 비열함은 잠시 접어두기로 하자. 오직 세력을 빌리는 관점에서 보자면 황란계는 청나라 관료층의 특징을 정확히 꿰뚫고 벼슬을 구하는 방법을 모색했다는 점에서 우리에게 시사하는 바가 매우 크다. 현실에서도 다른 사람의 우세를 이용해 자신의 단점을 메우고 타인의 역량을 자신의 역량으로 바꾸는 데 능해야만 성공에 가까이 다가갈 수 있다.

큰일을 이루려면 '천시天時', '지리地利', '인화人和' 삼박자가 모두 갖춰져야 한다. 그중 '인화'가 스스로 닦아야 할 덕목이라면 '천시'와 '지리'는 세력을 이용하는 것이다. 하늘과 땅의 세력을 자유자재로 부리는 자가 큰일을 이룬다. 자신이 가진 능력을 바탕으로 시류를 읽고 기회를 움켜쥐며 기존의 규칙을 거부하고 사물의 발전 추세를 따른다면, 모든 요소가 자신에게 유리한 방향으로 전개될 것이다.

양쪽의 환심을 사서 피해를 최소화하라

사람은 다양한 환경 속에서 생존을 도모한다. 오늘날처럼 경쟁이 치열한 사회에서는 생존 환경도 갈수록 다양해지고 있다. 그 안에서 이득을 취하려면 융통성을 발휘해 누구에게나 환심을 사는 재주를 연마할 줄도 알아야 한다.

───── 저녁 식사거리로 여우를 잡은 호랑이는 본래 여우를 잡아먹을 생각이었지만 여우가 똑똑하다는 생각이 들어 그의 지혜를 이용해 더 많은 사냥감을 얻고 싶어졌다. 여우도 호랑이의 생각을 꿰뚫어 보고 다가가 말했다.

"존경하는 호랑이님, 여기서 멀지 않은 곳에 농장이 하나 있습니다. 거기에 동물들이 아주 많긴 한데 큰 개 한 마리가 지키고 있어서 들어가기가 쉽지 않습니다. 제가 그 개를 다른 곳으로 유인할 테니, 그 틈을 타 호랑이님이 동물들을 잡아먹으십시오. 다만 그곳은 사자의 영역이니 조심하셔야 합니다."

호랑이는 이 말을 듣고 크게 기뻐하며 고개를 끄덕였다. 하지만 여우가 먼저 농장 가까이 다가갔다가 그만 사자에게 잡히는 신세가 되고 말았다. 화가 머리끝까지 난 사자는 당장 여우의 목을 부러뜨리려

했다. 그러자 여우가 재빨리 무릎을 꿇고 울면서 애원했다.

"존경하는 사자님, 저는 사자님의 영역을 침범할 생각이 전혀 없었습니다. 그런데 호랑이가 저를 잡아먹는다고 해서 하는 수 없이 그를 이곳까지 데려왔습죠. 사실 제 마음은 늘 사자님을 향하고 있습니다. 저는 오로지 사자님을 위해 목숨을 걸고 개를 유인할 각오가 돼 있습니다."

사자는 여우의 호소를 듣고 화가 많이 누그러졌다. 대신 호랑이에 대한 증오심은 더욱 커졌다. 잠시 후 호랑이가 나타나자 옆에 숨어 있던 사자가 호랑이에게 갑자기 달려들어 둘 사이에 싸움이 벌어졌다. 결국 둘 다 큰 상처를 입고 숨을 껄떡거리며 땅에 쓰러져 있다가 농장주에게 사살되었다. 이 모습을 지켜보던 여우는 만면에 웃음을 띠며 친구에게 말했다. "이제 사자와 호랑이가 모두 죽었으니 농장은 우리 차지가 된 것이라고!"

여우는 흉포한 사자와 호랑이 사이에서 살아남기 위해 양쪽 모두에게 환심을 사는 방법을 선택했다. 자신의 능력이 부족하고 여러 곳으로부터 압력과 규제를 받을 때, 이 방법을 잘 활용하여 표적이 되지 않는다면 자신을 보존하고 앞으로 뻗어나갈 기회를 얻을 수 있다. 또한 자신에게 불리한 영향을 미치는 세력들 간에 상호 견제하는 효과를 볼 수 있다. 이것이 바로 다른 사람의 힘을 빌려 자기의 이익을 도모하는 효과적인 방법이다.

중세 시대에 이탈리아 북부의 만토바Mantova는 약소 도시국가로, 젊은 곤자가Gonzaga 공작과 그의 부인 이사벨라Isabella가 이곳을 통치하고 있었다. 만토바는 지리적으로 매우 중요한 위치에 있어서 수많은 강대 세력들이 이곳을 호시탐탐 노렸지만 이사벨라의 노력으로 오랜 기간 끈질긴 생명력을 유지했다.

15세기 말에 신임 교황인 율리우스 2세는 이탈리아에서 프랑스 군을 몰아내려고 전쟁을 발동했다. 당시 페라라 지역의 통치자는 이사벨라의 형제였는데, 그들이 프랑스 편에 서자 율리우스 2세가 공격을 가한 것이었다. 이렇게 되자 이사벨라는 교황 편이나 프랑스와 자기 형제들 편 어디에도 서기 어려운 난처한 입장에 처했다. 그렇다고 어느 한쪽도 지지하지 않으면 양쪽 모두에게 미움을 살 것이 뻔했다.

이 상황에서 그녀는 절묘한 방법을 찾아냈다. 먼저 남편인 곤자가를 교황에게 보내 함께 싸우도록 했다. 물론 곤자가가 전력을 다해 싸울 리는 만무하니 형식적으로 참가한 것뿐이었다. 또 한편으로는 페라라를 구원하러 가는 프랑스 군대에게 길을 열어주면서 공개적으로는 프랑스가 자국 영토를 침범했다고 성토했다. 게다가 교황의 신임을 얻기 위해 프랑스 군에게 만토바를 약탈하는 것처럼 보이게 했다. 결국 그녀의 작전이 멋지게 성공하여 교황은 만토바를 건드리지 않았다.

이사벨라가 만토바를 통치하는 기간에 이탈리아에서는 거대한 변화가 일어났다. 교황이 여러 번 교체되고, 볼로냐가 흥했다 몰락하고, 베네치아가 주도적 위치에서 물러나고, 밀라노가 침략을 당하고, 피렌체가 붕괴되고, 로마가 합스부르크에게 약탈당했다. 이러한 역사적 변화 속에서도 자그마한 만토바는 꿋꿋이 살아남았고 오히려 더욱 번창하여 그녀의 궁전은 이탈리아인들이 모두 흠모하는 대상이 되었다. 이사벨라가 세상을 떠나기 전까지 만토바는 한 세기 동안 주권을 유지했다.

이사벨라가 어느 한편에 확실히 서지 않으면서도 필요할 때 충성을 보인 것은 모두 자신의 이익 때문이었다. 각 세력이 서로 경쟁하는 가운데 그녀는 자신의 이익을 유지하기 위해 함부로 친구를 사귀지도 그렇다고 적을 만들지도 않았다. 누구에게나 환심을 사고 강자끼리 서로 견제하게 만드는 것은 약소한 세력이 성공적으로 자신을 보호하는 방법이자 개인이 사회에서 생존하고 발전하는 데 도움이 되는 수단이다.

융통성 있는 처신은 결코 원칙이 없는 것이 아니다. 오히려 그 반대로 자신의 이익을 최대 원칙으로 삼는 처세술이다. 예로부터 정치판이나 전쟁, 비즈니스 싸움에서 이 이치를 터득한 자들이 늘 승자가 되었다.

상대를 직접 물리치고 이익을 얻는 것과 경쟁자끼리 서로 싸우게 만들어 그 가운데서 이익을 취하는 것 중 어느 것이 더 나은 방법일까? 정답은 물론 후자다. 그 이유는 어떤 경쟁도 미래를 예측할 수 없기 때문이다. 경쟁 과정에서 절대적 우위에 설 수도 없고 백 퍼센트 승리를 보장하기도 어렵다. 만약 자신이 전력을 다해 지지한 쪽이 패했을 경우 그 피해는 고스란히 자신에게 돌아오게 된다.

이러한 게임의 원칙은 우리의 생활 어디에도 적용될 수 있다. 조직 구성원 가운데 분쟁이 발생해 어느 쪽에 서야 할지 판단이 서지 않을 때는 양쪽 모두에게 미움을 사지 않는 것이 가장 좋다. 모두에게 환심을 사고 중립적인 태도를 유지하며 분쟁을 조정하는 것이 갈등을 해결하는 최선책이다. 이 처세술을 능수능란하게 구사한다면 피해를 보지 않고 이익을 얻을 수 있다.

강인함 속에 유연함이 있고, 유연함 속에 강인함이 있다

강경책과 온건책은 따로 분리돼 있는 것이 아니라 하나로 뒤엉켜 있다. 강경책을 구사할 때는 조금도 사정을 봐주지 않지만, 온건책을 구사할 때는 상대방을 감화하여 목적을 달성한다. 강온 양면책을 적절히 운용한다면 주도권을 쉽게 손에 넣을 수 있다.

────── 강함과 부드러움을 적절히 활용하는 것은 매우 뛰어난 심리 전술이다. 담판 과정에도 악역을 맡은 사람과 선한 역을 맡은 사람이 꼭 존재한다. 부드럽게 나오는 사람도 있고 강경하게 맞서는 사람도 있는 강온 양면책을 구사하면 쉽게 주도권을 장악하여 상대방을 제압할 수 있다. 제갈량이 맹획을 일곱 번 사로잡았다가 일곱 번 놓아준 것도 강경책과 온건책을 병행한 전략으로 맹획이 마음으로 복종하는 결과를 얻어냈다.

삼국시대에 위나라 형법은 가혹하기로 이름이 높았다. 당시 송금宋金을 비롯한 위나라 관리가 합비에서 나라를 배신하고 오나라로 도망쳤다가 다시 붙잡혔는데, 위나라 법령에 따라 참수형이 내려졌다. 하지만 조조는 처벌이 너무 가볍다고 여겨 형벌을 가중하려고 했다. 이에 심판관들은 송금의 가족을 모두 잡아들여 함께 참수형에 처하자고 주청했다. 그러자 상서랑尙書郞 고유高柔가 형법에 문제가 있다며 조조에게 상소를 올렸다.

"병사들이 도망가는 것은 참으로 안타까운 일입니다. 하지만 그중에는 잘못을 뉘우치는 이도 많습니다. 만약 지금 죄인의 가족을 관대하게 대한다면, 반란군을 수용한 사람 마음에 의심이 생기고 배반한 사람을 믿지 못하게 되어 그들을 다시 되돌아오게 할 수 있습니다. 반대로 가족을 모두 죽여버리면 형벌이 지나치게 무거울 뿐 아니라 도망친 이들이 다른 마음을 품고 반란을 일으켜 민심을 잃을까 두렵습니다. 예로부터 형벌이 무거울수록 변란이 자주 발생한다고 했으니, 도망가는 이의 수가 급격히 늘어날 것입니다."

조조는 상소를 보고 일리가 있다고 여겨 그의 말대로 조치를 취했다. 그러자 정말로 도망치는 사람 수가 크게 줄어들었고, 이미 도망간 사람 중에 다시 위나라 군대에 합류하는 자들도 생겨났다.

이번에는 명나라 때 왜구를 물리친 척계광戚繼光의 사례를 보자. 그가 동남 연해 지역에 파견되었을 때, 현지 군사들은 오합지졸이나 다름없었다. 또 그들 중 대부분이 일반 백성으로 이루어져 군기를 전혀 찾아볼 수 없었다. 이런 군대로 어떻게 왜구와 싸운단 말인가? 이에 그는 군기를 바로잡고 군대를 새로 편성하여 엄격하게 훈련시켰다. 비가 내리는 날에는 빗속에 부동자세로 서 있으라고 명령하고, 얼굴의 빗물을 훔치는 군사는 곤장으로 다스렸다. 그렇다고 척계광이 냉혹하고 무정한 사람만은 아니었다. 그는 병사들과 동고동락하며 왜구를 공격할 때는 솔선수범하고 포상은 병사들에게 먼저 나누어주었다. 이런 사람의 인간미에 장수와 사병들이 동화되는 것은 너무나 당연했다. 이렇게 해서 짧은 시간 안에 기율이 엄격한 군대가 탄생했으니, 이들이 바로 훗날 왜구의 간담을 서늘케 한 척가군戚家軍이다.

만약 조조와 척계광처럼 강온 양면책을 자유롭게 구사하여 부드러움 속에 강함이 있고 강함 속에 부드러움이 있다면 주도권을 수중에 장악할 수 있다. 치열한 경쟁 사회에서 강경책과 온건책을 겸비하는 것은 주도권을 잃지 않는 훌륭한 방법이다.

세력 집단의 힘을 빌리면 일이 수월해진다

1+1 > 2의 효과를 볼 때는 언제인가? 바로 '세력 집단'과 협력할 때다. 개인이 자신의 능력에만 의지해서는 미래의 발전을 도모하기는커녕 홀로서기조차 어렵다. 사업 수완이 능했던 호설암胡雪巖이 당대 최고의 상인에 오를 수 있었던 비결은 관료 세력의 힘을 사업에 십분 활용할 줄 알았기 때문이다.

───── 당신이 누구도 대적할 수 없는 실력과 재력을 지녔다면 누구의 도움을 받을 필요도, 어떤 세력에 의지할 필요도 없다. 하지만 그렇지 않다면 반드시 남들과 친분을 쌓고 힘 있는 '세력 집단'에 의지해야만 한다. 가족이나 친구, 동료 모두 세력 집단이 될 수 있다. 그

들은 성공의 자원이기 때문에 절대 등져서는 안 된다. 여우가 강자들의 무리 곁을 맴돌고 자기 무리에서 완전히 떠나지 않는 것도 세력 집단을 활용하기 위함이다.

사람은 사회적 동물이다. 사회성 안에는 집단성이 포함되어 있어서 사람은 늘 무리를 이루며 살아간다. 만약 개인의 역량이 미약하고 세력이 약소하다면 다른 세력을 빌리는 것이 필요하다. 다른 사람의 힘을 빌려 자신의 지식을 쌓고 능력을 키우며 명성을 높인다면 쌍방이 이익을 얻는 협력 효과를 얻을 수 있다.

호설암은 사업을 경영할 때 세력에 의지하고 시류에 따르는 것을 대단히 중시하여 활동 중 대부분이 세력을 취하거나 활용하는 것을 둘러싸고 진행되었다. 그는 세력을 이용하는 기회를 절대 놓치지 않았으며 끊임없이 자신의 기반을 확장했다. 호설암이 의지한 것은 대부분 관료 세력이며, 이것이 그가 일가를 이루게 된 자본이었다.

호설암은 전장錢莊(중국의 구식 금융기관. 청나라 때 널리 유행했다.)에서 장기간 돈과 세력을 가진 사람들과 인맥을 맺으며 전국적으로 이름을 알리기 시작했다. 어느 날 그가 왕유령王有齡을 만났을 때, 왕유령이 이미 염대사란 관직을 예약해두었지만 돈이 없는 것을 알고 그가 북경에서 관직을 얻도록 은 500냥을 지원해주었다.

왕유령은 호설암의 도움으로 결원이 생긴 관직을 얻을 수 있었다. 훗날 왕유령이 은혜를 잊지 않고 보답하려 하자 호설암은 이 기회를 틈타 절강성에 전장을 새로 차렸다. 명망 높고 승승장구하는 배경을 가진 왕유령 덕에 식량 구매와 운반, 지방 무장 조직의 경비와 무기구매, 지방의 세관 비용, 생사生絲 사업 등 각 지역의 자금이 모두 호설암의 전장으로 유입되었다.

세상에 자신을 보호하는 방법은 매우 다양하다. 그중에서도 호설암은 전도가 유망해 보이는 사람에게 투자하는 방법을 택했다. 호설암이 이어서 눈여겨본 인물은 하계청何桂淸이었다. 그의 승진을 돕는데 1만 5,000냥이라는 거금을 선뜻 내놓았을 뿐 아니라 그의 환심을 사고 앞날의 사업을 보장받기 위해 눈물을 머금고 애첩까지 바쳤다.

호설암은 무장조직 운영, 공출미 해상 운송, 세관 비용 징수, 무기구매, 외세와 결탁해 태평천국을 진압하는 일들이 비록 자신의 이익과 직접적인 관련은 없었지만, 자신이 발 벗고 나서서 도와주면 하계청이 조정의 두터운 신임을 받아 자신의 지위를 공고히 하는 데 큰 힘이 되리라는 사실을 알았다. 이러한 사람의 탄탄한 뒷받침이 있다면 사업 세력 확장에 도움이 되면 됐지 손해 볼 일은 전혀 없었다.

하계청이 강소성과 절강성을 다스릴 때 조정을 위해 충성을 다하면서 이 일대에 대한 영향력이 날로 커졌다. 이 덕분에 호설암의 사업도 점차 기반을 다지기 시작했다. 그는 과거 전장의 경영 이념에서 완전히 탈피하여 관료 세력을 등에 업고 외부로 세력을 확장해나갔다.

하계청과 왕유령이 몰락의 길을 걷고 있을 때, 호설암은 이미 다른 후견인을 물색하고 있었다. 시류에 영합하지 않을 수 없는 관계로 이번에는 다분히 계획적으로 세기의 인물인 좌종당에게 접근했다.

좌종당이 권력을 쥐고 있을 때, 호설암은 식량을 조달하고 무기와 탄약, 서양식 대포를 구입하고 조선소를 건설하고 외채를 차입하는 일을 도맡았다. 이 일들은 신경이 꽤 쓰일 만큼 힘들었지만 그는 조금도 내색하지 않고 성실히 임무를 완수했다. 이로 인해 조정에서 좌종당의 지위가 공고해질수록 호설암의 기반도 점점 확대되었다. 또한 좌종당이라는 커다랗고 든든한 방패 덕에 조정에서도 호설암을 함부로 무시하지 못했다.

호설암이 중국 상업계를 호령할 수 있었던 것은 물론 그의 뛰어난 능력과 떼놓고 얘기할 수 없지만 더욱 중요한 것은 그가 세력을 빌려 원하는 것을 얻는 방법을 알았다는 것이다. 그는 전도가 밝은 관료를 발견하면 그가 고위 관직에 오르도록 물심양면으로 돕고, 후에 그들의 권세를 이용해 자신의 이익을 도모했다. 쌍방 모두 이익을 취하는 것이야말로 가장 이상적인 사회 교류의 형태로, 시쳇말로 누이 좋고 매부 좋은 것이다.

약자들 가운데서 강자가 되는 법을 찾아라

사람들은 강자가 되길 원하고, 강자가 되면 더 강한 대열에 끼고 싶어 한다. 강자가 되더라도 더 강한 무리 앞에서는 재주를 발휘하지 못하고 오히려 고양이 앞에 선 쥐 신세가 되기 일쑤다. 하지만 강자들이 운집한 환경에서 숨 막히는 답답함을 느낄 때 오히려 상대적으로 약한 경쟁 환경을 찾아보라. 약자 가운데서 강자가 될 수 있고, 더 나아가 강자 중에서도 더욱 강자가 될 수 있는 기회가 찾아올 것이다.

──── 완전히 독립생활을 하지 않는 여우는 때때로 약한 동료들과 함께 사냥에 나선다. 이때 스스로 무리 중에 리더가 되어 작전을 세우고 동료를 지휘하여 더 많은 이익을 취하는 여우가 있다.

약자는 무능력과 같은 뜻이 아니다. 아무리 약자라 해도 자신의 장점을 충분히 발휘하면 강자의 자리에 오를 수 있다. 어떤 일을 처리할 때 주위에 있는 약자 무리를 절대 얕봐서는 안 된다. 그들과 원만한 협력 관계를 맺게 된다면 그들만이 가진 강점으로 나의 약점을 보강하는 동시에 서로 협력해 생긴 시너지 효과로 더 큰 성공을 기대할 수 있다.

1847년에 비스마르크Bismarck는 프로이센의 국회의원이 되었다. 그러나 국회에는 믿을 만한 친구가 한 명도 없었다. 이에 그는 당시 아무 권력도 없는 프리드리히 빌헬름 4세와 동맹을 맺는 뜻밖의 결정을 내렸다. 빌헬름 4세는 프로이센의 국왕이었지만 성격이 유약하고 자기 한 몸을 보전하는 데 급급해 모든 사안을 국회의 자유파에게 양보했다. 비스마르크는 평소에 이렇게 기개 없는 사람을 무척 혐오했다. 그를 잘 아는 주위 사람들은 그의 선택에 모두 고개를 갸우뚱했다. 다른 의원들이 국왕의 우매한 행동을 공격할 때도 비스마르크는 오히려 국왕을 두둔했다.

비스마르크의 노력은 1851년에 마침내 결실을 맺었다. 빌헬름 4세가 그를 내각대신에 임명한 것이다. 그는 여기에 만족하지 않고 자유파에 강경하게 대항할 수 있도록 군사력을 강화하라고 국왕에게 요구했다. 그는 국왕이 자신감을 가지고 국가를 통치하도록 격려하는 한편 왕권을 서서히 회복하여 프로이센을 가장 강력한 전제군주 국가 반열에 올려놓았다. 빌헬름 4세는 자신을 지지하는 비스마르크를 크게 신임하고 자신의 수족으로 삼아 모든 일을 그와 함께 의논했다.

1861년에 빌헬름 4세가 세상을 떠나고 그의 동생인 빌헬름 1세가 왕위를 계승했다. 그러나 신임 국왕은 비스마르크를 무척 싫어해 곁에 두려 하지 않았다. 당시 빌헬름 1세와 비스마르크는 자유파와 대립각을 세우고 있었고, 자유파도 항상 그 둘을 공격하며 권력을 탈취하려 했다. 젊은 국왕은 국가를 다스리는 데 무력감을 느껴 퇴위를 고려하기 시작했다. 이때 비스마르크가 다시 등장했다. 그는 새로운 국왕에게 지지 의사를 표시하는 한편, 단호하고 과감한 강압 수단을 채택해 반대파를 깡그리 몰아내자고 제안했다.

빌헬름 1세는 비록 비스마르크를 싫어했지만 자신에게 꼭 필요한 인물이라고 여겨 그의 도움을 받아 통치 위기를 해결하고자 했다. 결국 국왕은 비스마르크를 재상에 임명했다. 둘 사이에는 정책적으로 의견 대립이 심했으나 그를 중용할 때에도 큰 문제는 없었다. 비스마르크가 재상에서 사퇴하겠다고 위협할 때마다 국왕은 자신의 이익을 고려해 곧 양보했기 때문이다. 현명한 비스마르크는 마침내 국왕의 측근인 최고 권력 자리에 올라 자신의 운명뿐만 아니라 국가 권력까지 확실히 장악했다.

비스마르크가 강자인 자유파와 처음 싸움을 전개할 때만 해도 고립무원의 열세에 처해 있었다. 이에 그는 이해득실을 따져보고 약자인 국왕과 동맹을 맺는 전략을 선택했다. 국왕이라는 특수한 존재의 힘을 빌려 그는 싸움에서 점점 유리한 위치를 점하고 마침내 상대를 완벽하게 물리쳤다. 비스마르크 또한 국왕에게 강력한 지원군이 되었기 때문에 국왕도 비스마르크라는 강자를 떠나서는 존재할 수 없었다. 결과적으로 비스마르크는 국왕에게 잠깐 동안 충성을 다하고 마침내 대권을 손에 넣는 목표를 달성한 셈이다.

지금의 약자가 반드시 미래의 약자는 아니다. 성공을 거두려면 자신을 깔보지 않는 것은 물론 남을 얕봐서도 안 된다. 약자라고 절대 기죽을 필요도 없다. 그럴 때면 주위의 이용할 만한 협력 대상을 세심히 물색하라. 굳이 강자에게 빌붙을 필요는 없다. 약자라도 협력하여 서서히 일을 도모하면 훗날 강자가 될 수 있음을 반드시 기억하라.

주어진 기회의 옥석을 가려 최대한의 이익을 만들어라

기회는 알아서 당신에게 찾아오지 않는다. 기회를 덥석 안겨주는 사람도 없다. 오직 스스로 기회를 쟁취해야 한다. 큰일을 이룬 사람의 능력 중 하나는 기회가 있으면 바로 움켜쥐고 기회가 없으면 이를 창조해낸다는 것이다. 눈으로 보는 것이 전부가 아니다. 자세히 관찰하면 그 안에서 또 다른 기회를 찾아낼 수 있다.

─── 여우의 자기 보호 능력은 다른 동물에 비해 훨씬 강하다. 그들은 생존에 가장 유리한 지형과 기후, 사냥 범위를 선택하고, 주변의 강력한 힘에 어떻게 의지해야 하는지 알고 있다. 의지할 만한 가

치가 있는지 분석한 후 일단 긍정적이라는 판단이 서면 조금도 주저하지 않고 그 환경에 자신을 맡겨 보금자리로 삼는다. 이것이 바로 '진귀한 물건'을 가려내는 방법이다.

당장 쓸모가 없어도 훗날을 위해 진귀한 물건을 간직하는 것은 위험성을 수반한 도박 행위다. 그러나 그 이익이 상상을 초월할 정도로 컸기에 역사상 많은 사람들이 이 방법을 채택해 승리를 쟁취했다. 여불위呂不韋 역시 이 방법으로 정치 게임에서 큰 성공을 거둔 인물 중 하나였다.

전국시대에 위나라 사람인 여불위는 나라가 위태로워지자 가업을 정리하고 조나라 도성인 한단에 정착했다. 당시 조나라에는 진나라 왕손인 이인異人이 인질로 잡혀 있었다. 이인의 어머니 하희夏姬가 진나라 왕의 총애를 받지 못했기에 이인은 늘 멸시를 당했고, 조나라에서도 왕손 대접을 받지 못하고 모욕을 당하기 일쑤였다.

조나라에서 후원자를 물색하던 여불위는 우연히 이인을 만나 그의 신분과 처지를 듣고는 이 사람이야말로 훗날 크게 쓸모가 있겠다고 생각했다. 그는 당장 고향에 있는 아버지를 만나러 갔다.

여불위가 아버지에게 물었다.

"농사를 지으면 몇 배의 이익을 올릴 수 있습니까?"

아버지가 대답했다.

"열 배다."

"보석 장사를 하면 몇 배의 이익이 남습니까?"

"백 배다."

"그럼 일국의 군주가 되도록 돕는다면 몇 배의 이익을 올릴 수 있습니까?"

"그 가치를 헤아릴 수 없겠지."

여불위는 아버지의 말을 듣고 결심을 굳혔다. 지금 열심히 농사를 지으면 배불리 먹고 따뜻하게 입을 것을 얻을 뿐이지만 일국의 군주가 되도록 돕는다면 그의 세력을 빌려 만인지상의 위치에 오를 수 있었다. 이처럼 큰 이득을 얻는 일을 어찌 마다하겠는가?

여불위는 즉시 이인에게 달려가 그가 왕위에 오르도록 물심양면으로 돕겠다고 말했다. 이인은 여불위의 말에 크게 감격해 만약 자신이 왕위에 오르면 천하를 함께 나누겠다고 대답했다. 여불위는 이인에게 황금 500냥을 주고 생활비 및 뛰어난 인재들을 모으는 데 쓰도록 했다. 그리고 자신은 각종 진귀한 보물을 가지고서 진나라로 갔다.

여불위는 진나라에 도착한 후 화양부인을 찾아갔다. 화양부인은 태자인 안국군이 가장 총애하는 부인이었다. 그는 화양부인에게 진귀한 보물을 바치면서 이인의 현명함과 천하의 빈객들을 널리 사귀고 있음을 칭찬하고 효성이 지극하여 늘 태자와 화양부인을 그리워한다고 말했다. 화양부인은 이 말을 듣고 크게 기뻐했다. 여불위는 이 기회를 틈타 화양부인의 언니에게 화양부인이 아들이 없으니 이인을 양아들로 삼도록 얘기해달라고 부탁했다. 후사가 없는 화양부인은 이 제안을 흔쾌히 수락하고 태자를 구슬려 이인을 후계자로 삼았다.

나중에 이인은 화양부인의 도움으로 조나라를 탈출해 진나라로 돌아와 태자 자리에 올랐다. 게다가 얼마 지나지 않아 효문왕이 죽자 뒤를 이어 장양왕으로 즉위했다. 여불위는 승상 자리에 오르고 낙양의 10만 호를 영지로 하사받았다. 그 후 여불위는 진나라의 군정 대권을 장악하고 꿈에도 그리던 만인지상의 자리에 올랐다.

당장 쓸모가 없어도 훗날을 위해 진귀한 물건을 간직한 여불위의 선택은 일종의 정치 도박과도 같았다. 하지만 승패를 예측하기 어려운 상황에서 여불위는 온갖 방법을 동원해 게임을 승리로 이끌었다. 이런 처세는 수익은 크나 성공률이 매우 낮으므로 진귀한 물건을 얻은 후 어느 정도 이익을 누리면 적당한 시기에 물러날 줄도 알아야 한다. 온갖 이해관계가 얽힌 현대사회에서 만약 탐욕 때문에 이런 위험한 도박을 계속 이어나간다면 이익은커녕 처참한 패배를 맛볼 테니 경계를 소홀히 하지 말아야 한다.

인간의 도

**진정한 성공은 스스로
덕행을 쌓고 실천할 때 온다**

인간의 도

갓 태어난 인간은 모두 백지와 같은 존재다. 인간은 여기에 자신만의 색깔을 덧입혀 진정한 인생의 그림을 완성한다. 그렇다면 어떤 그림을 어떻게 그려야 좀 더 완벽에 가까운 사람이 될 수 있을까? 이를 한마디로 개괄하면 덕행을 겸비하는 것이라 할 수 있다.

이 세상이 추악하든 아름답든 인류는 진실하고 선하고 아름다운 것을 끊임없이 추구해왔다. 하지만 인생이란 배는 결코 순풍에 돛단 듯 순탄하게 나아가지만은 않는다. 매 순간, 매 시기마다 온갖 예상치 못한 고난에 부딪히기 마련이다. 이를 극복하려는 의지나 노력이 없다면 궁극의 성공은커녕 하나의 온전한 인간 존재로 살아가는 것마저 기대하기 어렵다. 다양한 경험을 두루 쌓으며 거기서 발생하는 문제들을 현명하게 해결해나가기 위해 각고의 노력을 기울이는 것은 성숙한 인간이 되기 위해 반드시 거쳐야 하는 관문이다.

그렇게 매 순간 자기 삶에 충실하고 성취하고자 하는 목표를 향해 정진할 때 어느 날 매우 특별한 순간을 맞이하게 될 것이다. 어리석음과 현명함, 해야 할 것과 하지 말아야 할 것, 성공의 길과 실패의 길 사이의 경계가 분명해지는 그런 순간 말이다. 또한 당신을 둘러싼 모든 인간관계도 이전의 관계들과 완전히 달라 보이게 될 것이다. 그때야 비로소 당신은 성공이란 한 단어의 가치를 넘어서 이 세상을 살아가는 데 필요한 가장 근본이 되는 미덕은 결코 속임수나 거짓 또는 편법이 아니라 듬직하고 따뜻한 정으로 주변을 감화시키는 것임을 깨닫게 된다.

덕행을 갖춘 인간은 설사 성공하지 못하더라도 실패하지 않는다. 또한 그의 실패는 다음에 더 적게 실패하기 위한 방향을 제시해주는 다른 모습의 성공이다. 물론 아무리 좋은 생각도 실천에 옮기지 않으면 무용지물에 불과하다. 똑똑한 사람은 공담가나 몽상가가 아니다. 백 번 결심하는 것보다 차라리 한 번 행동하는 것이 낫다. 이 세상에 연설가는 많지만 몸으로 보여주는 실천가는 드물다.

인간의 도를 당신의 삶 속에 온전히 실행함으로써 성공에 한 발 더 다가서라.

제1장 자각의 도

있어야 할 곳에 있는 것도
능력이다

'너 자신을 알라'는 말의 의미

스페인에는 "스스로를 아는 것이야말로 세상에서 가장 얻기 어려운 지혜다."라는 유명한 속담이 있다. 자기 자신을 아는 것은 인생에서 가장 어려운 일이자 가장 중요한 일이다.

―――― 고대 그리스 델포이의 아폴론 신전에 새겨져 있었다는 '너 자신을 알라'라는 경구는 수천 년을 이어오며 사람들 마음속에 자리 잡은 영원한 외침이 되었다. 동서고금에 예외 없이 적용된 이 말은 모든 철학의 중요하면서도 근본적인 이치라고 할 수 있다.

이 말은 인간 자체와 인간이 나아가야 할 방향에 대해 언급하고 있다. 그러나 수천 년 동안 이것이 무엇을 의미하는지 의견이 분분하여 정확한 해답을 내놓지 못했다. 이 말은 이처럼 모호한 의미 때문에 더욱 더 비범한 매력을 가지고 있는지도 모른다. 고대 그리스의 유명한 철학자인 소크라테스도 이 말을 자신의 진정한 철학으로 삼았다.

그렇다고 '너 자신을 알라'가 꼭 심오한 철학 용어는 아니다. 이는 인간이라면 누구나 고민하는 삶의 근본적인 문제이기도 하다. 만약 당신이 진정으로 자신을 이해했다면 탄탄대로가 열릴 것이다. 하지만 스스로를 이해하지 못했을 때는 반드시 두 가지 결과가 나타난다. 자신의 성격적 약점 때문에 방향을 잃거나 불확실한 길 위에서 헤매게 되는 것이다.

자신의 땅을 갖는 게 소원인 한 가난뱅이가 있었다. 어느 날 지주가 그에게 이렇게 말했다.

"내 자네에게 땅을 나눠주지. 그런데 조건이 하나 있어. 여기서부터 저기 지평선까지가 모두 내 땅일세. 지금 여기서 출발해 가고 싶은 곳까지 갔다가 돌아오면 자네가 밟은 땅은 모두 자네 것이 되네."

가난뱅이는 혹시 잘못 들은 게 아닌지 자신의 귀를 의심하며 들떠 걸음을 재촉했다. 그는 모든 땅을 손에 넣고 싶은 마음에 쉬지 않고 길을 걷고 또 걸었다. 하지만 결국 도중에 힘에 부쳐 쓰러져 죽고 말았다. 이 가난뱅이는 너무 가여운 사람이다. 스스로의 탐욕을 깨닫지 못한 채 자신이 파 놓은 탐욕의 구렁텅이에 빠졌기 때문이다.

일상생활이나 직장에서 사람들은 가슴에 손을 얹고 진지하게 스스로에게 묻는다. "나는 누구인가?" 이때 본인이 가진 마음속의 강력한 힘과 바라는 바를 분명히 알아야만 엉뚱한 길로 빠지지 않고 자신의 운명을 꼭 틀어줄 수 있다. 사랑에 관해서도 현실과 크게 동떨어진 영화 속 사랑을 꿈꾸고 있는지 아니면 평범한 일상에서 진정한 사랑을 찾을지 생각해 봐야 한다. 직업을 고를 때도 미래의 전망을 중시할지 아니면 자신의 장점을 살릴지 고민해야 한다.

수많은 사람들이 웅대한 뜻을 품고 아르키메데스가 지렛대로 지구를 들어 올리겠다고 한 호기를 시험해본다. 하지만 인생은 '네모칸 노트'에 지나지 않는다. 이 안에 있는 모든 네모 칸은 각기 살아가는 법과 생활방식 등을 대표한다. 공자진龔自珍이 "격식에 구애받지 말고 인재를 등용하자."라고 한 말은 차라리 "격식 하나하나에 맞는 인재를 등용하자."로 바꾸는 게 낫다. 당신 스스로 어느 칸에 정확히 속하는지 알았을 때 행복과 성공은 멀리 있지 않다.

노자는 《도덕경》에서 "남을 아는 것은 단순한 지혜지만 자신을 아는 것은 명철함이다."라고 말했다. "자신을 아는 명석함이야말로 사람에게 가장 귀중한 것이다."라는 말도 이 이치를 설명하고 있다. 누구나 마음을 가라앉히고 스스로에게 되묻는 자세가 필요하다. 당신은 당신 스스로를 이해했는가? 자기 자신을 알지 못한 채 깊은 늪에 빠져 허우적대지 않길 바란다.

있어야 할 곳에 있는 것도 능력이다

지금 당신에게 필요한 것은 어쩌면 능력을 향상시키는 것이 아닐지도 모른다. 아무리 능력이 뛰어나도 전혀 엉뚱한 곳에 쓰인다면 밝은 미래를 보장받을 수 있겠는가? 당신은 당신이 있어야 할 곳에 있는가? 어디서 당신을 필요로 하고, 어디가 당신에게 어울리는지 생각해보라. 그 위치를 정확히 찾아야 한다.

──── 사람마다 각기 다른 자신만의 위치가 있다. 그러나 모든 사람이 자신의 위치를 정확히 찾는 것은 아니다. 벤저민 프랭클린Benjamin Franklin은 일찍이 이런 말을 남겼다.

"보석도 엉뚱한 곳에 놓으면 쓰레기가 되고 만다. 세상을 사는 비결은 자신의 위치를 정확히 찾는 것이다. 그래야만 자신의 장기를 십분 발휘할 수 있다. 자신의 장점을 살리면 인생의 가치가 오르는 반면, 단점을 드러내면 가치가 하락하게 된다."

조 지라드Joe Girad는 1928년에 미국의 한 슬럼가에서 태어났다. 가난 때문에 일찍 철이 든 그는 구두닦이, 신문팔이부터 시작해 접시닦이, 화물 배달원, 난로 조립공, 건축 도급자 등 40여 가지 직업을 전전했다. 서른다섯 전까지 그는 인생의 실패자나 다름없었다. 친구들이 하나둘씩 그의 곁을 떠나고 빚만 잔뜩 진 데다가 당장 처자식을 먹여 살리는 일도 걱정이었다. 게다가 그는 말을 더듬는 심각한 언어 장애마저 가지고 있었다. 결국 그는 입에 풀칠이라도 하기 위해 자동차 세일즈에 뛰어들었다.

그는 처음 세일즈를 시작할 때 '내가 할 수 있다고 마음먹은 건 반드시 해낼 수 있어'라고 반복해서 자기 최면을 걸었다. 그는 스스로 할 수 있다는 믿음과 열정으로 세일즈에 적극적으로 임했다. 그는 길거리건 상점 안이건 만나는 사람에게 모두 명함을 건넸다. 그리고 기회만 나면 자동차를 소개하고, 동시에 자기 자신을 홍보했다. 3년 후 마침내 그는 세계에서 가장 위대한 세일즈맨에 등극했다.

배경도 전혀 없고 가진 건 빚뿐이었던 그가 겨우 3년 만에 기네스 북이 선정한 '세계 최고의 판매왕'에 오를 줄 누가 상상이나 했겠는 가. 그가 가진 하루 평균 6대의 자동차 판매 기록은 아직도 깨지지 않고 있다. 그는 지금까지도 비즈니스계에서 '누구에게나 어떤 물건도 팔 수 있는' 전설적인 인물로 추앙받고 있다. 조 지라드는 수많은 직업에 종사했지만 번번이 실패하는 아픔을 겪었다. 그러던 중 마침내 자신의 적성과 일치하는 세일즈라는 직업을 찾아냈다.

오랜 기간 동안 최선을 다해 일하고 창의력과 지혜를 십분 발휘하며 운까지 따라주는 일을 만날 수는 있다. 그러나 그 과정에서 자신의 정확한 위치를 찾지 못한다면 앞으로 나아갈 방향을 잃어버릴 뿐만 아니라 지금까지의 모든 노력마저 수포로 돌아가고 만다. 자신의 위치를 정확히 알아야 성공에 더 빨리 다가갈 수 있다.

성공한 사람들을 관찰해보면 자신의 정확한 위치를 찾아내고 약점과 부족한 점을 체크하여 이를 고치려고 끊임없이 노력한 경우가 많다. 그들은 자신의 정확한 위치를 찾지 못하는 것이 인생에서 가장 두렵다는 사실을 남보다 일찍 깨달은 사람들이다.

평범함 속에서도 빛을 내는 사람이 돼라
무엇이 성공인지 한마디로 정의하기란 정말 어렵다. 그럼에도 보편적으로 받아들여질 수 있는 정의를 내린다면, 자신의 능력을 충분히 발휘하고 자신의 진정한 가치를 실현하여 정직하고 성실한 사람이 되는 것을 성공이라 하겠다. 착실히 자신의 길을 걷는 것이야말로 누구에게나 필요한 덕목이다.

─── 아프리카 초원에 서식하는 영양은 아침에 해가 뜨면 무조건 빨리 내달릴 각오를 다진다. 그래야만 자기보다 빠른 사자의 사정권에서 벗어날 수 있기 때문이다. 사자 역시 매일 아침 태양이 뜨자마자 빨리 달려야 한다고 마음먹는다. 그래야만 아침부터 달아나기 바쁜 영양을 잡을 수 있기 때문이다. 이것이야말로 초원의 엄연한 현실이다.

인간도 초원의 사자와 영양처럼 강자와 약자로 나뉜다고 할 수 있다. 사람들은 자신이 처한 위치에 따라 각자 자신의 길을 걷는다. 만약 사자라면 사냥감을 잡기 위해 열심히 달릴 것이고, 만약 영양이라면 위험에서 벗어나기 위해 재빨리 도망갈 것이다. 동물 세계의 질주는 인류의 투쟁과 같다. 자신이 가야 할 길을 꿋꿋이 갈 때 이 세상에서 낙오하지 않고 살아갈 수 있다.

사람이라면 누구나 천재나 위대한 인물이 되길 꿈꾼다. 그러나 위대한 사람은 극소수에 불과하며, 그들의 위대함은 평범함과 대척점에 서 있다. 대다수의 사람들은 활동 공간도 제한적일 뿐만 아니라 사람들 가운데서 두각을 드러내 위대한 인물이 될 확률이 극히 드물다. 하지만 정직하고 성실한 사람이 되어 최대한 자신의 능력을 발휘하고 자신의 가치를 실현하는 것은 누구든지 가능하다. 누구나 평범한 위치에서도 인생의 참의미를 실현할 수 있다.

전형적인 예가 바로 버스 안내양 리쑤리李素麗다. 그녀의 직업은 매우 평범했지만 맡은 일을 부지런하고 성실하게 해내 인생의 가치를 실현할 수 있었다. 버스 안내양이 '노인의 지팡이, 장님의 눈, 외지인의 가이드, 환자의 간호사, 군중의 배려자'로 칭송받는다는 건 정말 대단한 일이다. 물욕이 만연하고 인심이 각박해지는 세상에서 묵묵히 인간 본연의 길을 걷기란 실로 쉬운 일이 아니다.

사람은 본연의 능력과 수준을 알고 있어야 헛된 명성을 도모하지 않고 착실하게 자신의 길을 걸을 수 있다. 그렇지 않으면 틈날 때마다 사리사욕과 요행을 바라게 된다. 예로부터 다음 세 부류의 사람에게는 항상 재앙이 따른다고 여겼다. 첫째는 악의를 품은 사람으로 남의 이익에 손해를 입히려다가 오히려 해를 당하는 경우, 둘째는 질투심이 심한 사람으로 남을 용납하지 않다가 도리어 남에게 미움을 사는 경우, 셋째는 헛된 명성을 좋아하는 사람으로 수단을 가리지 않고 남의 성공을 도둑질하려다가 결국엔 들켜 망신살이 뻗치는 경우다.

이런 일이 발생하지 않도록 주의하는 노력이 반드시 필요하다. 인생에는 수만 가지 길이 있지만 우리는 한 가지 길을 선택해야 한다. 자신의 길은 남에게 의존하지 않고 스스로 걸어야 한다. 특히 남의 말에 이리저리 좌우되어 자신의 방향을 잃는 것은 절대 금물이다. 묵묵히 자신의 길을 한 발 한 발 내딛으면 평범함 속에서도 밝은 빛을 발할 수 있다.

열등감에 발목 잡히지 마라

열등감은 성공으로 가는 길에 항상 마주치는 걸림돌이다. 수많은 사람이 열등감 때문에 자신을 부정하는데, 이는 모두 지나친 자기 학대일 뿐이다. 인간의 잠재력은 무한하다. 자신감을 가진 사람만 이 능력을 십분 발휘할 수 있다. 자신감은 절반의 성공과 다름없다.

─── 자격 미달로 학교 합창단원 모집에 탈락한 한 소녀가 있었다. 소녀는 이 일로 크게 의기소침해져 열등감만 계속 쌓여갔다. 하루는 그녀가 공원 벤치에 앉아 작은 목소리로 노래를 부르고 있었다. 그때 갑자기 옆에 있던 할머니가 목소리가 정말 좋다며 칭찬했다. 그 말에 소녀는 자기도 모르게 마음속으로 미소를 지었다.

다음날 소녀는 다시 공원을 찾았다. 그녀는 할머니가 그 자리에 있는 것을 보고 다가가 노래 몇 곡을 불렀다. 이번에도 할머니는 노래를 정말 잘 부른다고 칭찬하더니, 노래를 다 듣고 자리를 떠났다. 이 일이 여러 날 반복되면서 소녀는 노래 부르는 데 더욱 재미를 붙였다. 그리고 수년 후 마침내 마을 가수 선발대회에서 1등을 차지했다.

소녀는 갑자기 예전의 그 할머니가 생각났다. 이리저리 수소문해 보니 그 할머니는 이미 세상을 떠난 뒤였다. 그런데 할머니를 알고 있는 사람들은 소녀의 이야기를 믿으려 하지 않았다. 왜냐하면 그 할머니는 바로 귀머거리였기 때문이다.

이때 그녀는 당시 자신에게 부족했던 것이 자신감이었음을 비로소 깨달았다. 사람은 항상 실패에 맞닥뜨린다. 그러나 실패를 만나면 지레 풀이 죽어 기가 꺾인다. 이는 지나친 자기학대로 반드시 버려야 할 습성이다. 인생에서 좌절을 겪지 않기란 절대 불가능하다. 좌절을 이기고 자신을 극복하려면 반드시 자신감을 가져야 한다. 자신감은 사람을 승리로 인도하는 계단이다. 자신감이 강한 사람은 강한 적응력을 갖고 있다. 반대로 자신감이 없으면 적응력도 약해진다. 자신감이 부족할 때 일어나는 가장 큰 문제는 자아를 잃어버린다는 것이다. 자아를 잃어버린 사람은 삶의 의욕과 재미도 기대할 수 없다.

자신감을 갖는 것은 그렇게 어려운 일이 아니다. 항상 자신의 장점과 성공 경험을 마음에 새기고 있으면 자신감이 곧 살아나고 뿌리를 내려 점점 당신의 잠재의식을 주도하게 된다. 이것이 곧 자아를 인식하고 긍정하는 과정이다. 그리고 어느 정도 시간이 흐른 뒤 자신감은 당신의 성격에 녹아들게 될 것이다.

자신감으로 충만한 사람이 사람들 앞에 서면 풍기는 기운이 남다르다. 이때 그의 몸에서 뿜어져 나오는 기운이 당신을 끌어당겨 강한 힘을 줄지도 모른다. 자신감을 통해 자신이 설정한 한계를 극복하고 인생의 슬럼프를 헤쳐 나간다면 당신 앞에는 반드시 성공이 기다리고 있을 것이다.

절제력이 부족한 사람은 스스로를 파괴한다

자기 절제는 삶에서 대단히 중요하면서도 꼭 필요한 능력이다. 감정을 제어하지 못하고 멋대로 쏟아낸다면 충동적이 되기 쉽다. 뛰어난 자기 절제 능력의 가장 큰 이점은 일의 능률을 더욱 높여준다는 것이다.

───── 자기 절제 능력이 부족한 사람은 장기간 나쁜 습관에서 헤어
나오지 못해 고통을 겪는다. 이런 사람들은 감정을 억제하지 못하고
성격이 조급해지거나 충동적이 된다. 이는 일이나 생활에서 상당한
마이너스 요인으로 작용하고, 심할 경우에는 막심한 대가를 치르기
도 한다.

아프리카 초원에는 동물의 피를 빨아먹고 사는 흡혈박쥐가 있다.
이 흡혈박쥐는 몸집이 매우 작지만 야생마들의 천적으로 알려져 있
다. 이 박쥐를 본 사람들은 보잘것없는 이 작은 동물이 어떻게 건장
한 야생마에게 위협이 되는지 상상이 가지 않았다. 일군의 동물학자
역시 이 점에 대해 커다란 호기심을 느꼈다. 흡혈박쥐는 야생마의 다
리에 달라붙어 피를 빠는데, 실제로 흡혈량은 그리 많지 않아 목숨에
지장을 줄 정도는 아니다. 그렇다면 야생마들은 왜 갑자기 죽음을 맞
게 되는 것일까?

학자들은 연구를 거쳐 야생마들이 흡혈박쥐의 공격을 받은 후 가
려움을 이기지 못하고 발작 증세를 보인다는 사실을 발견했다. 야생
마들은 스스로를 통제하지 못하고 미쳐 날뛰다가 결국 과다 출혈로
몸에 산소가 부족해 사망에까지 이르렀다. 만약 냉정을 찾았다면 흡
혈박쥐에게 물린 상처가 금방 아물어 죽음으로 이어지지는 않았을 것
이다.

여기서 야생마는 자기 절제 능력이 부족하여 난폭해지거나 충동적

이 되는 일부 현대인들을 상징한다. 이들은 일을 할 때 평정심을 잃고 두뇌 회전이 잘 안 돼 곧잘 어리석은 행동을 저지른다. 그들이 급격히 무너지는 이유는 야생마의 경우처럼 외부의 충격 때문이 아니라 자기 절제 능력이 부족하여 스스로를 파괴하기 때문이다.

세상에 똑똑한 사람은 많지만 성공을 거둔 사람은 소수에 불과하다. 이는 세상의 수많은 유혹 앞에서 자기 절제 능력을 발휘하는 사람이 매우 적다는 데서 그 이유를 찾을 수 있다. 컴퓨터나 텔레비전의 유혹을 물리치고 좀 더 많은 시간을 자신의 마음을 정화하는 데 투자하거나 돈으로 욕망을 채우기 급급한 시간에 자신의 포부를 이루려고 노력한다면 성공과의 거리는 좀 더 가까워질 것이다.

나만이 내세울 수 있는 칼끝을 준비하라

끊임없이 공부하여 자신을 단련하라

절대로 세월을 낭비하지 마라. 사람은 늘 공부하고 끊임없이 자신을 충전해야 한다. 빠른 속도로 변화하는 사회에서 공부는 죽을 때까지 하는 것이다. 자신의 가치를 끊임없이 높여야 사회에서 위치를 확고히 다질 수 있다. 그렇지 않으면 쉽게 실패하고 도태할 것이다.

───── 팽이가 안정감 있게 서 있는 이유는 끊임없이 회전하기 때문이다. 만약 회전하지 않는다면 그대로 쓰러질 것이다. 사람도 노력하지 않고 답보 상태에 머무르면 앞날이 암담해져 자포자기에 빠지고 만다.

사람도 팽이와 같다. 틈나는 대로 열심히 공부해 뿌리가 얕거나 속이 텅 빈 상태에 빠지지 않도록 노력해야 한다. 물론 학습 과정은 험난하고 꾸준히 지속해야 하는 고난의 과정일 것이다. 맹자는 이런 말을 남겼다.

"하늘이 장차 사람에게 큰 임무를 맡길 때는 먼저 그 마음과 뜻을 괴롭히고 몸을 힘들게 하며 생활을 궁핍하게 하고 하는 일마다 훼방을 놓는다. 이는 그의 마음을 분발시키고 참을성을 길러주어 지금까지 할 수 없었던 일도 해내기 하기 위함이다."

물을 끓일 때 99도까지는 물이 끓지 않는다. 하지만 조금 더 열을 가해 1도만 더 높이면 물은 팔팔 끓게 된다. 그런데 물을 끓이다가 힘들다고 매번 99도에서 멈추면 물이 식어 백 번이고 천 번이고 다시 가열해도 영원히 끓지 않을 것이다. 게다가 물을 끓이는 데 들어간 연료와 시간까지 계산하면 큰 낭비가 아닐 수 없다.

무료하고 의미 없는 세월을 보내 실패의 기운이 언제나 곁에서 떠나지 않는다면, 남들의 뒤꽁무니만 따르는 당신의 모습을 발견하게 될 것이다. 사람은 스스로를 지탱할 힘을 잃었을 때 나락으로 떨어지고 자포자기 상태에 빠진다. 사람의 일생이란 나이가 들수록 점점 더 평범해지는 과정이라고 말하는 이도 있다. 이 말을 곧이곧대로 믿고 공부를 포기한다면 평범해지는 데 그치는 것이 아니라 인생의 낙오자라는 낙인이 찍힌다.

성공으로 향하는 길은 결코 순풍에 돛단 듯 순탄하지 않다. 자신감과 열정, 목표 의식을 가지고 끊임없이 노력하고 공부를 통해 부족한 점을 메워야 성공을 향해 점점 더 가까이 다가갈 수 있다.

신용은 마음을 움직이는 가장 좋은 무기다

신용은 입신출세의 근본이다. 또한 신용은 세상을 사는 데 필요한 가장 기본적인 덕목 중 하나다. 남들이 믿고 따르도록 하는 가장 좋은 방법은 무력으로 정복하는 것이 아니라 바로 신용이라는 미덕으로 마음을 움직이는 것이다.

─── 춘추시대 초나라의 종자기鍾子期란 사람이 젊은 나이에 몹쓸 병에 걸려 죽음을 눈앞에 두고 있었다. 그는 병상을 지키는 부모에게 친구인 유백아俞伯牙와의 약속을 지킬 수 있도록 자신의 시신을 마안산 강가에 묻어달라고 부탁했다. 1년 전 유백아의 거문고 연주를 듣다가 우연히 만나 의를 맺은 두 사람은 헤어지면서 내년 중추절에 다시 만나자고 약속했기 때문이었다.

시간이 흘러 약속한 중추절이 다가왔다. 유백아는 조정에 휴가를 신청하고 행장을 꾸려 여정에 나섰다. 그는 산을 넘고 물을 건너 1년 전 종자기와 만났던 장소에 도착했다.

유백아는 배에 서서 사방을 둘러보았지만 한참이 지나도 종자기의 모습이 보이지 않았다. 그는 종자기가 아무 이유 없이 약속을 어길 친구가 아님을 알고 곧장 종자기의 집으로 향했다. 십여 리쯤 가다가 한 노인을 만나 길을 물었는데, 알고 보니 그 노인은 바로 종자기의 아버지였다. 그 노인은 눈물을 흘리며 목이 멘 소리로 말했다.

"강가에서 멀지 않은 곳에 무덤이 하나 있다네. 그곳에 내 아들이 묻혔네. 거기서 자네를 만나기로 했다더군."

유백아는 종자기의 부친을 따라 무덤 앞에 다다랐다. 그는 대성통곡을 한 다음 거문고를 꺼내 슬픈 노랫가락을 연주했다. 그러고는 연주를 마친 뒤 거문고 줄을 끊어버렸다. 유백아는 세상에 자신의 음악을 알아주는 이가 없다는 생각에 이후 다시는 거문고를 연주하지 않았다.

믿음으로 친구를 대하고 약속을 목숨보다 소중히 여긴 두 사람의 이야기는 대대로 미담으로 전해지고 있다. 현대사회에서도 이와 마찬가지로 신용이 무엇보다 중요하다. 믿을 만하고 성실한 파트너를 찾는 것은 누구나 바라는 일이 아닐까.

유혹 앞에서 평정심을 잃지 않고 욕심을 버리기란 매우 어렵다. 하지만 이를 극복하고 신용을 지켜야만 사람들의 존경을 받을 수 있다. 신용이 특히 강조되는 오늘날, 뛰어난 명성은 신용이라는 기초 위에 세워지는 것이다.

히말라야 산맥 남쪽 기슭에 위치한 네팔의 한 마을은 외국인의 발길이 거의 닿지 않는 곳이었다. 그런데 훗날 수많은 일본 관광객이 이곳을 찾으면서 짭짤한 관광 수입을 올렸다. 여기에는 신용을 지킨 한 소년의 이야기가 숨어 있다.

일본의 사진사 몇 명이 명산의 풍광을 담기 위해 오지인 이곳을 찾은 적이 있었다. 하루는 맥주가 몹시 마시고 싶었지만 이곳은 문명의 혜택을 받지 못해 생필품을 구하기도 어려운 처지였다. 이에 이들은 현지 소년에게 돈을 조금 쥐어준 후 맥주를 사달라고 부탁했다. 이 소년은 무려 세 시간이나 산길을 달려 맥주를 사왔다. 다음날 이 소년은 자진해서 맥주를 사다주겠다고 말했다. 사진사들은 아예 돈을 많이 주고 맥주 열 병을 사달라고 부탁했는데, 이튿날 오후가 돼도 이 소년은 나타나지 않았다. 사진사들은 그 소년이 돈을 가지고 달아난 것이라 여기고 괘씸해했다.

그런데 그날 밤 그 소년이 사진사들이 묵는 숙소의 문을 두드렸다. 알고 보니 처음에 깜빡하고 맥주를 네 병밖에 사지 않아, 다시 산을 넘어 나머지 여섯 병을 사오다가 그만 발을 헛디뎌 세 병이 깨지고 말았다. 이에 혼이 날까 무서워 꼬박 하루를 산속에서 보냈던 것이다. 소년이 울면서 맥주와 잔돈을 건네자 사진사들은 약속을 지킨 소년의 행동에 큰 감명을 받았다.

이 이야기가 일본에 전해진 후 사람들의 심금을 울리면서 이곳을 찾는 여행객 수도 갈수록 늘어나게 되었다.

세상에는 현란한 속임수로 사람을 현혹하는 가짜가 너무 많다. 하지만 가짜는 결국 가짜일 뿐, 종국에는 그에 상응하는 대가를 치르게 된다. 신용을 잃게 되면 성공의 기회마저 잃어버린다는 사실을 명심하라. 신용은 서로를 믿는다는 무언의 약속이자 구속력을 가진 마음의 계약이다. 이는 어떤 법률 조항보다 강한 구속력을 지니며 성공을 위한 중요한 열쇠가 된다. 다른 사람의 신용을 얻는다는 것은 사람의 마음을 움직이는 가장 강력한 무기를 지닌 것과 같다.

진실함 속에서 진정한 총명함이 발휘된다

총명한 사람은 양심을 속이거나 가식적인 모습을 보이지 않는다. 언제나 사실 그대로의 모습을 남들에게 보여주며 순수하고 질박한 심성을 유지하려고 노력한다. 반면 온갖 기교를 부려 어설프게 똑똑해 보이는 것이야말로 정말 어리석은 짓이다. 총명함은 진실함을 절대 이기지 못한다.

─── 진실한 사람은 언제나 신뢰를 주기 때문에 사람들은 진실한 사람에게 호감을 가진다. 진실한 모습을 보이려고 노력하는 것이야말로 가장 똑똑한 행동이다. 당신이 거짓말로 당장의 위기를 모면하려고 할 경우, 부족한 논리를 메우기 위해 거짓말에 거짓말이 더해져 결국에는 인간관계에 악영향을 미칠 뿐이다.

1928년에 당시 나이 스물여섯에 불과한 심종문沈從文은 상하이의 명문 중국공학中國公學 교장의 초빙으로 강사에 임명되었다. 심종문은 문단에서 대단한 명성을 날리는 작가였지만 대학 강의를 한 번도 해본 적이 없었다. 이에 그는 강의를 위해 사전부터 준비를 철저히 했다. 그러나 막상 단상에 올라 강의실을 빽빽이 메운 학생들을 보자 마음이 불안해지기 시작했다.

심종문은 멍하니 서서 한마디 말도 하지 못했다. 이윽고 수업을 시작했지만 너무 긴장한 탓에 고개만 숙이고 건조하게 강의 원고를 읽어나갔다. 그러다가 그만 강의 중간에 보충할 사전 준비 내용을 새까맣게 잊어버리고 말았다. 원래 준비한 한 시간짜리 수업은 결국 10분

만에 끝나버렸다. 나머지 수업을 어떻게 진행해야 할지 몰라 등에서 식은땀이 계속 흘러내렸다.

심종문은 자신의 체면을 생각해 이런저런 변명을 늘어놓는 대신, 분필을 들어 칠판에 '사실 오늘이 제 인생의 첫 강의입니다. 사람이 너무 많아 굉장히 떨립니다.'라고 솔직하게 적었다. 솔직하면서도 애교 넘치는 강사의 고백에 강의실은 선의의 웃음소리로 가득 찼다.

심종문의 학식과 잠재력, 됨됨이를 잘 알고 있는 교장은 강의실에서 벌어진 이야기를 듣고 그를 꾸짖지 않았을 뿐 아니라 도리어 "심종문의 첫 수업은 성공적이었다."라고 격려했다. 당시 수업을 들었던 학생 가운데 하나는 훗날 이런 글을 남겼다.

"심 선생의 솔직담백한 모습에 감탄이 절로 나왔다. 내 인생 최고의 수업이었다."

그의 총명함은 진실함에서 나온 것이다. 그는 결정적인 순간에 속임수를 써 위기를 모면하려 하지 않고 시종일관 진실한 모습을 보여주었다. 만약 그가 긴장하지 않은 척 가장했다면 이런 우스꽝스러운 모습을 보고 뒤에서 비웃는 학생도 있었을 것이다. 이러한 그의 진실함과 선의는 그를 존경받는 스승으로 바꿔놓았다.

약삭빠른 사람들 눈에 진실함은 미련함으로 보인다. 하지만 실상은 그렇지 않다. 진실함이 일시적으로 작은 손해를 가져다줄 수 있지만 결국에는 이런 품성으로 인해 커다란 이점을 누릴 수 있다. 큰일을 이루려는 사람은 언제나 진실함이란 원칙을 견지해야 한다. 어설픈 똑똑함은 자랑이 되지 못한다. 이는 큰 지혜와 본질적으로 차이가 있다.

칭찬에 도취되면 모든 가능성이 사라진다

누구나 칭찬을 들으면 기분이 좋아진다. 사람들이 자신을 인정하고 좋아하고 지지한다는 뜻이기 때문이다. 하지만 칭찬은 일시적인 것일 때가 많다. 칭찬 일색이다가도 한 가지 사소한 실수를 저지르면 모든 것이 물거품이 돼버린다. 칭찬을 들어도 안주하지 말고 더 발전하기 위해 끊임없이 노력하라.

───── 칭찬은 과거의 행동에 대한 평가일 뿐, 현재나 미래의 평가는 아니다. 따라서 남의 칭찬을 들었을 때 더욱 노력하려는 의지를 다져야 한다. 그렇지 않으면 칭찬은 훗날 비난으로 바뀔 것이다.

오랜 옛날에 한 소년이 활쏘기를 배웠다. 아이의 아버지는 어려서부터 이 마을 남자라면 훌륭한 궁수가 되어야 한다고 가르쳤다. 그러면서 살가운 말이나 격려 한마디 없이 아이를 늘 엄격하게 대했다. 소년은 이런 아버지에게 항상 불만을 품고 있었다. 한번은 소년이 활을 당기는 데 너무 힘들어하고 장시간 과녁을 쳐다보느라 눈물을 흘리자 아버지가 이렇게 말했다.

"칭찬을 듣고 싶다면 활쏘기 연습에 매진해라. 네가 명사수라고 칭찬받는 날, 지금까지의 고생이 보상을 받게 될 게다."

어느덧 소년의 나이도 열다섯이 되었다. 마을에서는 열여섯 살이 되면 활쏘기 대회에 참가할 자격이 주어졌다. 이 대회에서 우승해야 최고의 궁수라는 호칭과 함께 커다란 영예를 누릴 수 있었다. 소년은 1년 후에 열릴 대회를 준비하며 매일 피나는 연습을 통해 누구 못지 않은 실력을 갖추게 되었다.

그러던 어느 날 마을 북쪽에서 큰 새 한 마리가 간난아기를 낚아채 가는 사고가 발생했다. 마을 사람들은 급히 사고 현장으로 달려가 아기를 구하려 했지만 하늘 위를 빙빙 도는 새를 잡을 수 없어 발만 동동 굴렀다. 아이가 다칠까 염려돼 화살을 쏠 수도 없는 노릇이었다. 다행히 새가 멀리 날아가지 않고 주위를 맴돌고 있어서 마을 사람들은 일단 아기가 떨어지면 받으려고 밑에 큰 천을 둘러놓았다.

소년이 이 소식을 듣고 달려가 보니 새가 마침 주위를 낮게 선회하고 있었다. 사정거리에 들어왔다고 판단한 소년은 재빨리 활시위를 당겨 화살을 발사했다. 허공을 가르는 화살 소리와 함께 새가 외마디 비명을 지르며 밑에 둘러놓은 천으로 떨어졌다. 마을 사람들이 황급히 달려가 보니 새는 그 자리에서 즉사했고, 아기는 놀라 울음을 터뜨렸지만 다행히 아무데도 다치지 않고 무사했다. 이 광경을 지켜본 주위 사람들은 소년에게 천하제일의 활솜씨라며 치켜세웠다.

생전 처음 사람들의 칭찬을 들은 소년은 우쭐해진 마음에 이 기분을 한없이 만끽했다. 집에 돌아온 소년은 사람들의 칭찬에 도취된 채 날마다 해오던 활쏘기 연습마저 게을리 하며 허송세월을 보냈다. 아버지가 여러 차례 타일렀지만 소년은 귓등으로도 듣지 않았다.

1년이 지나 열여섯 살이 된 소년은 마을 활쏘기 대회에 참가했다. 시합이 시작되자마자 그는 땀을 비 오듯 흘렸다. 오랜 시간 연습을 하지 않아 활시위를 당기는 것조차 힘에 부쳤기 때문이다. 팔이 덜덜 떨려 과녁마저 시야에서 흐릿해졌다. 소년은 아예 눈을 질끈 감고 힘껏 화살을 발사했다. 하지만 화살은 세 발 연속 과녁을 빗나갔고, 이를 본 마을 사람들은 실망의 빛을 감추지 못하며 소년에게서 등을 돌렸다.

이 이야기 속의 소년처럼 남의 칭찬에 너무 흥분하거나 자만하여 모든 것을 놓아버려서는 안 된다. 칭찬은 들은 즉시 잊어버려라. 그 대신 칭찬에 도취되어 현재 맡겨진 일에 소홀해지지는 않았는지 다시 한 번 스스로를 점검하라. 더 나아가 어떻게 변할지 모르는 미래에 대비하는 것도 훨씬 도움이 될 것이다.

성실하고 근면한 자세가
뛰어난 재능보다 우선한다

게으른 자는 성공도 행복도 누릴 자격이 없다

노력하지 않고 거둘 수 있는 성공은 없다. 근면성실함의 미덕은 가난한 자를 부자로 만들어준다. 하지만 게으른 자는 어떤 일도 이룰 수 없다. 하늘은 게으름뱅이에게 성공으로 향하는 문을 열어주지 않는다. 이는 비단 성공에만 해당하는 것은 아니다. 행복, 건강, 사랑… 게으른 자는 결국 모든 것을 잃는다.

――― 세일즈맨의 원조로 불리는 클레멘트 스톤Clement Stone은 "이성은 감정을 지배할 수 없다. 오직 행동만이 감정을 변화시킬 수 있다."라고 말했다. 당신이 가장 잘하고 관심이 있는 분야를 선택한 후 최선을 다해 행동으로 옮겨라.

사상이 빈곤하고 어리석으며 게으른 사람은 사물의 겉모습만 중시하고 본질을 보지 못한다. 이들은 오직 행운이나 우연 따위를 신봉한다. 그래서 누가 부자가 됐다고 하면 행운으로 치부해버리고, 명성을 얻은 사람을 보면 어쩌다 운대가 맞았을 뿐이라고 폄하한다. 성공한 사람이 이상을 실현하기 위해 겪은 좌절과 시련을 알 리 없으니, 이렇게 생각하는 것도 어쩌면 당연하다.

만약 당신이 적극적이고 진취적인 업무 태도를 견지한다면 주위의 인정과 칭찬을 받아 조직에서도 틀림없이 중용될 것이다. 여기에 보너스로 가장 귀중한 자산인 자신감도 함께 얻을 수 있다. 반면에 나태함은 사람의 영혼을 갉아먹어 주위의 부지런한 사람에게 질투심만 쌓이게 된다.

어떤 이는 스스로의 힘으로 성공을 거두는 것보다 더한 행복은 없다고 말한다. 어떤 일이든 먼저 자발적인 노력과 분발을 통해 실천 속에서 끊임없이 단련하고 경험을 쌓아야만 강한 자신감과 흔들리지 않는 의지를 기를 수 있다. 게으른 사람은 이런 노력은 물론 행복과도 저만치 멀리 떨어져 있다.

게으른 사람의 또 한 가지 특징은 일을 질질 끈다는 것이다. 이는 성공을 갈망하는 사람에게 가장 위험하고 치명적인 습관으로 진취성을 상실하게 만든다. 자신이 맡은 일을 할 때 핑계를 대고 이리저리 빠져나갈 궁리만 하다 보면 결국 아무 성과 없이 시간만 허비하는 꼴이 되고 만다.

반면에 부지런한 사람은 먼저 해야 할 일과 나중에 해야 할 일을 명확히 정하고 계획에 맞게 일사천리로 진행한다. 이런 행동은 사전에 가졌던 두려움과 어려움을 말끔히 씻어주고 더욱 빨리 당신을 성공의 피안으로 인도할 것이다.

허영심이라는 쓸모없는 마음을 당장 버려라

허영심이 지나치다면 되도록 빨리 이를 버리라고 권하고 싶다. 허영심은 절대 당신에게 보답으로 돌아오지 않는다. 오히려 당신의 영혼을 갉아먹어 회한 속에서 뼈저린 아픔을 느끼도록 만들 것이다.

─── 허영심은 누구나 가지고 있다. 다만 정도의 차이가 있을 뿐이다. 적당한 허영심은 자기 발전에 도움이 되기도 한다. 하지만 어떤 일이든 조건과 한계가 있는 법인데, 조건이 되지 않으면서도 명예와 자존심을 지키려 할 때 바로 과도한 허영심으로 변질될 수 있다.

모파상의 소설 〈목걸이〉에는 허영심으로 가득 찬 여주인공이 가짜 목걸이 때문에 10년 동안 갖은 고생을 하며 대가를 치른다는 이야기가 나온다. 안데르센의 동화에서는 한 임금이 세상에 단 한 벌밖에 없는 옷이라는 말에 속아 벌거벗은 채 거리를 돌아다니다가 사람들의 비웃음을 산다. 이처럼 동서고금을 막론하고 많은 사람들이 허영심의 굴레에서 벗어나지 못하다 비참한 최후를 맞이했다.

허황된 물건이 행복을 가져다준다고 믿는 사람들 대부분은 결과가 좋지 못했다. 허영심이 사람의 인격을 파괴하여 머지않아 그에 상응하는 보복을 하기 때문이다.

허영심이 강한 사람은 남들 앞에서 자신이 과거에 얼마나 잘나갔고, 또 지금 얼마나 잘나가는지 자랑하길 좋아한다. 이들은 지난 일을 터무니없이 과장하거나 별것 아닌 일을 크게 부풀려서 말하는 데 능하다. 이들의 몇 가지 행태를 정리하면 다음과 같다.

① 제대로 하지 못하는 일을 할 수 있는 것처럼 속이고 모르는 일을 잘 아는 것처럼 꾸며 자신의 주가를 높이려고 애쓴다.
② 칭찬하는 말을 들으면 기뻐하고 비판을 가하면 원망이 사무쳐 가슴속에 새겨놓는다.
③ 부자 행세하기를 좋아해 형편이 넉넉지 않으면서도 돈을 물 쓰듯 한다.
④ 갖가지 구실을 찾아 자신의 단점과 부족함을 가리길 좋아한다.
⑤ 공자 앞에서 문자 쓰기를 좋아하고 뭐든지 남들보다 잘났다고 우쭐댄다.
⑥ 명망과 지위가 높은 친구가 있다고 떠벌리길 좋아하고 남의 후광을 빌려 자신의 단점을 메우려고 꾀한다.
⑦ 사회적 지위가 낮고 볼품없는 친구를 아예 상대도 하지 않는다.

하지만 나중에는 결국 이런 가식이 모두 들통 나 일을 망치고 실패의 쓴잔을 맛보는 경우가 대부분이다.

허영심은 자기도 모르는 사이에 사람을 거짓말쟁이와 사기꾼으로 만든다. 또한 자만심에 빠져 스스로를 통찰하지 못하고, 심할 경우

매사에 남을 탓하는 나쁜 습관을 가지게 된다. 이 상태가 오랫동안 지속되면 심리는 물론 일, 공부, 인간관계에 이르기까지 악영향을 미친다.

허영심은 쓸모없는 마음이다. 그것에 집착하면 어떤 공덕도 쌓지 못하고, 그것을 놓으면 손해 입을 일이 없다.

존중받고 싶다면 먼저 자신을 낮춰라

"자신을 먼저 다른 사람의 발아래에 두어야만 그 사람이 당신을 자신의 머리 위에 올려놓을 것이다."라는 말이 있다. 남을 깎아내려 자신을 높이는 행동은 자신을 높이는 것이 아니라 오히려 추락시키는 짓이다. 먼저 고개를 숙이고 들어가라. 상대방이 당신의 진가를 알아보는 순간 당신은 이미 당신 앞에 고개 숙인 상대방을 보게 될 것이다.

―――― 사회생활을 하면서 인정받고 싶을 때, 최우선적으로 지켜야 할 원칙은 바로 상대방을 존중하는 것이다. 하지만 의외로 이 원칙을 지키는 사람은 그리 많지 않다. 특히 남을 존중하지 않는 경우는 상하 관계에서 주로 발생한다. 일부 상사들은 부하 직원에게 고압적으로 명령을 내리고 독단적인 모습을 보여야 자신의 권위를 인정받는다고 여긴다. 하지만 실상은 이와 정반대다. 이럴 경우 권위를 인정받기는커녕 부하 직원들의 불신과 불만만 쌓여 자리가 위태로워질 수도 있다. 반대로 청유형의 어조로 부하 직원에게 임무를 맡긴다면, 상

대방이 존중받는다는 느낌이 들어 상사를 신뢰하고 인정하게 된다.

많은 사람들이 친구나 동료, 낯선 이와 교류할 때는 쌍방 관계에 대해 세심하게 신경을 쓴다. 그런데 유감스럽게도 상하 관계에서는 예의를 지키지 않는 경우가 많다. 부하 직원들은 커피 한 잔 타주고 대신 서류를 복사해주었을 때 진심으로 고마워하는 상사에게 커다란 호감을 가진다는 사실을 명심해야 한다.

한 호텔의 지배인이 종업원들에게 "수고하십니다", "고맙습니다", "이 방 침대 시트 좀 갈아주시겠어요"라고 부드럽게 존댓말을 쓰자, 종업원들은 자신들이 존중받는다고 느끼고 더욱 열심히 일해 주위의 호텔보다 투숙객 수가 항상 많았다고 한다.

지혜로운 사람은 말을 할 때 먼저 상대방의 입장을 고려하고 감정을 존중한다. 반면 어리석은 사람은 자신이 상대방보다 낫다는 것을 과시하기 위해 말에서부터 인격을 깎아내리는 데만 열중한다.

만약 당신이 상대방보다 윗자리에 있다면 말하는 것부터 신경을 써야 한다. 교장이 교사들에게 "날씨가 추워졌으니 건강들 조심하세요."라고 다정하게 말하고, 사장이 직원들에게 "오늘 수고들 많았습니다."라고 자상하게 격려한다면 듣는 사람의 마음이 어찌 기쁘지 않겠는가.

상급자 입장에서 공손한 말 한마디 건네는 것은 그리 어려운 일이 아니면서도 커다란 효과를 볼 수 있는데, 왜 바로 실행에 옮기지 않는가? 설사 상대방이 그것을 상급자의 당연한 의무로 받아들이더라도 예의를 갖춘 말 한마디에 당신을 충심으로 따르게 될 것이다.

상급자의 인격적 매력에는 여러 가지가 있겠지만 가장 기본이 되는 것은 부하 직원에 대한 존중이다. 이런 세심한 배려가 부하 직원들 마음속에 깊이 각인된다면 어느샌가 이들은 모두 자기편이 돼 있을 것이다. 절대 남을 깎아내리는 방법으로 자신을 높이려고 하지 마라. 그 결과는 원하는 바와 정반대로 나타난다.

마음이 원하는 곳을 향해 가라

미래의 답안을 찾지 못해 불안한가? 불행하게도 당신이 가는 길을 안내해줄 수 있는 사람은 세상 어디에도 없다. 오직 마음의 목소리에 귀를 기울여야만 올바른 방향으로 나아갈 수 있다. 남의 경험이 참고가 될 수는 있다. 하지만 거기에 전적으로 의지해 자신의 생각을 바꿔서는 안 된다. 자기 자신에게 충실한 것이 가장 중요하다.

──── 우리는 예측 불가능한 미래에 대해 항상 두려움을 가지고 있다. 불확정성에 대한 공포는 누구나 가진 정상적인 심리다. 사람들은 점쟁이를 찾아가는 등 의지할 곳을 찾아 나서기도 하고, 잘나가는 사람을 보면 왠지 마음이 불안해지기도 한다. 자신을 의심하는 사람들은 줏대 없이 눈을 다른 곳으로 돌리고 생각을 이리저리 바꾼다. 하지만 외부의 자극은 온전히 자기 것이 될 수 없다. 사람이나 상황에 따라 다른 것을 억지로 끼워 맞추다 보면 오히려 해가 되기 때문이다.

여기 호랑이 두 마리가 있다. 한 마리는 어려서부터 우리에서 생활하며 사람이 주는 먹이를 먹고 자라 살이 피둥피둥하고 털은 윤기가 좌르르했다. 반면에 다른 한 마리는 날 때부터 들판에서 살아 굶어죽지 않으려고 힘들게 먹이를 사냥해야 했지만 가고 싶은 곳은 어디든 자유롭게 돌아다녔다.

어느 날 이 호랑이 두 마리가 만나 이야기를 나누었다. 우리 안의 호랑이는 우리 밖의 자유가 부럽다고 말했다. 그러자 우리 밖의 호랑이는 우리 안에서 편안하게 사는 삶이 그립다고 부러워했다. 자신이 처한 환경에 불만이 많았던 두 호랑이는 서로의 삶을 맞바꿔 살기로 결정했다.

우리 안의 호랑이는 밖으로 나오자마자 자유를 만끽하며 미친 듯이 뛰어다녔다. 하지만 얼마 지나지 않아 체력이 달리고 배가 너무 고파 먹을 것을 찾았다. 그제야 호랑이는 달아나는 야생동물들을 잡기가 쉽지 않다는 사실을 깨달았다. 어쩔 줄 몰라 하던 호랑이는 가까스로 토끼 한 마리를 잡아 허기를 채웠다.

반대로 우리 안에 들어간 호랑이는 전에 느껴보지 못한 안락한 생활을 맘껏 즐겼다. 하지만 그 역시도 얼마 안 있어 자유에 대한 열망이 간절해졌다. 호랑이는 협소한 공간에서 지내는 것에 적응하지 못한 채 답답하고 울적한 마음으로 하루를 보냈다.

우리 밖으로 나온 호랑이가 운 좋게 토끼 한 마리를 잡았다 해도 결국에는 사냥 기술이 부족해 먹이를 잡지 못하고 굶어죽을 것이다. 우리 안으로 들어간 호랑이 역시 답답한 생활을 견디지 못하고 시름시름 앓다가 결국 죽고 말 것이다.

인간의 삶에도 두 호랑이와 같은 비극이 존재한다. 세상에는 타인의 경험을 본보기로 삼아 자신의 과거와 현재를 부정하고 허황된 환상을 품는 사람들이 매우 많다. 이들은 자신의 행복은 본체만체하면서도 남의 행복에 대해서는 눈을 크게 뜨고 바라본다. 이들은 자신이 정말로 무엇을 원하는지, 또 자신의 처지와 능력이 어떤지를 한 번도 들여다본 적이 없다.

"갖가지 직업마다 모두 전문가가 있다."라는 말이 있다. 보기에 그럴싸한 직업이 반드시 좋은 것은 아니며, 현재의 자기 모습에 충실한 것이 가장 바람직하다는 의미다. 기계를 만지는 사람이 금융계에 종사하는 사람보다 못하다고 말할 수는 없다. 사람은 각기 자기만의 삶의 방식과 즐거움이 있으므로 마음이 원하는 바를 따라야만 명확한 미래를 볼 수 있다.

미래는 타인의 머릿속이나 성공적인 직업 혹은 점쟁이의 손에 있는 것이 아니다. 의미 있고 성공적인 미래는 오직 당신의 마음속 깊은 곳에 있다는 사실을 기억하라.

체면 때문에 스스로를 망치지 마라

사람이라면 당연히 존엄성을 가지고 이를 지키려고 노력해야 한다. 그런데 존엄성과 비슷한 것 중에 '체면'이라는 것이 있다. 체면은 굳이 존엄성을 지킬 필요가 없는데도 막무가내로 이를 지키려는 것을 가리킨다. 때로는 마음을 넓게 가지고 아무 가치도 없는 체면을 내려놓을 필요가 있다.

─── 체면이 존엄성과 관련 있을 때에는 반드시 이를 지키려고 노력해야 한다. 하지만 존엄성과 관계없는 체면까지 굳이 지킬 필요는 없다. 사람들이 체면을 지키려는 이유는 자신의 고집을 죽어도 꺾고 싶지 않기 때문이다.

채나라의 재상인 환공桓公은 의사들을 일컬어 병을 부풀려 제 공을 세우려는 자들이라고 비웃었다. 하루는 환공의 병이 심상치 않아 편작編鵲이란 명의에게 진찰을 받았다. 하지만 환공은 병이 골수까지 들었다는 말에도 콧방귀를 뀌고 치료를 받지 않다가 결국 더 이상 손쓸 수 없는 지경에 이르렀다. 그는 자신의 체면을 지키려다가 허무한 죽음을 맞고 말았다.

한 육상 장거리 경주 챔피언이 위장병에 걸렸는데도 이 사실을 아무에게도 알리지 않고 병원에 가서 치료도 받지 않았다. 그는 대중에게 비치는 이미지를 대단히 중시했다. 자신의 병 상태를 비밀로 한 이유도 사람들에게 약자의 이미지로 남을까 두려웠기 때문이다.

그러던 어느 날 그는 더 이상 버티지 못하고 쓰러져 사람들 손에 병원으로 이송되었다. 하지만 그는 사흘 후 병세가 악화돼 세상을 떠나고 말았다. 담당 의사는 그가 위장병 때문에 죽은 것이 아니라 자신의 명성과 체면을 지키려다 지쳐서 죽은 것이라고 말했다.

한 유명한 바이올린 연주자는 학생들을 가르칠 때 한 마디 말도 하지 않았다. 학생들이 연주를 마친 후에 자신이 직접 그 곡을 다시 한 번 연주하여 학생들이 스스로 깨닫도록 했다. 또 그는 학생들을 받을 때 학생들에게 그 자리에서 직접 곡을 연주하게 했다. 이는 그만의 독특한 면접 방식이었다. 이를 통해 학생들의 실력을 가늠한 후, 각각의 재능에 맞게 연주를 가르쳤다.

신입생을 받던 어느 날, 그는 늘 하던 대로 학생들에게 연주를 주문했다. 그런데 한 학생의 연주 소리에 모두들 놀라 입이 쩍 벌어졌다. 연주가 너무 뛰어나 마치 천상의 소리를 듣는 듯했다. 학생이 연주를 마치자 그가 전처럼 바이올린을 들고 무대에 올랐다. 그런데 이번에는 바이올린을 어깨에 얹고 한참동안 미동도 하지 않는 것이었다. 그러더니 바이올린을 다시 손에 쥐고 깊이 숨을 들이마신 다음 만면에 웃음을 띠고 무대를 내려왔다.

이 행동은 모든 사람들을 의아하게 만들었다. 그가 대답했다.

"이 아이의 연주가 너무 훌륭해 내가 가르칠 자격이 있는지 의심이 들었습니다. 최소한 이 곡만큼은 내 연주 실력으로 잘못 가르칠까 염려해 그냥 무대에서 내려왔습니다."

사람들은 넓은 가슴을 가진 바이올린 연주자에게 박수를 보내고 진심으로 경의를 표했다. 만약 이 선생이 체면을 따지는 사람이었다면 진정한 천재가 빛을 보지 못하고 묻혔을지도 모를 일이다.

체면을 중시하는 사람은 일반적으로 그릇이 작다. 가슴이 넓고 똑똑한 사람이라야 과감하게 체면을 벗어던지고 자신의 단점을 인정할 줄 안다. 잘못이 있으면 고치고 없으면 더욱 분발하라는 말처럼, 체면을 내려놓고 자존심을 고집하지 않아야 자신은 물론 남들 앞에 당당하게 나설 수 있다.

기쁨을 '복사'해서
어디에든 '붙여넣기'하라

자그마한 선행도 큰 보답으로 돌아온다

"어진 사람에게는 적이 없다." 맹자의 말이다. 요즘 말로 하면 인애仁愛는 주식에서도 우량주라고 할 수 있다. 자애롭고 선량한 사람은 어디에서나 인정받고 좋은 평판을 얻는다. 그럼으로써 얻게 되는 대가는 막대한 금전적, 물질적 보상과 비교조차 할 수 없다.

——— 인간의 본성이 선한지 악한지에 대한 논쟁은 지금까지도 끊이지 않고 이어지고 있다. 그럼에도 여전히 많은 사람들은 인간의 본성이 선하다고 믿고 있다. 선량함은 인간의 품성 가운데 가장 아름다운 것이며, 선량한 사람은 반드시 보상을 받기 마련이다.

눈이 수북이 쌓이고 찬바람이 쌩쌩 부는 겨울날, 마음씨 착한 한센 부인과 세 아이는 화롯가에 둘러앉아 도란도란 이야기를 나누고 있었다. 그녀는 아이들이 웃고 떠드는 모습을 보며 마음속 시름을 떨치려고 노력했다. 실은 지난 일 년 동안 그녀의 남편이 병으로 몸져누워 그녀가 연약한 몸으로 가족의 생계를 책임졌다. 하지만 살림이 갈수록 어려워져 지금 굽고 있는 물고기가 그들의 마지막 식사거리였다. 그녀는 앞으로 살아갈 날이 막막해 절로 한숨이 나왔다.

몇 년 후 그녀의 남편이 병으로 세상을 떠났다. 형편이 더욱 어려워지자 큰아들 잭은 돈을 벌겠다며 먼 지방으로 떠나더니 다시는 돌아오지 않았다. 그녀는 자식을 키우기에도 어려운 형편이었으나 자기보다 못한 사람들을 보면 외면하지 못하고 항상 도와주었다. 살림은 물론 더욱 힘들어졌지만 그녀는 남에게 도움이 되었다는 생각에 마음이 뿌듯했다.

어느 날 누군가 문을 두드리는 소리에 나가 보니, 남루한 차림의 남자가 문 앞에 서서 먹을 것을 구걸했다. 그녀는 얼른 남자를 집 안으로 데리고 와 음식을 대접했다. 남자는 배고픔에 음식을 허겁지겁 집어먹더니, 문득 뭔가를 깨달은 듯 한센 부인에게 물었다.

"이 음식을 제가 다 먹어서 아이들이 굶는 것은 아니겠지요?"

그러자 한센 부인이 눈물을 뚝뚝 흘리며 대답했다.

"사랑하는 내 아들 잭을 하늘이 데려가지 않았다면 분명 이 세상 어딘가에 있을 거예요. 당신에게 이렇게 대접한 것은 다른 사람도 내 아들에게 이렇게 대해주길 바라는 마음에서라오. 오늘밤 내 아들도 당신처럼 밖을 떠돌고 있을 텐데, 누군가 그 아이를 거둬준다면 우리처럼 허름한 집이라도 한없는 따뜻함을 느낄 거예요."

그 남자는 갑자기 의자에서 일어나 한센 부인을 꼭 껴안고 말했다.

"어머니의 바람대로 누군가가 어머니의 아들을 거두어주었군요. 어머니, 제가 바로 아들 잭입니다!"

그동안 소식 한 번 없던 아들이 돌아오자 어머니는 아들을 부둥켜안고 기쁨의 눈물을 흘렸다. 알고 보니 잭은 외국에서 큰돈을 벌어 부자가 돼 있었다. 이는 하늘이 마음씨 착한 어머니에게 내린 선물은 아니었을까.

선량한 사람이 남을 돕는 것은 꼭 대가를 바라서가 아니다. 이를 통해 느끼는 기쁨이 어쩌면 가장 큰 보상이라고 할 수 있다. 선행을 통해 즐거운 마음을 얻고, 즐거운 마음을 가지면 삶이 행복해질 수 있다.

진심 어린 호의에 의심의 눈길을 보내지 마라

이 세상은 우리가 생각하는 것보다 훨씬 더 따뜻하고 아름답다. 꼭 다른 목적이 있어서 상대방에게 호의를 베푸는 것은 아니다. 호의에 감사할 줄 아는 마음을 가지고 사람을 진심으로 대하면 인간관계가 술술 풀릴 것이다.

─── 달리는 열차의 객차 한쪽에 한 젊은 엄마와 세 살배기 아들이 타고 있었다. 그들 맞은편에는 깜찍한 여학생 둘이 즐겁게 수다를 떨고 있었다. 아이는 누나들이 웃는 모습이 재밌었는지 눈을 동그랗

게 뜨고 바라보았다. 두 여학생은 이 아이가 함께 놀고 싶어 한다는 걸 알고 아이를 가운데 앉힌 다음 즐거운 시간을 보냈다.

그런데 잠시 후 아이 엄마가 불편한 기색을 드러내며 두 여학생에게 경계의 시선을 보냈다. 그녀는 재밌게 놀고 있는 아이의 옷자락을 잡아당기며 "어서 자리에 와 앉아야지. 누나들 힘들게 하지 말고."라며 꾸짖었다. 아이는 누나들과 더 놀고 싶은 마음을 뒤로하고 풀이 죽어 제자리로 돌아와 앉았다.

열차에서 내릴 때가 되자 두 여학생은 아이 엄마의 짐이 매우 많은 것을 보고 나서서 짐을 들어주겠다고 말했다. 하지만 아이 엄마는 호의를 거절하고 혼자서 무거운 짐을 끌고 아이까지 데리고서 힘들게 출구로 걸어갔다.

모자가 어렵사리 출구를 빠져나와 택시를 타려는 순간, 조금 전 그 두 여학생이 몸이 불편한 할머니를 부축해 버스를 타는 모습이 보였다. 아이 엄마는 두 여학생의 뒷모습을 보고 그제야 자신이 얼마나 마음을 열지 못하고 살아왔는지 깨달았다.

우리는 가끔씩 다른 사람이 건네는 각별한 호의에 뭔가 다른 꿍꿍이가 있는 건 아닌지 먼저 의심부터 할 때가 있다. 복잡한 사회를 살아가는 현대인들에게 오랫동안 쌓여온 불신과 피로감이 그런 의심을 불러일으키는 것이다.

하지만 의외로 사람들은 순수하고 상호 신뢰가 넘치는 관계를 그리워하기도 한다. 이런 관계가 동화 속에서나 나올 법한 이야기라며 무시해버리는 경향도 없진 않지만 주변을 좀 더 유심히 둘러보면 아름다운 광경을 쉽게 찾아볼 수 있다. 당신이 선한 마음을 가지고 있다면 남의 호의에 담긴 진심을 읽을 수 있을 것이다.

그녀의 의심도 남의 진심을 애초에 차단한 것에서 비롯되었다. 하지만 사람과 사람 사이의 관계는 항상 이해득실을 따져 성립하는 것은 아니다. 남이 의식적이든 무의식적이든 인정을 베풀 때에 감사하는 마음을 가지면 그만인 것이다. 은혜에 감사할 줄 아는 마음을 잃으면 스스로 감정이 메말라 버리는 것은 물론 남과 더불어 살아가기도 어려워진다.

은혜에 감사하는 마음은 일종의 미덕이자 사람이 갖춰야 할 기본적인 됨됨이다. 이런 마음을 가지는 데는 돈 한 푼 들지 않는다. 오로지 상대방에게 당신의 열린 진심을 보여주기만 하면 된다.

기쁨을 '복사'해서 어디에든 '붙여넣기'하라

《맹자》에는 "혼자 기쁨을 즐기는 것보다 남과 함께하는 것이 낫다."라는 구절이 나온다. 기쁨은 나누면 배가 되고 슬픔은 나누면 반으로 줄어든다는 말과 같은 이치다. 기쁨은 마치 컴퓨터에 저장된 파일과 같다. 원하는 대로 복사해 원하는 곳에 붙여넣을 수 있다. 수없이 많은 기쁨의 파일을 복사해서 붙여넣기하라.

──── 자신이 소유한 것을 남과 나눌 줄 아는 사람은 그것이 자신에게 더 큰 즐거움을 가져다준다는 사실을 터득한 사람이다. 이런 사람

들은 이익을 독차지하지 않을뿐더러 일고의 가치도 없다고 생각한다.

최초로 달에 발을 디딘 우주비행사는 사실 두 명이었다. 우리가 잘 알고 있는 닐 암스트롱 외에 버즈 올드린Buzz Aldrin이 있었다. 인류의 거대한 발걸음을 뗀 달 착륙 성공 기념 기자회견에서 기자 한 명이 올드린에게 민감한 질문을 던졌다.

"암스트롱이 우주선에서 먼저 내려 최초로 달에 발을 디딘 사람이 되었는데, 이에 대해 섭섭한 마음은 없었나요?"

이 질문으로 기자회견장에 어색한 기류가 흐를 즈음, 올드린이 사방을 둘러보고 웃으면서 대답했다.

"여러분, 지구로 돌아올 때는 제가 먼저 우주선에 탑승했다는 사실을 절대 잊지 마세요. 저는 다른 별에서 지구로 온 최초의 사람이랍니다."

재치 만점인 이 대답에 사람들은 그가 남과 명예를 나눌 줄 아는 사람이라며 칭찬해 마지않았다.

한편 사람은 어려움을 겪을 때는 진심을 보이지만 영화를 누릴 때는 본성을 드러내기도 한다. 그래서 어려움은 함께할 수 있지만 부귀는 함께할 수 없다는 옛말도 있다.

중국에서 태평천국의 난을 일으킨 홍수전洪秀全은 동료들과 온갖 고난을 함께 겪으며 고군분투한 끝에 '태평천국'이란 나라를 수립했다. 하지만 얼마 지나지 않아 이들 간에 권력 다툼이 일어나 자기편끼리 서로 죽이는 참사가 벌어졌다. 결국 태평천국은 건국된 지 십여 년 만에 멸망하는 비운을 면치 못했다.

천하를 차지한다는 것은 어떤 측면에서 권력을 함께 나눈다는 의미를 지녔다. 태평천국의 난이 실패로 돌아간 직접적인 이유는 우두머리들이 나눔을 이해하지 못하고 홀로 권력을 독점하려는 욕심에 서로를 미워하고 시기했기 때문이다. 명예나 이익을 독차지하지 않고 즉시 베풀면 옆에서 도운 동료나 부하 직원들이 이를 함께 누릴 수 있다. 지금의 성과는 결코 당신 혼자서 이룩한 것이 아니므로 함께 나누는 것이 당연한 도리다.

공자는 "적을까 걱정하지 말고 고르지 못할까 걱정하라."라고 말했다. 남과 함께 누리길 거부하는 사람은 탐욕으로 인해 시기와 질투와 받고 반감을 사는 결과를 초래한다. 심할 경우에는 목숨을 잃는 화를 당하기도 하는데, 사람이 생존의 위협을 받게 되면 내재된 악한 본성이 드러나기 때문이다.

또 다른 각도에서 볼 때 나눔은 복제성을 띠고 있다. 기쁨을 나누지 않으면 하나에 불과하지만, 일단 나누게 되면 나눈 만큼 줄어드는 것이 아니라 같은 양이 여러 개로 늘어난다. 자신이 소유한 것을 남과 나눴을 때 즐거움은 배가 되고 넉넉한 마음을 가질 수 있다.

남을 돕는 것이 곧 나를 돕는 것이다

맹자는 "남을 사랑하는 사람은 남도 항상 그 사람을 사랑한다."라고 말했다. 당신이 포용력을 발휘하면 남들도 두 팔을 벌려 당신을 환영할 것이다.

───── 어느 마을에 가난함 때문에 열등감에 빠진 여자가 있었다. 그녀는 사람들과 만나는 자리에서 자신의 가난한 처지를 그대로 드러내기 싫어 항상 외모 치장에 신경을 썼다. 하지만 그녀는 남의 얘기를 경청하고 맞장구쳐주는 좋은 버릇을 가지고 있었다. 그래서 사람들은 그녀와 함께 있으면 항상 마음이 즐거워졌다. 그녀는 점점 사람들에게 환영받는 인물이 되었고, 멋진 남자 세 명이 한꺼번에 그녀에게 청혼하는 겹경사를 누렸다.

단지 남들에게 조금 더 관심을 보였을 뿐인데, 가난 때문에 열등감을 가진 여인이 어떻게 가장 인기 많은 인물로 변했는지 많은 사람들이 의아하게 생각할 것이다. 사실 여기에는 간단하면서도 얕볼 수 없는 비밀이 숨겨져 있다. 사람이라면 누구나 남이 자신에게 관심을 가져주길 바라는 마음이 있어서 자기 얘기를 실컷 늘어놓는다. 하지만 자신은 이런 마음을 가졌으면서도 남의 얘기에는 조금도 귀를 기울이지 않는다. 그녀는 바로 사람들이 알면서도 행동으로 옮기기 어려운 일을 실천에 옮겼던 것이다. 이처럼 먼저 두 팔을 벌리면 다른 사람의 마음을 활짝 열어젖힐 수 있다.

성경에 나오는 예를 들어보자. 지옥에서는 사람들이 서로 자기만 음식을 먹겠다고 싸우지만 3미터가 넘는 숟가락으로는 스스로 음식을 떠먹기가 절대로 불가능하다. 반면 천국에서는 사람들이 마주앉아 서로에게 음식을 떠먹여주어 전혀 싸울 일이 없었다. 남을 돕는 것이야말로 진정 자신을 돕는 일이 되는 것이다.

사람과 사람 사이는 상호관계를 가지고 있다. 다른 사람들은 항상 당신의 태도에 따라 반응을 일으킨다. 선한 행동을 하면 보답을 받겠지만 악한 행동을 하면 그에 상응하는 대가를 치르게 된다. 당신이 다른 사람을 어떻게 대하느냐에 따라 다른 사람도 당신을 똑같이 대한다. 남에게 대접을 받고 싶다면 먼저 남을 대접할 줄 알아야 한다.

강한 상대가 강한 나를 만든다

당신은 어떤 경우에 투지를 불사르는가? 강인한 의지와 지지 않겠다는 마음의 다짐은 어떻게 생겨나는가? 인간의 중요한 본성 중 하나가 바로 경쟁이다. 나보다 잘나고 뛰어난 능력을 가진 사람은 이따금 당신에게 불타는 도전정신과 그를 뛰어넘겠다는 투지를 선사한다.

──── 인간은 경쟁의 압력에서 절대 벗어날 수 없다. 그런데 많은 사람들이 경쟁 상대를 큰 우환거리나 눈엣가시로 여기고 제발 사라져주길 간절히 바란다. 하지만 강력한 적수는 오히려 우리에게 도움이 된다. 그들이 항상 위기감을 조성해 투지력을 자극하기 때문이다.

캐나다에는 짧은 시간 안에 메달리스트를 배출하기로 유명한 육상 감독이 있었다. 이에 많은 사람들이 그의 훈련 비결을 알고 싶어 했다. 하루는 기자가 찾아와 그에게 성공 비결을 묻자 그는 뜻밖의 대답을 했다.

"저에게는 남들과 다른 훈련 파트너가 있습니다. 그것은 바로 사나운 늑대입니다."

기자가 어리둥절해하자 감독은 이런 이야기를 들려주었다.

이 감독은 선수들에게 집에서 나올 때 어떤 교통수단도 이용하지 말고 연습장까지 꼭 뛰어서 오라고 지시했다. 그만의 독특한 훈련 방법이었다. 그런데 연습장에서 가장 가까운 곳에 살면서 매일 가장 늦게 도착하는 선수가 있었다. 감독은 이 선수에게 시간 낭비하지 말고 빨리 다른 일이나 알아보라고 말하고 싶은 욕망을 꾹꾹 참아 눌렀다.

그런데 어느 날 이 선수가 다른 동료들보다 20분이나 일찍 나와 있는 것이 아닌가. 감독이 의아해하면서 자초지종을 물었다. 선수는 집을 나와 근처 들판을 지나가던 중 야생 늑대를 만났다고 했다. 늑대가 뒤쫓아 오자 젖 먹던 힘을 다해 뛰어 늑대를 따돌리려다 보니 동료들보다 일찍 연습장에 도착한 것이었다.

감독은 이 말을 듣고 이 선수가 초인적인 능력을 발휘한 이유가 늑대임을 깨달았다. 무서운 적을 만나자 잠재력이 폭발했던 것이다. 그후 이 감독은 연습장에 늑대를 풀어놓고 선수들을 훈련시켰다. 물론 늑대는 사람을 물지 않도록 훈련받은 상태였고, 만일의 사태에 대비해 조련사까지 초빙해놓았다. 그러자 얼마 지나지 않아 선수들의 기록은 놀랄 만한 향상을 보였다.

이처럼 경쟁심을 부추기는 압력이 있어야만 이에 대처하는 힘이 생기고 반동력도 훨씬 커진다. 외부의 것이든 내부의 것이든 자신보다 강력한 무언가에 용감하게 맞서는 자야말로 잠재력을 유감없이 발휘할 수 있다.

돈의 노예가 될 것인가?
돈의 주인이 될 것인가?

돈의 노예가 되면 더 소중한 것을 잃게 된다

루소Jean-Jacques Rousseau는 "돈에 대한 그릇된 관념은 인간의 자유롭고 품위 있는 생활에 그 어떤 것보다 방해가 된다."라고 말했다. 자본주의 사회에서 돈은 분명 필요한 것이지만 절대 만능은 아니다. 인간만사는 돈으로 할 수 있는 것보다 돈으로 할 수 없는 것이 훨씬 많다는 점을 깨달아야 한다. 지혜로운 사람은 돈의 주인이 되지 결코 돈의 노예가 되지 않는다.

───── 한 상인이 어느 날 동료들과 함께 배를 타고 고향으로 돌아가고 있었다. 그런데 강 한복판에 다다랐을 즈음, 갑자기 배에 구멍이 나더니 물이 배 안으로 세차게 밀려들었다. 배가 점점 가라앉자 사람들은 모두 강으로 뛰어내려 맞은편 기슭으로 헤엄쳐갔다. 이 상

인도 물속으로 뛰어들어 헤엄을 치는데 어찌된 영문인지 다른 사람들보다 속도가 나지 않았다.

그러자 동료가 그에게 물었다.

"수영 실력이 가장 좋은 자네가 오늘은 왜 우리보다 뒤처진 거야?"

이 상인은 매우 힘겹게 대답했다.

"허리에 돈주머니를 차고 있는데, 너무 무거워서 앞으로 나가질 않아."

그러자 동료들은 돈주머니를 빨리 풀어버리라고 권했다. 하지만 이 상인은 돈을 버리기 아까워 고개를 저었다. 그럴수록 헤엄 속도는 점점 느려졌고 기운도 다 빠지고 말았다.

맞은편 기슭에 도착한 동료들은 이 상인이 허우적대는 모습을 보고 크게 소리쳤다.

"빨리 돈주머니를 버려! 왜 그렇게 어리석은 거야. 목숨을 부지하지 못하면 돈이 무슨 소용이냐고?"

하지만 이 상인은 돈이 아까워 끝내 버리지 못했다. 잠시 후 그는 물속에 가라앉아 어리석은 최후를 맞이했다.

《유림외사》에 등장하는 엄감생의 이야기를 보자. 엄청난 부자면서 엄청난 구두쇠였던 엄감생이 죽음의 문턱에서 숨이 넘어갈 때가 되었을 때 둘러앉은 가족들을 향해 이불 속에서 말없이 손가락 두 개를 세워 보였다. 가족들이 차례로 보고 싶은 친구가 두 분인지, 어딘가에 금을 두 덩이 숨긴 것인지, 임종에 참석하지 못한 다른 두 친척을 찾는 것인지 궁금해 질문을 던졌다. 엄감생이 계속 고개를 젓자 곁에 있던 첩이 물었다.

"저 등잔에 심지가 두 개 타고 있으니 하나를 끄라는 말씀이죠?"

그러면서 한쪽 심지의 불을 끄자 그제야 엄감생은 고개를 끄덕이며 눈을 감았다.

세상에는 돈의 노예들이 아주 많다. 이들에게는 오직 돈과 재물만이 가장 중요하다. 돈을 위해 살고 재물을 긁어모으는 것이 일생의 낙이자 인생 최대의 목표다. 돈이 계속 쌓여가도 이들은 절대 만족하지 못한다.

이런 사람들의 성격은 일반적으로 이기적이고 탐욕적이며 냉혹하다. 오직 돈을 기준으로 세상을 판단하며 다정함이나 우정, 사람들과의 관계에 무심하다. 가족이나 친한 사람이라도 돈이 관련되면 조금의 빈틈이 없고, 돈을 위해서라면 심지어 가족조차 눈에 보이지 않는다.

무엇이든 만지는 것마다 황금으로 변하는 능력을 가진 미다스Midas 왕의 이야기를 잘 알 것이다. 처음에 왕은 만지는 것마다 황금으로 변하자 기뻐 어쩔 줄 몰랐다. 하지만 음식과 물까지 황금으로 변해 제대로 식사하기조차 어려워졌고, 나중에는 실수로 사랑하는 딸을 안다가 그만 딸이 황금 조각상으로 변하는 비극을 맞이했다. 이처럼 재물에 너무 집착하다 보면 인생의 소중한 것을 잃는 결과를 초래한다.

사람에게 돈은 분명 중요한 것이다. 하지만 사랑, 우정 등 인간 본연의 마음을 버리고 얻은 재물이 가져다준 만족감은 결코 오래가지 않는다. 지금, 돈의 노예가 되어 인생을 망치는 어리석은 삶을 살고 있지는 않은지 반성해보라.

탐욕이 당신을 지배하지 못하게 하라

탐욕의 주인이 되지 않으면 탐욕이 당신의 주인이 돼버린다. 탐욕스런 사람은 그가 욕심을 가지고 있다기보다 욕심이 그를 지배하고 있다고 보는 편이 옳다. 탐욕은 영혼의 좀과 같아서 당신의 양심을 갉아먹고 당신을 나약하게 만든다. 혹시라도 탐욕스런 마음이 꿈틀거린다면 애초에 밟아 죽이려는 노력이 필요하다.

――― 사람은 살아가면서 탐욕과 끝없는 싸움을 벌인다. 인간의 가장 큰 적은 바로 탐욕이다. 어떤 일을 하던 간에 말 타면 경마 잡히고 싶은 마음이 생겨 이미 얻은 것에 만족하지 않고 얻지 못한 것을 끝없이 갈구한다.

남루한 차림의 거지가 풀이 죽어 길거리를 걸어가고 있었다. 보아하니 오늘은 밥 한 끼도 얻어먹지 못한 표정이었다. 그는 걸어가면서 끊임없이 투덜거렸다.

"왜 하느님은 나를 불쌍히 여기지 않는 거지? 왜 나만 유독 이렇게 가난하냐고?"

그의 불평을 들은 하느님이 그의 앞에 나타나 물었다.

"내 너의 소원을 들어주지. 그래, 가장 원하는 것이 무엇인가?"

하느님의 등장에 깜짝 놀란 거지는 기뻐 어쩔 줄 몰라 하며 대답했다.

"저에게 황금을 주십시오!"

그러자 하느님은 이렇게 말했다.

"그럼 옷을 벗어서 황금을 받거라. 하지만 황금이 땅에 떨어지면 돌로 변한다는 점을 명심하거라."

거지는 연신 고개를 끄덕이며 얼른 옷을 벗었다.

잠시 후 하늘에서 황금이 떨어지자 거지는 하나라도 놓칠 새라 황금을 받기 바빴다. 이때 하느님이 거지에게 황금을 너무 많이 받으면 옷이 찢어진다고 다시 한 번 경고했다. 하지만 거지는 경고를 듣지 않고 흥분해서 소리쳤다.

"괜찮습니다. 더, 더 주십시오!"

이때 갑자기 찍 소리가 나며 옷이 그만 찢어지고 말았다. 그가 받았던 황금이 모두 땅바닥에 떨어지며 순식간에 돌로 변해버렸다. 이 광경을 본 거지는 망연자실하며 그만 바닥에 털썩 주저앉았다. 이내 정신을 차린 그는 옷을 다시 꿰매 입고 음식을 구걸하러 자리를 떴다.

세상에는 이 거지처럼 탐욕을 억제하지 못하는 사람들이 매우 많다. 결국 탐욕은 지혜를 가려 사리 분별을 어렵게 만든다. 탐욕은 매혹적인 동굴과 같다. 그곳에 접근하는 사람들을 모두 끌어들인다. 탐욕에 빠지지 않는 가장 좋은 방법은 의외로 간단하다. 아예 그곳에 가까이 다가가지 않는 것이다.

안일한 생각이 재앙을 초래한다

루쉰魯迅은 "생활이 너무 안일하면 일에까지 영향을 미친다."라고 말했다. 이는 사람의 약점을 정확하게 꼬집은 말이다. 안일한 생활을 바라는 사람은 헛된 인생을 살 수밖에 없다. 누구에게나 편하게 살고 싶은 욕망은 있다. 하지만 여기에 빠져 허우적댄다면 삶의 목표를 상실하는 재앙을 초래하고 만다.

──── 평생 열심히 일하다 죽은 사람이 천국으로 가는 길에 휘황찬란한 궁궐을 지나게 되었다. 궁궐 주인은 그에게 이곳에서 살도록 권했다. 그러자 그가 말했다.

"저는 인간 세상에서 평생을 힘들게 일만 하며 살았습니다. 그래서 지금은 먹고 놀고 자고 싶은 생각뿐입니다. 더 이상 일을 하기 싫습니다."

궁전 주인이 대답했다.

"이곳에는 산해진미가 가득하여 먹고 싶은 것을 원 없이 먹을 수 있다네. 그리고 편안한 침대에서 자고 싶은 만큼 얼마든지 자게. 자네를 귀찮게 할 사람은 없네. 또 자네에게 절대 일을 시키지 않겠다고 보장하지."

그는 이 말을 듣고 이곳에 머무르기로 결정했다.

매일 아무 일도 하지 않고 먹고 자기만 하는 일상이 반복되자 처음에는 매우 기뻤다. 하지만 시간이 흐르면서 점점 적막감과 공허함이 밀려왔다. 그는 궁궐 주인을 찾아가 원망하며 말했다.

"매일 먹고 자기만 하는 생활에 이제 지쳤습니다. 무위도식하는 생활에 흥미를 잃었다고요. 제가 할 수 있는 일을 마련해주십시오."

"미안하네. 하지만 이곳에서는 할 일이 아무것도 없네."

그렇게 수개월이 또 흘렀다. 그 사람은 더 이상 참지 못하고 다시 궁궐 주인을 찾아갔다.

"이런 생활에 이제 진력이 났습니다. 저에게 일을 주지 않으려면 차라리 지옥에 보내주십시오. 더는 이곳에서 못 살겠습니다."

궁궐 주인은 이 말에 비웃듯 말했다.

"여기가 천국인 줄 알았다고? 여긴 바로 지옥이야!"

지나치게 한가롭고 안일한 삶은 이렇게 두려운 것이다.

목표를 정하고 바쁘게 살아갈 때 우리는 살아있음을 느낀다. 자신이 바라는 바를 노력해 얻는 것이야말로 인생에서 가장 즐거운 일이기 때문이다. 모든 일을 노력 없이 손쉽게 얻는다면 삶이 너무 재미없지 않을까?

호메로스Homeros는 일찍이 "휴식이 너무 길면 병이 된다."라고 말했다. 사람이 목표가 없으면 쉽게 자아를 상실한다. 목표가 있어야 삶에 의미가 생기고 모든 것이 명확하게 당신 앞에 펼쳐진다. 또 해야 할 것과 하지 말아야 할 것은 물론 왜 해야 하는지, 누구를 위해 하는지 등 모든 요소가 명확하고 분명해진다.

사소한 일과 중요한 일을 구분해 처리하라

큰일과 사소한 일을 처리하는 방법은 각기 다르기 마련이다. 실력 있는 사람은 이 두 가지 일을 명확하게 구별해 처리한다. 이들은 평소에 일에 굼뜨고 성실함이 부족한 것처럼 보여도 큰일을 대할 때면 눈빛이 달라진다. 때로는 사소한 일은 초연하게 대처하고 더 큰 목표를 바라보며 행동할 필요가 있다.

――― 두 마리 토끼를 모두 잡으려고 하다가는 죽도 밥도 안 되는 결과를 초래한다. 송나라의 명재상 여단呂端은 개보연간開寶年間에 참지정사參知政事에 제수되었다. 송 태종이 여단을 재상에 임명하려 하자 어떤 이가 "여단은 사람됨이 흐리멍덩합니다."라고 아뢰었다. 이에 태종은 "여단은 작은 일에는 흐리멍덩하지만 큰일에는 그렇지 않다."라고 대답하며 이미 여단을 점찍어두었다.

여단은 재상에 임명된 후 주로 중요한 공무만 신중하게 처리할 뿐 나머지는 크게 신경 쓰지 않았다. 당시 많은 신하들이 조정에서 다양한 의견을 개진했지만 여단은 스스로 대사를 처리하는 것이 자신의 직책이며 괜한 곳에 힘을 허비할 필요가 없다고 여겼다. 게다가 참지정사직까지 구준寇準에게 맡겨버리자 일부 사람들은 여단을 흐리멍덩한 사람으로 오해했다. 그래서 누구도 여단이 대사를 처리하는 데 얼마나 강단 있고 모략이 뛰어난지 몰랐다. 그러던 중 마침내 그의 능력을 보여줄 기회가 찾아왔다.

탕구트족인 이계천李繼遷이 서부 국경을 침범하자 송나라 조정은 이계천의 모친을 포로로 잡았다. 태종은 구준과 모의하여 이계천의 모친을 죽이려고 했다. 여단이 이 소식을 듣고 급히 궁으로 달려가 태종에게 간언했다.

"예전에 항우가 유방의 부친을 사로잡아 그를 삶아 죽이고 유방에게 경고의 뜻을 보내려 했습니다. 그런데 유방은 뜻밖에 '나에게도 국 한 그릇 나눠달라'고 태연히 말했습니다. 대사를 이루려는 사람도 자신의 가족을 돌아보지 않는데, 이계천 같은 반란의 무리야 더 말해 무엇 하겠습니까? 그의 모친을 죽이면 원한만 깊어지고 반란군이 결집하는 악영향을 미칠 뿐입니다."

여단의 말에 일리가 있다고 여긴 태종이 대책을 묻자 여단은 이렇게 대답했다.

"어리석은 신의 생각으로는 이계천의 모친을 국경인 연주에 안전하게 모시고 잘 돌봐주는 것이 상책입니다. 그녀의 생사여탈권을 우리가 쥐고 있으면 이계천도 함부로 날뛰지 못할 것입니다."

태종은 이 말을 듣고 "재상이 아니었다면 큰일을 그르칠 뻔했소." 라며 침이 마르도록 칭찬했다.

훗날 이계천의 모친이 연주에서 병사하고, 얼마 안 있어 이계천도 여진족을 공격하다가 화살에 맞아 사망했다. 이계천의 아들은 송나라가 조모를 극진히 돌봐준 데 감동해 조건 없이 송나라 조정에 귀순했다.

여단이 위급할 때 자신의 능력을 드러낸 사건이 한 가지 더 있다. 태종의 병이 위중해지자 여단은 매일 태자를 대동하여 병문안하고 병세를 살폈다. 당시 황후는 환관인 왕계은王繼恩과 함께 초왕인 조원좌趙元佐를 태자로 삼으려고 음모를 꾸미는 중이었다.

태종이 붕어하자 황후는 즉시 왕계은을 보내 여단을 궁으로 불러들였다. 필시 변고가 생길 것을 우려했던 여단은 왕계은을 즉각 방에 가두고 철저히 지키게 한 다음 궁으로 달려갔다. 여단은 황후를 만나 이렇게 말했다.

"선제께서 태자를 책봉한 것은 오늘을 위해서입니다. 지금 선제께서 붕어하셨으니 명을 어기지 마십시오."

그러고는 급히 태자를 모시고 와 서둘러 제위식을 거행했다. 황후와 왕계은의 음모는 손 한 번 제대로 못 써본 채 실패로 돌아갔다.

여단의 예처럼 자신 앞에 놓인 수많은 일 중에 어떤 것이 중요한지 분명히 가려낼 줄 알아야 한다. 이를 분별하지 못하고 모든 일을 똑같이 처리하면 헛심만 쓰는 꼴이 된다. 사소한 일에는 흐리멍덩해도 큰일은 명확히 처리하는 사람이 진정한 실력자다.

의심나는 사람은 쓰지 말고, 썼으면 의심하지 마라

바다는 작은 물줄기도 가리지 않고 받아들인다

관용은 위대한 미덕이다. 넓은 가슴으로 세상만사를 포용하는 사람은 남들이 아무리 속임수를 쓰고 배은망덕한 짓을 해도 전혀 동요하지 않는다. 위대한 영혼은 모든 결함을 덮고도 남음이 있다.

―――― 초나라 장왕이 천하를 다투는 전투에서 연달아 쾌승을 거두었다. 신이 난 장왕은 궁궐에 대신과 장수들을 불러 밤새 흥겨운 잔치를 베풀었다. 맛좋은 술과 안주가 가득하고 노래와 춤이 어우러져 술이 얼큰하게 올라올 즈음, 갑자기 촛불이 바람에 꺼져버렸다. 이때 누군가 술김에 장왕의 애첩의 옷을 끌어당기더니 수작을 걸었다. 애첩은 순간적으로 기지를 발휘해 그 신하의 갓끈을 끊어버리고 장왕에게 귓속말로 이 사실을 일러바쳤다. 장왕은 첩의 말을 듣고 곰곰이

생각하더니 "오늘밤 모두가 한자리에 모여 술을 마시는데 갓끈이 끊어지지 않은 이는 통쾌하게 즐기지 않은 것으로 간주하겠소."라고 말했다. 그리고 신하들이 어둠속에서 갓끈을 모두 끊은 다음에야 촛불을 다시 켜라고 명령했다. 보통사람이었다면 얼른 불을 밝히고 범인을 색출했겠지만 장왕은 이를 덮을 줄 아는 관용을 보여주었다.

몇 년 후 오나라가 초나라로 쳐들어와 장왕의 목숨이 위태로운 순간에 빠졌다. 이때 한 장수가 장왕 앞에 나타나 몸을 사리지 않고 적진을 뚫어 장왕은 겨우 목숨을 구할 수 있었다. 전쟁이 끝난 뒤 장왕이 그 장수를 불러 고마움을 표시했다. 그러자 그 장수가 무릎을 꿇고 대답했다.

"일전에 연회 자리에서 술에 취해 애첩을 희롱한 자가 바로 저입니다. 그때 주군께서 저를 죽이시지 않은 은혜를 한시도 잊은 적이 없습니다. 오늘에서야 그 은혜를 갚을 수 있어서 다행입니다."

장왕이 술김에 실수한 그 신하를 순간적인 분에 못 이겨 죽였다면, 훗날 목숨을 아끼지 않고 자신을 보호해준 장수를 과연 얻을 수 있었을까?

사람들은 평소에 남에게 관용을 베풀라고 요구한다. 하지만 정작 자신이 관용을 베풀어야 할 때가 오면 이를 쉽게 이행하지 못한다. 관용은 일종의 수양이자 도량이어서 생각만큼 베풀기가 쉽지 않다.

살다 보면 사소한 일이나 부주의한 말 때문에 오해를 사고 신용을 잃는 경우가 많다. 바로 이때 나를 용납하는 마음으로 남을 용납하는 것이 정말 중요하다. 진정한 관용이란 남이 작은 실수를 했을 때도 엷은 미소로 이해하고 포용하는 것이다.

누구라도 수용할 수 있는 넓은 도량을 가진 사람에게는 저절로 인재들이 모여들고 진심으로 복종하게 된다. "군자의 덕은 바람과 같다."라는 말처럼, 관용은 부하들을 감화시키고 인심을 얻는 데 필수적이다. 바다가 큰물을 이루게 된 이유는 가는 물줄기 하나라도 가리지 않고 받아들였기 때문이다.

고집을 버리고 유연하게 대처하면 길이 보인다

변화무쌍한 사회에서 살아남으려면 민첩한 임기응변 능력과 상황 판단 능력은 물론 대세를 살피는 능력까지 갖춰야 한다. 그래야만 얽히고설킨 관계에서 관건이 되는 요소를 찾아내 적시에 효과적인 결단을 내릴 수 있다. 지나치게 고집을 부리다가는 외톨이가 되거나 버림을 받는다. 고지식하게 행동하지 말고 임기응변 능력을 발휘하라.

─── 개미 두 마리가 담장 너머로 먹을 것을 찾아 나섰다. 그중 한 마리는 곧장 담장 위를 기어올랐는데, 중간쯤 갔을 때 그만 다리에 힘이 빠져 바닥으로 곤두박질치고 말았다. 그래도 이 개미는 아랑곳하지 않고 계속 담장을 기어올랐다. 한편 다른 개미는 먼저 주변을 살펴보고 멀리 떨어지지 않은 담장 밑에 작은 틈이 있는 것을 발견했다. 굳이 힘들여 담장을 기어오를 필요가 없다는 것을 알아챈 개미는 곧장 그 틈으로 기어가 담장을 통과해 맛있게 음식을 먹었다.

앞의 개미가 담장 기어오르기와 떨어지기를 반복하다가 결국 아무 것도 먹지 못했음은 당연한 귀결이다. 이 개미가 실패한 이유는 바로 고집 때문이었다. 주위 환경을 살피거나 융통성을 발휘하지 못하고 오로지 앞만 보고 달려가는 것이야말로 가장 비효율적인 방법이다.

일상생활에서도 이와 유사한 문제에 자주 부딪히게 된다. 이때 머리가 꽉 막히고 반응이 느리며 폐쇄적인 사람은 가만히 앉아서 좋은 기회를 다 놓치고 만다. 적시에 사회 변화를 예측하고 신속하게 대처하는 사람만이 남들보다 한 걸음 더 앞서갈 수 있다.

다변하는 사회에서 진정한 위험은 경험 부족에 있는 것이 아니라 민첩한 개성을 유지하고 적극적으로 환경에 대처하지 못하는 데 있다. 융통성을 발휘할 줄 알아야 생활 리듬이 갈수록 빨라지는 현대사회와 보조를 맞출 수 있다. 그렇지 않으면 시간이 지날수록 어려움에 봉착해 결국 사회에서 도태되고 만다.

작은 차이를 인정하고 큰 틀에서 공통점을 찾아라
아무리 작은 조직이라도 구성원이 한두 사람씩 늘어나면 필연적으로 의견 차이가 발생한다. 성공적인 인간관계란 저마다 다른 생각과 견해들을 인정하고 다양성을 존중함으로써 이루어지는 것이다. 작은 차이를 인정하고 큰 틀에서 공통점을 찾는 원칙을 지켜야만 다툼 없이 화목하게 지낼 수 있다.

───── 주위를 둘러보면 다툼이 없는 곳이 없다. 인생관이나 정치적 견해는 물론 취미, 기호 심지어 헤어스타일, 패션까지 의견 차이를 보인다. 이런 차이는 지향하는 바가 서로 다르기 때문에 발생한다. 어떤 사람들은 상대방을 적으로 여기고 자신의 생각을 남에게 강요한다.

사람들과의 관계에서 의견 대립을 피할 수 없을 때, 오로지 자기 의견만 주장한다면 원만한 대인관계를 맺기 어렵다. 작은 차이를 인정하고 큰 틀에서 공통점을 찾는 '구동존이求同存異'의 원칙을 고수해야 한다. 그래야만 상호 간에 교감이 생겨 일의 실마리가 쉽게 풀릴 수 있다.

2001년에 프랑스의 미슐랭Michelin과 상하이 타이어가 합작해 중국에 새로운 주식회사를 설립했다. 이 회사는 중국인 95%와 프랑스인 5%의 직원으로 구성되어 있어서 양국 간의 서로 다른 문화적 차이가 회사 운영에 심각한 악영향을 미쳤다. 게다가 중국 직원 중 90%는 국유기업에서 근무하던 사람들이어서 상급자의 명령에 절대 복종하는 보수적인 관념이 능력과 자율적인 업무 스타일을 중시하는 외국 사상과 자주 마찰을 빚었다.

양측 직원 사이의 문화적 차이라는 도전과 압력에 직면하자, 미슐랭은 '구동존이'의 원칙을 채택해 가능한 한 빨리 회사 내부의 문화 및 관리를 융합하고 발전을 촉진하기로 결정했다. 하지만 이를 실천하기란 말처럼 쉬운 일이 아니었다. 중국 직원들에게 짧은 시간 안에 미슐랭의 문화를 완벽히 익히도록 하거나 아니면 프랑스 직원들에게 중국 기업의 경영 방식을 100퍼센트 수용하도록 하면 어떨까? 이는 모두 잘못된 방식이다. '구동'은 없고 '존이'만 있어서 양측의 협력과 발전을 절대 이끌어낼 수 없다. 문화란 오랜 역사를 거쳐 축적돼온 산물인데 억지로 새로운 문화를 주입하고 강요하면 더 큰 반발이 일어날 뿐이다.

이 회사는 사내 여론조사를 실시하는 등 갖가지 논의 끝에 '구동존이'를 실현하는 가장 좋은 방법은 공동의 목표를 수립하는 것임을 알아냈다. 그 다음으로는 직원들 사이에 소통문화를 강화하여 화합을 이끌어내는 것이 중요했다. 그러자 프랑스 직원들은 중국 문화와 중국인의 행동 양식, 경영 방식을 이해하게 되었고, 중국 직원들도 프랑스 및 미슐랭의 문화와 서양인의 경영 방식, 행동 양식을 이해했다. 의사소통과 이해가 강화되자 신뢰도 점차 쌓이기 시작했다. 서로를 완벽하게 이해하고 신뢰하는 상황에서 이들은 함께 고객 만족을 목표로 제품 생산에 매진해 매출이 단기간 내에 급성장하는 성과를 거두었다. 물론 양측 사이에는 좁히기 어려운 사고방식의 차이가 존재하지만 이해와 신뢰를 바탕으로 현명하게 극복할 수 있었다.

어떤 일이든 원칙을 견지하고 큰 그림을 중시하는 생각을 가져야 한다. 그렇지 않으면 겉으로만 인정하고 속으로는 불복하는 '동이불화同而不和'에 빠져 돌이킬 수 없는 손해만 입게 된다.

참된 리더는 부하를 의심하지 않는다

지나친 의심과 질투는 절대 금기 사항이다. 부부나 친구, 상하 관계에서 의심과 질투는 사람 사이의 관계를 소원하게 만든다. 특히 조직을 이끄는 지도자가 의심이 많으면 조직의 붕괴를 초래한다. 반대로 지도자의 성격이 호방하고 공명정대하면 많은 사람의 신뢰를 얻는다.

───── 후한 시대의 장수인 풍이馮異는 용맹이 뛰어날 뿐 아니라 충성심에 불타고 성품이 강직했다. 광무제 유수가 하북으로 옮겨 싸움을 전개할 때 배고픔과 추위에 허덕이며 여러 차례 곤경에 처하자 풍이가 식량을 보내 곤경에서 구해주었다. 그는 군대를 다스리는 데 절도가 있었고 사람됨도 매우 겸손했다. 그는 여러 장수들이 모여 자신의 공로를 자랑할 때마다 항상 나무 뒤로 숨어버렸다. 그래서 붙은 별명이 '대수장군大樹將軍'이었다.

풍이는 오랫동안 하북과 관중을 지키며 민심을 크게 얻어 유수 정권의 서북쪽 병풍 역할을 했다. 하지만 나무가 너무 크면 바람을 세게 맞는 것처럼 자연히 동료들의 질투를 불러일으켰다. 그중 송숭이라는 사신이 네 차례나 상소를 올려 풍이를 헐뜯었다.

"풍이가 관중을 장악하고 관리들을 함부로 죽이고 있으며 권세가 막강하고 백성들의 마음마저 기울어 그를 '함양의 왕'이라고 부르고 있습니다."

풍이는 장기간 조정을 떠나 병권을 쥐고 있는 데 대해 스스로도 불안해했다. 유수에게 의심받지 않을까 걱정하던 그는 거듭 상소를 올려 낙양으로 돌아가게 해달라고 간곡히 청했다. 유수 역시 풍이에 대한 의심을 완전히 거두지 못했지만 풍이는 서북 변방에 없어서는 안

될 인물이었다. 이에 유수는 풍이의 의심과 우려를 지우기 위해 송숭의 밀고를 풍이에게 보냈다. 이 방법은 매우 탁월한 선택이 되었다. 이는 풍이에 대한 신임이 변치 않음을 천명하는 동시에 조정에서 그를 경계한다는 사실도 은근히 내비치는 효과를 거두었다. 이렇게 은혜와 위엄을 동시에 보이자 풍이는 서둘러 자신의 충심을 밝히는 상소를 올렸다. 그제야 유수는 답신을 보내 이렇게 말했다.

"장군과 짐의 사이는 공적으로는 군신지간이나 사적인 정으로 말하면 부자지간이나 다름없소. 그런데 짐이 그대를 미워하겠소? 장군은 무슨 걱정이 그리 많으시오."

풍이가 자신의 안위를 지킬 수 있었던 건 겸손한 그의 품성과 관련이 있다. 하지만 군주인 유수가 넓은 포용력을 발휘하기란 사실 쉬운 일이 아니었다. 그는 풍이를 어느 정도 신임하면서도 그가 자신의 권력을 빼앗지 않을까 두려운 마음을 가졌다. 그러나 유수는 이런 마음을 억제하여 의심으로 키우지 않았고 결국 나라의 평화를 되찾을 수 있었다.

직장생활을 하다 보면 상사와 부하 직원 간에 쉽게 오해가 발생하고 틈이 벌어질 때가 있다. 이때 영리한 상사는 사람을 쓰면 절대 의심하지 않는다는 풍모를 보여주어 부하 직원이 자신에게 충성을 다하도록 유도한다. 당신이 만약 지금 누군가의 상사라면 다음 경구를 마음에 새겨놓기 바란다.

"의심나는 사람은 쓰지 말고 사람을 썼으면 의심하지 말라."

비판에 대해 귀를 막으면 마음의 귀도 닫힌다

비판과 질책을 듣고 마음이 편한 사람은 어디에도 없을 것이다. 어떤 일에서 지적을 받았을 때 이를 고깝게 여기고 마음속에 담아둔다면 단언컨대 그는 단 한 발도 앞으로 나아가지 못할 것이다. 비판과 질책이 마음을 후벼 팔 정도로 날카롭다 해도 겸허히 받아들여 자신을 반성하는 기회로 삼아라.

당나라 때의 큰스님들인 한산寒山과 습득拾得의 이야기가 전해져 내려온다. 한산이 습득에게 물었다.

"누군가 나를 헐뜯고 욕하고 비웃고 경멸한다면 어떻게 대처해야 하는가?"

습득이 대답했다.

"그냥 참고 그 사람을 피하고 신경 안 쓰면 몇 년 지나서 그 사람을 다시 볼 수 있을 걸세."

일반인이 큰스님들의 이런 경지에 이르기는 어렵겠지만 노력은 가능하지 않을까. 살다 보면 사람들은 당신을 칭찬하기도 하지만 때로는 비판과 비난도 서슴지 않는다. 만약 이런 상황에 적절히 대처한다면 대범한 풍모를 보여줄 수 있는 절호의 기회가 될 뿐만 아니라 자신의 부족한 점을 깨닫고 목표에 정진할 수 있는 계기를 스스로 마련할 수 있다.

왕쉬王朔는 《중국청년보》에 〈내가 본 진융金庸〉이라는 글을 기고하고 진융을 맹렬하게 비판했다. 그는 이 글에서 진융의 소설은 읽을 가치가 없고 문장 수준도 높지 않다는 등 문제를 지적한 다음 진융은 독자의 환호와 존경을 받을 만한 인물이 결코 아니며 결점 투성이라고 결론 내렸다. 이 글은 문단에 큰 파문을 일으켰지만 대부분은 왕쉬가 작가의 풍모를 잃은 지나친 비판이라고 여겼다.

자신을 비판하는 글을 본다면 화가 날 법도 했지만 진융은 《문회보》에 대인의 기품과 아량을 여실히 보여주는 답변을 발표했다.

"때로는 뜻밖의 칭찬을 받기도 하고 때로는 지나치게 가혹한 비방을 듣기도 한다. 이는 살면서 다반사로 일어나는 일이라 이상할 것이 전혀 없다. 그런데 왕쉬 선생은 내 능력으로 감당할 수 없고 재주가 미치지 못하는 영역까지 비판하고 요구하니 나로서도 어쩔 도리가 없다. 그래도 하늘은 재주 없는 나를 인정해줘 분에 넘치는 복을 누리고 있다. 가끔 욕 몇 마디 듣는 것이야 피할 수 없는 운명이니 기분 나쁠 게 뭐 있겠는가."

비판의 목소리를 겸허하게 받아들이는 것은 매우 훌륭한 자질이며 개인의 성장에 큰 장점으로 작용한다. 가끔 비판을 부정적인 의미로만 여기고 귀담아 들으려 하지 않는 사람이 있는데, 이는 인격적 결함을 그대로 드러내는 태도다.

사람은 남의 입을 막을 수는 없지만 자신의 귀는 막을 수 있다. 그렇다고 자신의 귀를 완전히 막아버린다면 결국 마음의 귀까지 닫는 우를 범하게 된다. 칭찬만 들으려고 한다면 그 자리에 안주하다가 실패를 맛보게 되지만, 질책도 겸허히 수용한다면 분발하는 계기가 돼 더 큰 성공을 거둘 수 있다.

부족함과 넘침,
개인과 조직 사이의 균형을 찾아라

지나친 자신감은 교만함만 못하다

"일이 극에 달하면 반드시 되돌아온다", "지나침은 미치지 못함과 같다"는 모두 도가 지나침을 경계한 말이다. 자신감은 성공을 거두는데 도움이 되지만 지나친 자신감은 오히려 오만함을 부를 뿐이다. "모름지기 사람은 교만함을 멀리해야 한다. 교만함이 지나치면 반드시 그 교만함 때문에 실패하고 만다"는 옛말을 되새겨라.

───── 자신감이 성공의 절반이라는 말이 있다. 확실히 자신감은 사람에게 굉장히 중요하다. 자신감이 없는 사람은 어떤 일을 해도 자기 능력과 성공에 대한 확신을 의심한다. 아무리 쉬운 일도 그에게는 매우 어렵고 부담스러운 일로 다가와 결국 아무것도 이루지 못한다. 하지만 자신감에도 정도가 있어야 한다. 도를 넘어서게 되면 자신감은

한순간에 거만함으로 변할 가능성이 높다.

어느 산 속에 어미 멧돼지와 새끼 멧돼지가 살고 있었다. 그런데 새끼는 태어나서 한 번도 동굴 밖으로 나가보지 못했다. 어미가 새끼를 너무 사랑한 나머지 새끼가 먹이를 찾으러 다니며 고생할 것이 걱정돼 항상 먹이를 잡아다주었기 때문이다. 하지만 어미의 지나친 사랑으로 인해 새끼 멧돼지는 자신을 단련할 기회를 놓치고 말았다. 새끼가 다 자란 뒤 어미는 그제야 새끼가 스스로 살아갈 수 있도록 동굴 밖으로 나오는 것을 허락했다.

온실 속 화초로 자란 새끼 멧돼지는 세상에 거칠 것이 하나도 없다고 여겼다. 처음으로 동굴을 나온 새끼 멧돼지는 자신감이 넘쳤기 때문에 낯선 환경도 전혀 두렵지 않았다. 하루는 길가에 토끼 한 마리가 있는 것을 보고 재빨리 달려가 한 입에 토끼를 물어 죽였다. 득의양양해진 그는 목에 한껏 힘을 주고 앞으로 계속 걸어갔다.

얼마 가지 않아 이번에는 늑대를 만났다. 늑대가 녹색 눈을 동그랗게 뜨고 노려보자 조금 두려운 마음이 들었다. 하지만 전에 어미가 늑대를 전혀 무서워할 필요가 없다고 한 말이 떠올라 두려운 마음은 금세 가셨다. 새끼 멧돼지는 조롱하듯 웃음을 짓더니 곧장 달려가 늑대의 목을 부러뜨렸다.

이 일로 멧돼지는 더 자신감을 얻었다. 산속의 동물들이 모두 그를 무서워한다고 여기고 산 전체를 통치하기로 마음먹었다. 멧돼지가 산속을 휘젓고 다니자 깜짝 놀란 작은 동물들은 이리저리 도망가기 바빴다. 그러다 갑자기 코끼리가 그의 앞에 나타났다.

그는 몸집이 매우 큰 이 동물이 무엇인지 궁금했다. 하지만 곧 행동이 굼뜨고 커다란 뻐드렁니 두 개만 달랑 난 것을 보고 별로 대단해 보이지 않는다고 여겼다. 이 동물만 제압하면 산 전체를 수중에 넣을 수 있다고 생각했다. 생각이 여기까지 미친 멧돼지는 코끼리에게 큰소리로 외쳤다.

"이봐! 나랑 한판 붙자고. 자, 준비됐지?"

그러고는 자신감에 넘쳐 코끼리를 향해 돌진했다.

코끼리는 멧돼지가 달려오는 것을 보고 조금도 당황하지 않고 긴 코로 멧돼지를 들더니 땅바닥에 그대로 내동댕이쳐버렸다. 거만한 멧돼지는 무슨 일이 벌어졌는지 느낄 겨를도 없이 쓰러져 그만 황천길로 가고 말았다.

우리 주변에도 이 멧돼지처럼 자그마한 재주를 믿고 남을 우습게 여기는 사람들이 매우 많다. "하늘이 사람을 망하게 하려면 반드시 먼저 그를 교만하게 만든다"는 말이 있다. 지나친 자신감은 사실 교만함과 다름없다. 그 정도를 어떻게 조절하느냐는 사람들이 항상 직면하는 문제다. 자신감을 가지는 것은 당연하지만 그것이 지나쳐 거만해지지 않도록 주의를 기울여야 한다.

아무런 노력 없이 대가가 주어지길 기대하지 마라

세상에 공짜 점심은 없다. 당신이 얻을 수 있는 가치는 당신이 쏟아부은 노력에 따라 결정된다. 어떤 것도 노력과 성취가 이루는 조화와 균형의 법칙을 깰 수 없다. 만약 불로소득을 얻는다면 이는 그만큼의 대가가 뒤따른다는 사실을 의미한다.

─── 전국시대에 맹자의 집에는 날마다 손님들도 문전성시를 이루었다. 그러던 어느 날 제나라 사신과 설나라 사신이 함께 맹자의 집을 방문했다. 먼저 제나라 사신이 맹자에게 순금 100냥을 건네며 제나라 왕이 주는 작은 성의라고 말했다. 그런데 맹자는 자초지종을 들어보지도 않고 제나라 왕의 선물을 단호히 거절했다.

잠시 후 설나라 사신도 맹자에게 금 50냥을 선물했다. 그러면서 지난번 설나라에서 반란이 일어났을 때 도움을 준 데 대한 작은 보답이라고 말했다. 맹자는 사람을 시켜 금을 받으라고 했다.

그러자 제자인 진진이 고개를 갸우뚱하며 맹자에게 물었다.

"제나라 왕이 선물한 많은 황금은 받지 않으시면서 절반밖에 안 되는 설나라의 황금은 기꺼이 받으신 이유가 무엇입니까?"

맹자가 대답했다.

"내가 설나라에 있을 때 그들을 도와 반란을 평정한 적이 있다. 공로가 있다면 보상을 받는 것이 당연하다. 그러나 제나라는 아무 이유 없이 내게 많은 황금을 선물해 받지 않은 것이다. 군자는 돈에 매수되어서는 안 되는 법. 내 어찌 그들의 뇌물을 받을 수 있겠느냐?"

곁에 있던 사람들은 맹자의 설명을 듣고 공과 사를 구분하는 고결한 성품에 탄복했다.

공로가 있어서 대가를 받는 것은 당연한 이치다. 반대로 공로가 없는데도 대가를 받으면 결국 남에게 질질 끌려다니다가 이용만 당하게 된다. 제나라의 토라는 사람도 맹자와 같이 지혜로운 일화를 남겼다.

토는 소를 잡아 고기를 팔았는데 장사가 매우 잘됐다. 하루는 제나라 왕이 사람을 보내 딸을 그에게 시집보내겠다고 말했다. 토는 그 말을 듣고 손을 절레절레 흔들며 자신에게는 지병이 있어서 혼인할 처지가 아니라고 대답했다. 사신은 왕이 사위를 삼겠다는데도 거절하는 그를 이상하게 쳐다보며 궁으로 돌아갔다.

훗날 토의 친구가 이 소식을 듣고 급히 달려가 토에게 말했다.

"이런 바보 같으니라고! 매일 고기 누린내나 맡으면서 살 생각인가? 왜 제나라 왕이 후한 선물과 함께 딸을 준다는데도 거절한 거야?"

토가 웃으면서 친구에게 대답했다.

"내가 지금까지 고기를 팔아온 경험으로 봤을 때 제나라 왕의 딸은 분명 추녀일 걸세. 고기의 질이 좋으면 아무리 많은 양을 갖다놓아도 손님들이 알아서 사가지. 굳이 호객 행위를 할 필요가 없네. 반대로 고기의 질이 좋지 않으면 아무리 덤을 준다고 해도 손님들의 발길이 뜸해지네. 지금 제나라 왕이 나 같은 일개 백정에게 딸을 시집보내고 후한 선물까지 얹어주는 것은 그의 딸이 추녀라는 사실을 공개적으로 말하는 것과 같다네."

얼마 후 토의 친구가 제나라 왕의 딸을 보니 과연 세상에 둘째가라면 서러울 정도의 추녀였다. 이 친구는 자기도 모르게 토의 선견지명에 감탄사를 내뱉었다.

이는 세상 어떤 일도 대가 없는 보상은 따르지 않는다는 자명한 이치를 알려준다. 조화로움이란 어떤 대단한 것을 의미하는 것이 아니다. 바로 자신이 노력한 만큼의 정당한 대가를 누리는 것이야말로 진정한 조화라 할 수 있는 것이다. 예기치 않은 행운은 분명히 일어날 수 있다. 하지만 처음부터 그것을 염두에 둔다면 그 어떤 일에도 자신의 모든 열정을 쏟아 부을 수는 없을 것이다.

당신의 아이디어를 큰 소리로 말하라

한 사람의 지혜는 유한하지만 집단의 지혜는 상상조차 할 수 없을 만큼 거대한 힘을 발휘한다. 조직 내에서도 개개인의 힘을 하나로 모은다면 거대한 지혜의 혁명을 일으킬 수 있다. 경영자라면 이 사실을 명심해야 한다. 다양한 사람들의 지혜가 하나로 모일 때 성공의 가능성도 활짝 열린다.

─── "보잘것없는 세 명의 신기료장수가 제갈량보다 낫다."라는 중국 속담이 있다. 일상에서 이런 사례는 수없이 많이 찾아볼 수 있다. 누가 어떤 일을 하던 그와 연관된 구성원의 지혜를 하나로 모아야만 일을 성공으로 이끌 수 있다.

특히 경영자는 부하 직원들의 역할이 중요함을 깨닫고 그들이 좋은 아이디어를 내도록 독려해야 한다. 구체적인 프로젝트를 수행할 때도 부하 직원들이 자신의 생각과 능력을 충분히 발휘할 수 있도록 기회를 주어야 한다.

옛날에 매우 총명한 거북이가 살았다. 그는 자신이 가진 지혜에 만족하지 않고 세상에서 가장 똑똑한 동물이 되어 이 세상을 통치하고자 했다.

이 거북이는 세상의 모든 지혜를 얻기 위해 세계 방방곡곡을 다니며 지혜를 수집했다. 그러곤 지혜를 얻을 때마다 미리 준비해간 호리병 안에 차곡차곡 담아두었다. 천신만고 끝에 세상의 모든 지혜를 손에 넣었다고 여긴 거북이는 다시 고향으로 돌아왔다. 거북이는 어렵게 얻은 지혜를 잃어버리지 않기 위해 호리병을 큰 나무 위에 숨겨두기로 결정했다.

이윽고 큰 나무 앞에 다다른 거북이가 줄로 호리병을 묶어 목에 걸었다. 그런 다음 나무를 기어오르려는데 호리병이 배에 걸려서 도저히 오를 수가 없었다. 이때 뒤에서 웃음소리가 들려 돌아보니 사냥꾼이 서 있었다. 사냥꾼이 물었다.

"이봐, 거북이! 지금 나무를 기어오르려는 겐가?"

"그렇다네. 그런데 도무지 오를 수가 없어."

"그럼 호리병을 등 뒤에 올려놓으면 되지 않나?"

사냥꾼의 말대로 해보니 손쉽게 나무를 기어오를 수 있었다. 하지만 결국 거북이는 호리병을 나무에 걸어놓지 못했다. 조금 전 사냥꾼의 제안을 포함해 세상에는 아직도 그가 모으지 못한 지혜가 너무나도 많다는 사실을 깨달았기 때문이다.

이 이야기처럼 세상에는 우리가 미처 생각하지 못한 지혜들이 수 없이 많다. 이런 지혜들이 마음껏 드러날 수 있는 장을 마련하려는 노력이 필요하다.

성공한 기업 경영자들은 예외 없이 직원들의 생각과 의견을 소중히 여겼다. 대표적인 사례가 바로 영국의 버진 그룹Virgin Group이다. 버진 그룹은 대형 슈퍼마켓, 멀티플렉스, 항공사, 미디어, 철도 운송 등 수많은 사업체를 거느리고 있으며, 연간 매출이 30억 파운드에 달하는 대기업이다. 이 기업의 창업자이자 회장인 리처드 브랜슨Richard Branson은 '당신의 아이디어를 큰 소리로 말하라'는 창의적이고 독특한 기법을 고안해냈다.

이 신개념 경영 기법은 사람들의 큰 호응을 얻었고, 실제로 이를 통해 기업 전 직원의 창의성과 적극성이 충분히 발휘되는 효과를 누렸다.

정보화 사회인 오늘날 우리는 정보 평등의 시대를 살고 있다. 당신이 취득한 자원은 다른 사람도 똑같이 가질 수 있다. 그렇다면 어떻게 해야 경쟁에서 승리할까? 방법은 간단하다. 사람들의 지혜를 모아 시너지 효과를 내고 두뇌 폭풍을 일으키는 것이다. 집단 지혜의 힘은 예측이 불가능할 만큼 강력하다는 사실을 명심하라.

성공을 원한다면 다수의 지지를 얻어라

민심이 곧 천심이며, 민심을 잃으면 천하를 잃는 것과 같다는 말이 있다. 역사 속에서도 민심의 지지를 얻은 군왕은 원하는 것을 쉽게 얻었고 큰 성공을 거두었다. 그러나 다수의 반대에 부딪히거나 민심을 거스르는 결정을 내렸을 경우에는 대부분의 사업이 실패로 돌아갔다.

─── 역사적으로 수많은 야심가들이 처음에는 민중의 지지를 얻어 최고의 권력을 잡았지만 이후 얼마 되지 않아 도덕적으로 타락하고 시대의 흐름에 역행해 패가망신은 물론 후대에 오명을 남겼다. 한나라의 왕망王莽은 이에 딱 부합하는 사례다.

혼란스러웠던 서한 후기에 조정 대권은 점차 외척의 손아귀에 장악되었다. 성제 때 세력이 막강했던 왕봉王鳳이 대권을 장악하자 그의 형제와 친척들은 권력을 남용하고 사치스런 생활에 빠져들었다. 그 와중에도 왕봉의 조카인 왕망은 생활이 비교적 검소하고 공무도 공명정대하게 처리했다. 이에 사람들은 왕 씨 집안의 자제 중 왕망이 가장 낫다고 치켜세웠다.

사람들의 지지를 받은 왕망은 왕봉이 죽자 그 자리를 물려받았다. 왕망이 인재를 널리 모집한다는 말에 그의 명성을 사모한 학자들이 왕망의 밑으로 대거 몰려들었다. 성제가 죽은 후 애제를 거쳐 평제 때에 이르자 왕망은 국가대사를 주도적으로 처리하며 민심을 크게 얻었다.

얼마 뒤 나라 전체에 큰 기근이 들자 왕망은 조정에 즉시 식량과 의복 사용을 절약하자고 건의했다. 그는 직접 군사들을 이끌고 피해 현장으로 달려가 삶의 터전을 잃은 백성들을 위로하고 피해 복구에

팔을 걷어붙이고 나섰다. 귀족과 토호들은 마음에 내키지 않았지만 토지와 돈을 내놓았다. 이 일로 백성들 사이에서 왕망의 명망은 더욱 높아졌다. 이에 자만심이 생긴 왕망은 드디어 사악한 야심을 드러내기 시작했다.

대신들이 평제의 생일을 축하하는 자리에서 왕망도 평제에게 술 한 잔을 바쳤다. 그런데 이 술에는 독이 들어 있었다. 다음날 궁에는 평제가 중병에 걸렸다는 소문이 파다하게 퍼졌고, 며칠 지나지 않아 숨을 거두고 말았다. 평제는 겨우 열네 살 때 죽는 바람에 아들이 없었다. 이에 왕망은 유 씨 종실 가운데 두 살 난 갓난아기인 유자영孺子嬰을 찾아내 태자로 삼고 섭정을 시작했다. 몇 년 후 왕망은 여러 관원들의 부추김에 못 이기는 척하며 황제의 자리에 올랐다.

서기 8년에 왕망은 정식으로 황제에 즉위하고 국호를 '신'으로 고쳤다. 왕망은 오매불망하던 황제의 꿈이 실현되면서 황권 뒤에서 권력을 좌지우지하던 시대를 마감하고 권력의 최전선에 나서게 되었다.

세상 사람들은 전에 왕망이 보인 겸손하고 예를 갖춘 태도가 제위 찬탈이라는 야심을 가리려는 수단임을 알고 그의 교활함에 혀를 내둘렀다. 게다가 왕망이 반포한 법령은 백성들의 고통을 더욱 가중시켰다. 각지의 한나라 종실들은 강산의 주인이 바뀌자 왕망에 대한 원한이 뼈에 사무쳐 군대를 조직하고 왕망의 통치에 저항할 힘을 키웠다. 이러한 힘들이 거대한 물결을 이루면서 왕망 정권은 그대로 무너지고 말았다. 서기 23년에 봉기군은 도성인 장안을 점령했고, 왕망은 분노한 백성들의 손에 죽임을 당했다. 민심을 잃은 자는 천하를 잃는 법. 왕망이 본성을 드러냈을 때 이미 그의 실패는 정해져 있었다.

왕망의 성공과 실패의 경험은 우리에게 큰 교훈을 준다. 그의 성공은 인재를 중시하고 백성의 고통에 따뜻한 관심을 보인 데서 비롯되었다. 이에 인재들이 그에게 몰려들고 백성들이 그를 추대했다. 하지만 그가 최후에 비참한 결말을 맞이한 것은 백성들을 착취하고 인재의 단물만 빼먹은 채 버렸기 때문이다. 그러자 그를 위해 기꺼이 관직에 나가려는 인재가 없었고 백성들은 불만이 팽배해 결국 유종의 미를 거두지 못했다. 진정한 성공을 거두고 싶다면 반드시 다수의 이해와 지지를 얻어야만 한다.

늑대의 도, 여우의 도, 인간의 도
이제 이 셋을 다 갖추었는가?
그렇다면 더 큰 성공을 향해 나아가라.
당신은 충분히 그럴 자격이 있다.